一跃跨千年

中交集团扶贫故事

中国交通建设集团有限公司◎编著

南方日报出版社
NANFANG DAILY PRESS
中国·广州

图书在版编目（CIP）数据

一跃跨千年：中交集团扶贫故事 / 中国交通建设集团有限公司编著. —广州：南方日报出版社, 2021.5

ISBN 978-7-5491-2349-0

Ⅰ. ①一… Ⅱ. ①中… Ⅲ. ①交通运输建设－企业集团－扶贫－概况－中国 Ⅳ. ①F426.9 ②F126

中国版本图书馆CIP数据核字(2021)第059984号

YIYUE KUA QIANNIAN—ZHONGJIAO JITUAN FUPIN GUSHI

一跃跨千年——中交集团扶贫故事

编　　著：中国交通建设集团有限公司
出版发行：南方日报出版社
地　　址：广州市广州大道中289号
出 版 人：周山丹
责任编辑：方　明　杨柳青
责任校对：裴晓倩
责任技编：王　兰
装帧设计：邓晓童
经　　销：全国新华书店
印　　刷：广东信源彩色印务有限公司
开　　本：787 mm × 1092 mm　1/16
印　　张：22.5
字　　数：380千字
版　　次：2021年5月第1版
印　　次：2021年5月第1次印刷
定　　价：88.00元

投稿热线：（020）87360640　读者热线：（020）87363865

发现印装质量问题，影响阅读，请与承印厂联系调换。

/ 序 /

讲好中交扶贫故事　传承担当奉献精神

消除贫困、改善民生、实现共同富裕，是社会主义的本质要求。党的十八大以来，以习近平同志为核心的党中央高度重视扶贫工作，全面打响脱贫攻坚战，大力推进精准扶贫、精准脱贫，取得了重大决定性成就，树立了人类反贫困历史上的壮丽丰碑。

与国家风雨同舟，和时代命运与共，这是根植百年中交精神内核的情怀和使命。我们深深体会到，脱贫攻坚是一项融合理想追求和现实需要的历史责任，是一项艰巨而伟大的历史实践。回顾中交集团25年来参与国家减贫工作的历程，从最初的捐资助困到现在的产业扶贫，从原来的点状扶贫到如今的系统性扶贫，我们走出了一条由“输血”到“造血”、由分散到集中的中交特色扶贫之路。在推进脱贫攻坚的过程中，我们用主动作为，诠释了中交的责任担当，用行动彰显了扶贫的价值所在，用奋斗谱写了与贫困地区人民携手共创美好生活的生动乐章。我们应当看到，这项工作不仅深刻改变了当地面貌，对我们自身更是一次精神洗礼，多年积淀形成的攻坚克难、担当奉献、矢志不渝的奋斗精神，已经成为我们前进道路上的宝贵财富。

“三区三州”是习近平总书记一直牵挂和关怀的全国深度贫困地区，是脱贫攻坚的重要战场。中交集团坚持以人民为中心，以增进群众福祉为己任，承担了云南省怒江州泸水市、兰坪县、福贡县、贡山县和新疆英吉沙县等五县（市）的定点扶贫工作，任务量超过“三区三州”的六分之一。这充分体现了党中央和国资委对中交集团的信任，也不断鞭策中交人撸起袖子加油干，越是艰险越向前。脱贫攻坚任务艰巨、时间紧迫，中央企业在这场反贫困斗争中发挥了重要作用。中交集团勇做脱贫攻坚的奋斗者和实干者，深入贯彻习近平总书记关于扶贫工作的重要论述，将习近平总书记脱贫攻坚重要指示精神，作为帮扶工作的行动指南和根本遵循，尽锐出战、奋勇搏击，始终坚持精准扶贫、精准脱贫基本方略，把扶贫政策落实到真贫的根上，把扶贫资金用到真正贫困的人口身上，使当地群众的生活有了实实在在的改善，精神状态更加积极向上。中交集团把扶贫同扶志、扶智相结合，努力提高脱贫群众的发展能力，这也是新时代扶贫工作的鲜明特征。

在这场没有硝烟的战役中，中交集团涌现出一批冲锋在前的优秀扶贫干部，他们扎根当地，为贫困群众出谋划策、解忧纾困，吃苦不叫苦，受累不怕累。很多同志与当地干部群众结下了深情厚谊，有的同志被亲切地称为“走进村民心头的第一书记”，还有的同志挂职期满后，主动申请延长挂职期限，继续奋战在脱贫攻坚一线。他们用实际行动展现了中交人担当奉献的优秀品质，赢得了当地政府和群众的广泛赞誉。这段凝结着使命责任和美好寄托的历程，必将成为他们人生旅途中一道值得深刻铭记的亮丽风景。

脱贫摘帽不是终点，而是新生活、新奋斗的起点。今年是中国共产党成立100周年，是“十四五”开局之年，也是全面推进乡村振兴的起步之年。值此重要历史节点，编写此书，旨在通过对这一历程的如实再现，记录奋斗足迹，传承精神品质，进一步巩固拓展脱贫攻坚成果，提升脱贫攻坚工作价值，使广大中交人更加深刻地认识到坚决打赢脱贫攻坚战对全面建成小康社会、实现第一个百年奋斗目标的重要意义。

让我们更加紧密团结在以习近平同志为核心的党中央周围，不忘初心、牢记使命，坚定信心、顽强奋斗，为实现全面乡村振兴，开启全面建设社会主义现代化国家新征程贡献更多中交力量。

目录

壹·造血培元

贰·固本强基

叁·志智双扶

肆·党建引领

伍·乘势而上

陆·媒体关注

>> 产业扶贫是增强贫困地区造血功能、帮助群众就地就业的长远之计。从“火龙果花开”到“幸福路走来”，越来越多的像茶腊村这样“有颜值”的乡村出现，给了返乡村民更多的惊喜和期待。无论是胡秀花的三双鞋，还是宋志忠的“小心愿”，怒江州翻天覆地的变化，见证的都是中交人的“怒江情缘”。中交帮扶下的怒江州，将“输血救助”转变为“造血培元”，为脱贫攻坚凝聚起强筋壮骨的澎湃力量。

壹·造血培元

火龙果花开，幸福路走来

□张博

“今晚火龙果开花！”2020年6月9日，由中国交通建设股份有限公司（简称“中国交建”）选派到怒江州泸水市大兴地镇自扁王基村的挂职干部——第一书记王永刚在朋友圈分享了这一喜讯，热情邀约众人一睹种植园“夜仙子”的怒放瞬间。

王永刚口中的火龙果，便是中国交建帮扶投资建成的荣新火龙果种植园。火龙果花开一个月后，便是收成时节，所以也难怪王永刚如此兴奋。“我们产业园能有今天，真的不容易！”回想起建设种植园的过程，王永刚直呼“压力大”。

“起初大家都不相信，不愿加入合作社。我爱人也坚决反对我入股，还以离婚要挟我，我压力非常大，信心也动摇过……”在园区，致富带头人傈僳族小伙子祝荣新聊起起初的困难。祝荣新是村里的团支部书记，以前家中收入主要依靠贩卖核桃。四处奔波加上不稳定的收入，让他极想改变当时的状况。在了解了中国交建帮扶项目后，祝荣新开启了转型生活。

2017年3月，泸水市荣新火龙果种植农民专业合作社成立，该项目由中国交建无偿帮扶注资96万元，采取“农民合作社+建档立卡户+村集体经济+致富带头人”的运营模式，收益利润按比例分红。“第一次分红后，再没有人怀疑了，我老婆也是思想大转弯，她现在管理着20位村民，负责果园每日的除草施肥、育苗栽苗工作，每人一天可收入100元。”拿到第一笔分红，祝荣新高兴极了。

就在大家信心倍增时，2019年底，火龙果苗突然出现部分叶片腐烂、坏死的迹象。起初，这一迹象并未引起大家的重视。但很快，叶片腐烂开始蔓延。合作社采取系列举措，但都不治本。眼看着新一轮的开花结果期将要来临，如果再找不到救治方法，2020年的收成势必会受到影响，果农的积极性也会受到打击。王永刚看在眼里，急在心上。

为了尽快找到问题的根源，王永刚积极发动中交力量。在多番寻求下，王永刚最终找到了自然资源部中国地质科学院岩溶地质研究所的罗为群博士团队。

“这是溃疡病，有传染性。蔓延下去，不仅会严重影响坐果率，而且果子的品相、口感也会大打折扣，整个果园或会面临灭顶之灾！”经“会诊”，罗为群一行找出了病理。得知是中国交建的帮扶项目，罗为群无偿带领团队及种植人员开展救治，先是将溃疡处的枝叶剪掉，再喷洒波尔多液消毒、杀菌、包扎，反复3—4次，溃疡病渐渐得到扼制，果园重现生机。为了能真正帮到果农，罗为群又请来他的朋友——一位来自广西的资深火龙果种植专家，传授先进的种植技术经验，同时引进抗病性强、坐果率高的新火龙果品种——大汇红。此外，罗为群团队还申请经费为园区安置了自动浇水地灌设备，大大提高了火龙果的产量和质量。

□中交集团帮扶投资建成的荣新火龙果种植园

因地制宜、适时调整是王永刚总结出的工作经验。为充分利用当地土地资源、推动产业多样性发展，王永刚同罗为群团队从广西引进一种中草药——赤苍藤，它具有利尿消炎等药用功效，同时又是一种天然无公害、可食用的野菜，将其交叉种植在火龙果的间隙空地里，在不影响火龙果生长的前提下，不仅增加了村民收入，还有效防止了当地土地石漠化，一举多得。

在中国交建的帮扶下，自扁王基村的火龙果种植面积已经扩大至231.6亩，利润分红覆盖全村所有建档立卡贫困户267户838人。“脱贫有方法，火龙果里也有‘致富经’。”每每提及中国交建帮扶建设的火龙果种植园，村民们都赞不绝口。

编者手记

老乡富不富，产业是支柱。中国交建选派了多名像王永刚这样的第一书记，他们远离都市繁华，披星戴月，带着共产党人的初心使命为老百姓寻求脱贫致富路。“火龙果花开，幸福路走来”就是扶贫干部俯下身子、贴近群众，因地制宜、精准施策，找准产业扶贫道路的真实写照。

香料谷里孵化绿色产业

□欧其锦

“现在四栋标准厂房已经建设完成，2020年7月就会有香料加工企业的设备进厂了，产业园里的机器很快就可以动起来了。”6月12日，在一公局集团承建的怒江绿色香料产业园项目现场，项目经理杨欢园兴奋地与前来参观的人员分享产业园即将投产的喜讯。

怒江绿色香料产业园项目作为中交集团在怒江州最大的投资扶贫项目之一，不仅是怒江州香料产业发展的重要平台与发展引擎，也是事关易地搬迁群众安置就业的重点项目。早在项目进场时，工程建设就被打上了“难”字。

□建设中的怒江绿色香料产业园

□怒江绿色香料产业园项目现场

怒江是全国少有的无高速、无铁路、无机场的“三无”地级市。“刚进场那会，正赶上怒江美丽公路修建的关键时刻，四处封路、断路，工程推进举步维艰。受闭塞交通影响，项目进场后的很长一段时间，项目团队都面临着‘巧妇难为无米之炊’的压力——原材料进不来。”杨欢园说，那段时期他可急坏了。为了尽快推进工程进度，项目部只得采用“蚂蚁搬家”法，一趟趟地转运原材料。

有了材料，产业园总算是开建了。但对于中交怒江产业扶贫开发有限公司副总经理张青林而言，压力并没有丝毫减轻。怒江香料资源虽然较为丰富，但基础设施建设滞后等缺陷让很多有意前来投资的企业打了退堂鼓。张青林心里清楚，“只有企业来了，机器动起来，怒江的香料产业才能被盘活。”

为此，招商团队兵分多路，分赴全国多个省份走访企业、对接项目。一番调研走访，招商团队的眼光聚焦在了云南一家香料加工龙头企业上，“如果它能进驻，怒江香料产业未来发展一定前景广阔。”张青林看到了希望。为了说服企业入驻，招商团队联合怒江州政府“三顾茅庐”，不仅在租金、税收等方面给予极大优惠，还在配套设施建设方面给予保证。这番诚意，最终打动了对方。按照双方达成的合作意向，这家企业将在香料产业园投入四条生产线，囊括草果、正气茶、松花粉、核桃油等产品。有了零的突破，招商团队很快又与11家香料加工企业达成了合作意向，张青林总算可以稍稍松口气。

但厂房建起来、商家引进来还不够。“我们决不能做甩手掌柜，这不是我们来到怒江的初衷。”中交怒江产业扶贫有限公司董事长李永知道，虽然怒江州有丰富的植物资源，但科研技术存在很大短板，如果不加快构建怒江绿色香料产业技术体系，未来发展的提质增效、成果转化也无从谈起。

2019年，中交怒江产业扶贫开发有限公司一边加足马力兴建香料产业园、加紧招商引资工作，一边开始联合怒江州政府、中国热带农业科学院成立绿色香料产业研究院，携手打造世界一流的香料“硅谷”。“经过一年的积极沟通，一座商品孵化基地落户园区。”李永称，产学研一体化后，他有信心把绿色香料产业打造成怒江的一张亮丽名片，造福怒江人民。

如今，经过一年多的建设，一栋栋标准厂房拔地而起，昔日的荒山野地正逐渐变成现代化的产业园区。每天下午，杨欢园都会沿着香料产业园走上一圈。看着园区渐渐变成理想中的模样，杨欢园笑容满面。

编者手记

立足地方的资源优势，如何将其转化为市场优势、产业优势，中交扶贫人克服困难，注重科研的投入和市场的挖掘，围绕着地方优势资源“大做文章”，持续推动产学研一体化，使地方的优势资源能真正发挥效用，造福当地人民。“香料产业”成为怒江脱贫攻坚产业扶贫的新引擎和金字招牌。

有“颜”又有“值”的茶腊村

□欧其锦

“中午你们想吃什么，我带你们去采摘。”在茶腊村农家乐门口，怒族村民赵德江热情地招待着客人，一边说一边领着他们走进自家菜园，体验瓜果采摘。从建档立卡贫困户变成远近闻名的致富带头人，赵德江说，“这两年的变化像做梦一样”。2019年，中交一公局集团着手对贡山县丙中洛镇的五个旅游示范村进行升级改造，茶腊村成为第一批改造对象，如今像赵德江这样吃上“旅游饭”的村民越来越多了。

茶腊村的游客多了起来

“真没想到怒江边竟然还藏着这么美丽的村庄。”6月13日，从安徽铜陵自驾到怒江州贡山独龙族怒族自治县丙中洛镇的唐宏涛夫妇，顺着路牌的指引，拐进了怒族村落茶腊。宛如人间仙境的景色，一下子就“抓”住了他们的心。

村外，湍急的怒江咆哮而过，群山云遮雾绕，祥和美丽，田间地头草果青翠葱茏，如同一幅美丽的山水画，吸引着往来于滇藏通道的游人驻足拍照。村内，一路垂柳、翠竹，田陌间错落伫立着许多怒族风格的土木结构的房屋，成群的水磨房日夜不息地转动着。

“这里能发生这么大的变化，中交建设者们花了不少心血。”贡山县文化和旅游局副局长丰贵山坦言，茶腊村虽然是进入丙中洛沿途中最大的一个村落，自然风光与人文风景俱佳，但此前因为村里基础设施落后，很多路过车辆都是直奔丙中洛镇、西藏，极少有人在此停留。

“不能用力过猛，不能大修大改，不能破坏原有的乡村肌理，如果改造后变成了另外一个味道的茶腊，就有违我们的初衷了。”丙中洛旅游示范村项目设计负责人张斌说，如何在保留茶腊村原有人文风光的基础上，留住过往游客，成为他最关心的问题。

一年来，张斌与丙中洛旅游示范村项目施工负责人卢德旺走遍了村子的每个角落，对改造茶腊村投入了极大精力，方案也几易其稿。“即使是最不显眼的游步道设计，我们也极其用心。”张斌说。原来，茶腊村的几处道路都是村民在干农活时踩出来的，属于生产便道。但贡山雨水多，这种便道很少有游客愿意走。为了让游客有徒步进村的意愿，项目团队在完善村内游步道路线及设施上费尽心思。

效果也立竿见影。游步道建好后，入村的游客一改往常“走马观花”式游玩，都会顺着步道深入到村子的各个角落，亲身感受茶腊村的自然风光、文化积淀。“沿着游步道在一座座怒族风格的房屋间穿行，当地人的生活悠闲不匆忙，茶腊翠绿的田园风光常常让我流连忘返。”唐宏涛感慨道。

□美丽的茶腊村

赵德江的农家乐忙了起来

这段时间是赵德江最忙的时候。自从茶腊村升级改造工程完成后，他的农家乐生意越来越红火，近期还扩大了经营规模。回想起一年前因生意无人问津差点把农家乐关停的经历，赵德江十分感慨，“我怎么也没想到，农家乐生意会因为村里的大转变，奇迹般‘复活’了。”升级改造后的茶腊村宜居宜游宜业，特别是加宽了道路，规划了停车场，自驾的游客直接就能把车开到他的农家乐门前。

生意逐渐好了起来，赵德江一家的日子也越过越好，率先在全村实现了脱贫，他也变成了村民口中的“赵老板”，他还招收了两名贫困户做帮厨。“我一家人都忙不过来，经常得请他们搭把手。”赵德江说。除了支付工钱，他还定期收购村民的蔬菜水果。

菜园里种上瓜果蔬菜，客人来了亲手采摘；装修了几间客房，配备了独立卫生间；琵琶肉、石板粑粑等特色美食成了游客必点的菜肴……经过摸索，赵德江家的农家乐慢慢做出了特色。赵德江说，茶腊村的知名度以后肯定会越来越高，游客也会越来越多，下一步，他和爱人将好好学习农家乐的经营管理技能，服务好游客，让四海宾朋更好地品尝怒族美食，感受怒族文化。

村子变漂亮了，乡村旅游随之火爆起来，很多村民重拾了生活的信心。如今，茶腊村具备经营条件的农家乐已有五家，不少村民开起了民宿。“随着旅游的开发，茶腊村的内生动力正逐步释放出来。”丰贵山说。

李汉良的传承梦又“活”了

“如果说赵德江和其他村民迎来了物质上的改变，那么李汉良等民间艺术家则是获得了精神层面的提升。”张斌介绍，他和卢德旺在一次走访中了解到，茶腊村有几位老人是非物质文化遗产项目代表性传承人，其中65岁的李汉良还是国家级非遗传承人，他们创作、编排、收集和整理的一系列怒族歌舞被当地视为瑰宝。然而，这些传统文化却面临着无人传承的尴尬境地。

“如果在村子里建一个演艺中心，有这么一个平台让村民来表演怒族的传统歌舞，茶腊村的知名度上来了，村民的收入不也就提高了吗？”有了这个想法后，张斌和卢德旺马上同贡山县文旅局沟通，双方的想法不谋而合。

演艺中心投入使用后，非遗传承人将带领村民开展固定周期的节目演出。“我最大的愿望就是让传统民族文化得到政府和社会各界的重视，将它们全方位保护好、传承好。”李汉良说，他此前也担心怒族传统文化在多年后不复存在，现在又重新燃起了希望。

“将特色村落发展成旅游点，是中交集团在贡山县实施旅游扶贫的新路子。”中交怒江产业扶贫开发有限公司董事长李永称，中交集团援助2000万元打造的丙中洛特色旅游小镇项目正在稳步推进中，按照四星级打造的中交伊拉米拉大酒店项目，也即将破土动工……放眼未来，这些项目赋能潜力无限，“搭载丰富的民族文化，贡山县一定能走上文旅融合助脱贫的道路”。

如今，赵德江的农家乐越办越好，最近他又开发了些新菜品；李汉良等老人排练起民族舞蹈来也比以前更加有激情；来往的游客，都愿意下车到村里走一走……如今的茶腊村，欢声笑语处处可闻。

编者手记

旅游扶贫是产业扶贫中返贫率低、受益面广、拉动性强的扶贫方式，它既能帮助贫困地区，又能给广大消费者提供美好的生活体验。怒江州等地，本身有着丰厚的旅游资源，但受制于现实条件，“变现”很难。在中交建设者们的帮助下，从改善基础设施着手，综合开发自然风光和人文景观资源，提升游客体验，通过旅游产业发展带动地方经济和贫困地区居民就近就业，巩固脱贫攻坚成效。

大红花椒种下，红火日子赶上

□刘灵君

2019年3月，挂职云南省怒江州扶贫办五个月后，黄权被派驻怒江州福贡县上帕镇双米底村担任第一书记。九年前，他作为中交四航局派驻广东省大埔县广陵村的扶贫干部，用了三年时间，带领村民开山种柚，走上了致富路。如今，空手孤身的他又来到双米底村，再次踏上了扶贫新征程。

在包片责任分工会上，听到村干部介绍完各村组的情况后，黄权率先表态："我选施哭底和阿月洛底作为扶贫联系村组。"施哭底和阿月洛底两个村组距离村委最远，村民日子过得紧巴巴，双米底村几乎所有的辍学学生、不愿意搬迁的村民都集中在这里。这也是全村最难啃的"硬骨头"，没想到新来的黄权抢着挑了这副最重的担子。原本讲困难、说矛盾、诉苦水，略显嘈杂的会议室立马安静下来，紧接着，各村组对应的扶贫联系人也相继确定。村组长普三四感慨道："黄书记一说话，我就觉得他是真的来带我们脱贫的。"会上，黄权结合以往经验和这两个月的调查，提出了双米底村脱贫攻坚的想法："人要出门，地要种活"。"人要出门"就是让劳动力向珠三角、长三角等发达地区输出，一人就业全家脱贫；"地要种活"是要在有限的耕地上实现更大的产出。很快，黄权请来了农业技术专家进村"把脉"。"双米底村海拔较高，一般农作物种植困难，但适宜种植红花花椒。"技术专家建议采用花椒套种洋芋的方式，这样既能保留传统产业，又能在有限的土地上实现增收。

种植的问题解决了，可钱从哪里来呢？黄权积极争取将产业纳入镇政府项目库，圆双米底村产业梦。黄权为此来回奔走，最终，双米底村红花花椒种植项目顺利进入上帕镇产业调整规划中。"大家不用担心，政府会提供秧苗，而且都是三年苗，两三年后就能挂果。秧苗也不用你们打理，有专业的公司包种包管理，大家把苗种下去，在自己的地上干活，还能领到工钱呢。”黄权向村民介绍。有的村民担心种的花椒没人要，销售不出去。“州里在大力发展绿色香料产业，由中交集团投资建设，大家可以打听一下，花椒肯定不愁卖。”黄权的话像是一颗“定心丸”，几场群众会下来，村民们拿出了400多亩地种植花椒。阿月洛底和施哭底是优先实施花椒种植的村组，两个村组连夜召开群众会，不少村民听完后都争着说要种植。

7月18日是阿月洛底组村民开福生最开心的日子，这一天他在地里种下400棵花椒苗，当天就领到了130元，“在自己的地里种自己的花椒，还有收入，真是太好了。”黄权听后拍拍他肩膀，替他简单地算了一笔账：“这样的苗，还包种植、包管理，一亩地政府给你出资4000元，好日子还在后头呢。”听到这话，开福生笑得更开心了。首批覆盖200亩地的18 000棵花椒苗在一周内全部种下，黄权却有一个更大的目标，要争取2020年全村花椒种植面积超过1000亩。双米底村更多的是阴坡地、沟箐边坡地，这些地不适宜种苞谷、洋芋，一直处于荒废状态。这样的荒地，黄权也有打算：“怒江河谷气候温润，适合喜阴的草果生长，县里草果种植已经形成了产业规模，还有加工交易中心，老百姓看得着、摸得见。”

黄权憧憬着，种下的2500亩草果，在两三年后，就能变成“金果”。“山里面还有宝贝呢。我们养了150箱蜜蜂，一年可以产1500斤蜜。这样的原生态好蜂蜜，在市场上很抢手，一斤能卖60元。”黄权有一个“小目标”——2020年向福贡县争取建设更多的致富路，“现在村民收了土豆、玉米，只能人背马驮，我希望路能通到地里。”

编者手记

自担任双米底村第一书记以来，黄权走遍了双米底村——白天奔走在山间地头，晚上到贫困户家里开展家访，这是他的工作常态。黄权为大家而舍小我，奔艰苦而弃安逸地带领双米底村脱贫攻坚，无怨无悔，默默无闻，这就是中交扶贫人的责任与担当。

大山里孵化出的扶贫电商

□周敏　刘慧

2019年10月，云南省福贡县上帕镇，崇山如黛，月夜中的怒江水流湍急。倚山傍江的一个院落内，柏银华结束了繁忙的一天，正在吃着晚饭。院子里，正晾晒着上千斤去掉青皮的核桃，再过两天，这些藏在深山人不识的福贡核桃就会被寄往全国各地。

年过半百的柏银华有一股不服输的韧劲，为了让核桃产品一炮打响，他挑选了好几种款式的箱子，总算把包装盒定下来。他又担心新鲜核桃在运输过程中会发霉，宁愿多晾晒承担一些损失，也不希望把口碑砸了。“这是山里人的希望，还指望着以后年年卖呢！”柏银华说，“没想到扶贫电商卖得这么快，订单不断，连包装盒都没准备好，1200多斤的核桃就卖完了。要催着供销社赶紧组织货源，现在已经断货了。”他有些焦急。

对千里之外的“二航公益”扶贫电商来说，预售新鲜核桃的成功，也鼓舞着大家扶贫攻坚的士气。

“扶贫电商跟消费扶贫相得益彰，现在看来效果很好。以前我们用传统方式搞消费扶贫，有的企业觉得采购信息不透明，不知道是否真的帮到了农民；有的职工想多出一份力，不知道该找谁买；每年集中一下就买完了，农民合作社很难组织持续生产。最后，大家想到了扶贫电商。”二航局党委工作部负责扶贫工作的李宁说道。

扶贫电商怎么搞？模式很多，有人提出支持村民开设特色农产品网店。大平台的竞争激烈，要求很高，福贡的产品还需要培育。另外，企业支付方式与这些平台匹配度很低。

经过充分讨论，主打“企业消费扶贫+个人爱心采购”的温暖扶贫电商模式的“二航公益”应运而生，在这个模式下，二航局提供技术、运营、

□柏银华迎来了众多的茶叶订单

市场等全方位支撑，所有利润归福贡县所有。

总体方向明确后，二航局航科物流公司开始承担扶贫电商平台上线的具体工作。虽然时间紧、难点多，“二航公益”还是在8月底成功上线。

搞电商，对福贡来说也同样是挑战。“准备工作特别多，自从供销社通知我要搞电商，先是注册公司，找合作社组织货源，到山里拍照片，还要准备包装盒。”从7月开始，柏银华经历了人生诸多第一次。

准备工作就绪，柏银华很快就迎来了第一笔订单：一盒茶叶。“开始订单有点不起眼，就几盒茶叶再加一点蜂蜜，有点担心。不过很快订单量就上来了。没经验呐，发错货、写错感谢信、开错发票……”柏银华对那段时间的遭遇记忆犹新。

上线一段时间后，随着各个流程的疏通，“二航公益”逐步走上了正轨，柏银华也开始体验到电商“店小二”的忙碌。现在，销量最好的老姆登高山绿茶已经卖了800多盒，合作社的包装盒一度缺货。

电商平台销量的攀升，逐步打消了人们对扶贫电商“作秀”的疑虑。“二航公益”终于收到了第二批商品的上架需求——帮助销售新鲜核桃。原来，由于销路不畅，大山里仍有大量的核桃挂在枝头没有采摘，等到大雪封山，这些核桃就会彻底“泡汤”。

扶贫攻坚就是扶贫电商平台的使命，尽管这个需求来得稍晚了些，“二航公益”还是很快投身到这场核桃“攻坚战”中。

现在，在众多企业和个人爱心订单的支持下，“二航公益”不仅实现了26万元农产品的销售，还赢得了当地对平台的信心和认可。在未来，更多大山里的脱贫致富故事，会在刚刚孵化出的扶贫电商里演绎。

编者手记

扶贫方式始终在与时俱进。在“互联网+”深入发展的背景下，在消费扶贫的基础上，电商扶贫取得了丰硕成果，电子商务成为中国扶贫攻坚战中的有力武器。像“二航公益”这样，通过提供技术、运营、市场等全方位支撑，完善贫困地区互联网基础设施和支持平台建设，助推贫困地区全面发展。

峡谷深处的“甜蜜事业”

□何振男

10月的丙中洛景色优美，怒江州蜂之联产业负责人王富强却无心看风景，他正忙着指挥建设贡山县中华蜂产业园区。“说好只是来调研，没想到却扎了根，和中国交建一起参与扶贫，发展‘甜蜜事业’了。”王富强笑着说。

怒江州贡山县丙中洛坝子山高谷深，气候湿润，自然环境优渥。这里物产丰饶，但却没有任何资源形成产业，当地村民长久以来一直守着“金矿”过苦日子。2016年8月，中国交建派驻怒江的扶贫干部们来到这里，从此以后，“立足区域特色致富、依靠产业发展脱贫”的计划就被提上了议程。

丙中洛森林茂密，一年四季都有鲜花开放。“这遍野的花朵白白开了又败。”望着满山满谷的红花绿草，中国交建的扶贫干部王慧奇有些心疼，花丛中飞来飞去的蜜蜂让他突然有了主意：“何不尝试一下蜜蜂养殖业呢？这兴许是条脱贫致富的好路子。”

有了思路，接下来便是科学论证。怒江大峡谷山高谷深，生物种群保护良好。王慧奇了解到，当地原生态蜜蜂种群个头偏小，产蜜量不高，一个蜂箱一年仅能产8斤蜂蜜。但由于怒江生态环境好，蜂蜜的质量奇佳，附加值特别高，市面上一斤要卖到300元，比普通蜂蜜价格高出几倍。

有价格就有市场，几位中交扶贫干部决定选择投资蜜蜂产业作为怒江扶贫攻坚的突破口。蜜源一年四季都有，现在缺的就是产量，改善蜂种成了当务之急。“中华蜂是我国土生土长的优良种群，抗病抗螨，易于定地饲养，对山区气候条件有很强的适应性，在利用山区大宗蜜源及零星蜜源上有着西蜂无法比拟的优势。”专家的一番话让王慧奇有了方向，“就是中华蜂了！”

□贡山县中华蜂产业园区

他们和国内中华蜂养殖繁育权威——青岛姜岐中华蜂研究院取得联系，邀请其一起出资入股，参与到项目中来，不料却遭到研究院院长的婉拒。“怒江交通闭塞，运输不便，我们对当地情况不了解，而且语言不通，和村民沟通很有难度，加上没有政策扶持，这个项目几乎确定会亏本，换了谁都不看好这个项目。”院长说得直截了当。

几位扶贫干部没有放弃，而是盛情邀请研究院的专家代表到怒江考察。“先看一看，再作决定。”王慧奇坦诚地说。几位干部陪着青岛客人转遍整个怒江山区，谷上谷下，漫山遍野都是野花，怒江山地丰富的植被资源让他们心动了——这是大规模养殖中华蜂的理想之地。

有了青岛姜岐中华蜂研究院的支持，蜂蜜产业的技术和大规模销售渠道都不再是问题。为了显示诚意，王慧奇代表中国交建牵头和当地政府协商达成合作方案。中国交建出资500万元，由贡山县政府作代表，占股49%；青岛姜岐中华蜂研究院出资200万元加技术入股，占股为51%。为了更好地打响怒江中华蜜蜂的品牌，双方合作成立了怒江蜂之联生物科技有限公司，王富强作为姜岐中华蜂研究院的代表，成为负责人之一。

王富强介绍说，参与合作村民的收入主要来自两部分，一是公司将依据市场价格收购村民蜂蜜，二是年底公司股份分红。按照协议，贡山县政府的49%股份分红在年底将分给当地的建档立卡贫困户，年回报率约在7%。“中华蜜蜂产的百花蜜在市场上供不应求，蜂之联的销售渠道都已经打通，乐观估计在正式投产后，第一年收入可达3000万元以上。帮助参加合作社的村民脱贫致富不成问题。”王富强自信地说。规划中的贡山县中华蜂产业园区占地约226亩，分为四期建成，含加工厂房、人造景观、酒店和会议中心。

“今后，我们将围绕贡山中蜂资源，打造贡山的中华蜂全产业链，包含养殖技术培训、养殖过程监控辅导、中蜂原蜜回购、中蜂产品加工、中蜂产品研发、中蜂产品销售。通过中蜂产业园来带动整个怒江州的特色产业化发展。”中国交建驻贡山县的扶贫干部傅大华介绍道，“目前，姜岐中华蜜蜂研究院的专家先后对全州四个县市800多个养蜂户和贮备养蜂户进行现代养蜂技术培训，推动全州养蜂产业发展，助力脱贫攻坚。”

中国交建将一颗致富的种子撒在怒江峡谷深处，正在为当地群众酿造最甜蜜的生活之蜜。有当地养殖户写了一首诗：“不论平地与山尖，无限风光尽被占。采得百花成蜜后，为谁辛苦为谁甜？”

编者手记

“立足区域特色致富、依靠产业发展脱贫”，这是精准扶贫的应有之义，也是授人以渔、保证脱贫成果常态化的必要之举。中交扶贫人，在扶贫工程中立足于区域特色，善于“借力”，将各种优势资源用于扶贫之中。以优势资源为依托，以产业发展为路径，既盘活了优势资源，又带动了地方发展，更保证了脱贫成果的常态化。

傈僳“姐妹花”的幸福生活

□程凯

“这是我用大半个月工资买的双开门大冰箱，怎么样，气派吧？”2020年中秋节，中交一公局集团四公司怒江绿色香料产业园项目建设者到傈僳族村民生义芳家慰问，她兴奋地带着大家参观她上个月才翻新的家，言语之间无不透露着幸福和喜悦。

生义芳是怒江州泸水市上江镇付坝村村民，从小没怎么读过书，她无论如何也想不到自己现在能拥有一份月薪近4000元的工作，过上今天这样幸福的生活。而生活转变，还要从中交一公局集团在怒江建设香料产业园说起。

□生义芳、十斤妹这对傈僳“姐妹花”

□生义芳焕然一新的家

几年前，怒江绿色香料产业园所在地还是大片荒山野地，村民们一辈子从这里进进出出，没觉得跟其他的荒山有什么不同。这里的人大多靠种植庄稼为生，年份好时能收成两季，但遇上旱灾或农害时，村民们维持基本生活都很成问题。但现在，生义芳再也不用为这些问题发愁了。“现在终于不用看天吃饭了。”2019年，怒江绿色香料产业园项目招收了当地的一批贫困户到项目工作，生义芳被录用，来到项目从事保洁工作。自此以后，生义芳不仅有了稳定的工作，还能用业余时间在项目的职工书屋“充充电”，弥补了大半辈子没怎么读过书的缺憾。

现在生义芳给人最深的印象，是她脸上总是挂着藏不住的笑容。2020年，她不仅购置了很多家电，还好好地把家里重新翻修了一遍，过上了让大家伙都羡慕的小康生活。

脸上写着幸福的不止生义芳。傈僳族村民十斤妹在2019年成了生义芳的同事，她没来项目工作之前，一直在外打工，生活流离辗转，孩子也成了留守儿童。如今，在项目部的帮助下，十斤妹终于回到家乡工作，每天都可以看着孩子成长，也有时间照顾家里的老人了。“项目部的领导和职工都把我们当作中交大家庭中的一分子，对我们很好，2020年项目部举办集体婚礼的时候，还说以后等我女儿长大之后，也要为我女儿在项目部办一场婚礼咧！”十斤妹开心地说道，她希望孩子长大后，也能加入中交的团队，为建设家乡贡献力量。

看着孩子长大，陪着父母变老。生义芳、十斤妹这对傈僳“姐妹花”，深知这样看似稀松平常的幸福，实则难能可贵。“现在我们越来越多的同乡都想回来，因为在自己的家乡也能致富，一样可以实现幸福的梦想。”生义芳说，随着怒江绿色香料产业园的慢慢建成，村民们对未来的生活充满了希望。

编者手记

就业扶贫是稳定脱贫的“压舱石”，是持续攻坚的“定心丸”，傈僳“姐妹花”的幸福生活就源于中交扶贫项目提供的稳定的就业岗位。因地制宜创造就业机会，合理配置扶贫就业岗位，让贫困户在赚钱的同时能够兼顾家庭，在家门口就有稳定的收入来源，中交的扶贫让贫困户实现了稳定脱贫的梦想。

娃吐娃村的脱贫“四宝”

□邓舒婷

娃吐娃村致富有“三宝”：草果、蜂蜜和茶叶，经过这趟向东向海之行，又有了“第四宝”。

“用这种种植模式，葡萄在大山里也能有好产量！”云南怒江州福贡县鹿马登乡娃吐娃村党总支书记封李忠在青岛农业产业园的葡萄种植棚里激动地说。

封李忠所在的鹿马登乡娃吐娃村地处“世界屋脊”青藏高原南延部分横断山脉纵谷地带，是闻名于世的高山深切割地貌，地势陡峭，可用于种植的地块小而分散。

□云南怒江州福贡县鹿马登乡娃吐娃村党总支书记封李忠参观青岛农业产业园的葡萄种植棚

“过去村民们各自为营，在家门旁的小块平地上种植作物，收成少还不稳定，很多人连饭都吃不饱。”封李忠对养育他的土地非常熟悉，他深知恶劣的地理环境是导致在这片土地上生活的人们贫困的重要原因，为了使村民们通过种植农作物有好收成，他一直在寻找适合怒江的农业种植发展模式。

“草果这种香料作物一般用于火锅等食物里调味，怒江气候湿热，非常适合草果生长。”在中交一航局组织的种植技能培训课上，技术人员向村民们详细讲解各类农作物的生长习性与种植方法。封李忠认真听着，并积极与技术人员交流。多次培训之后，他与村干部商议，在征求了村民们的意见后，决定走规模集体种植的农业发展模式。

规模集体种植需要较大面积的平整农田，村委会将村里的种植区域进行了重新划分，但有些村民不愿意继续配合，因为集体的种植区域占用了他们原来的农地。“他们的想法是可以理解的，担心这种模式不成功，那就意味着2020年没有收入了。”封李忠说道。

“中交一航局会投入技术专业人员及扶贫项目资金帮助我们，就是建设美丽公路的那家央企，到时候比自己干的收成要多！”封李忠组织了一个动员会，将村民们集中起来，给大家说明情况。

“是建设美丽公路的企业呀，帮了我们大忙。”“现在道路建好了，把农作物运出去卖很方便，我支持这项工作！”“我也支持！”经过沟通说明，大家都积极地表态。

在共同努力下，红彤彤的草果一串接着一串成熟起来，大家的收入一年比一年好，当初不配合工作的村民不好意思地说：“还好我听劝，不然哪有现在的新房子呀！”

除了草果，蜂蜜、茶叶的种植也成规模，在三类农产品的发展推动下，娃吐娃村早已实现整村脱贫出列，看着一天比一天好的生活，大家把这三样称为“致富三宝”。

在2020年8月14—18日的研修脱贫攻坚与乡村振兴研修班中，封李忠考察了青岛的美丽乡村与农业产业园，看到了当地的葡萄种植方式，也有了新思考：“娃吐娃村目前有散户种植葡萄用于自给自足，如果借鉴青岛的种植方式，或许可以变成‘致富四宝’。”

研修期间，学员还去胶东红色文化陈列馆参观，封李忠感受到革命先烈们为新中国的未来不惧流血牺牲的无私无畏精神。他想，作为一名党员扶贫干部，国家需要我们，怒江人民需要我们，我要一年接着一年干，带着大家奔向更好的日子。

编者手记

娃吐娃村脱贫致富的“四宝”，从各自为营到规模集体种植，中交扶贫人帮助当地人找到了适合的农业种植发展模式，利用推动贫困户抱团发展等方式，实现了“造血式”产业扶贫，激活了村民自身活力，增强了稳定脱贫的内生能力。“是建设美丽公路的企业呀，帮了我们大忙。”扶贫企业的良好口碑也成为当地扶贫产业发展的重要助推力。

胡秀花的三双鞋

□史朵朵

半夜落下的一场雨让怒江的江水又奔腾起来。石子裸露，山道更难走了，但是胡秀花的脚步却格外轻盈。她的家乡云南怒江州福贡县上帕镇珠明林村此刻山花正灿烂地盛开着。从远近皆知的贫困户到脱贫致富的“大明星”，如今的胡秀花也如山花一般绚丽地绽放。

胡秀花保存着不少鞋，其中有三双鞋，以满满的存在感见证了她脱贫致富的过程。

一双军布鞋

眼前这双军用布鞋，宽大松垮，带着特有的年代感。这是一双点燃斗志的鞋。

小时候，胡秀花家里很穷，母亲早逝，父亲时常酗酒，连绵不绝的大山把一家人困在山坳坳里，填饱肚子都成了难事。胡秀花10岁以前都没有穿过鞋。

年幼的胡秀花要比同龄人懂事许多。她最开心的事就是背着破旧的书包，走5公里山路奔向校园。学校，对渴望改变命运的女孩来说，是放飞希望的地方，就像一簇火光。哪怕是光着脚，通往学校的路胡秀花也是蹦跳着去的。到了冬天，她的脚趾头上长满冻疮，脚面肿胀起来，蔓延的裂口疼得她倒吸冷气。

有一天，胡秀花的姐姐从给学校贫困生捐赠的物品里领到一双白色回力鞋，连睡觉都不肯脱下。胡秀花第一次向往着能有一双属于自己的鞋，她一直盼着姐姐快点长大，她想，等到姐姐穿不下的时候就可以轮到自己穿了。

□走出大山的胡秀花

终于，一年后，姐姐恋恋不舍地将那双已经发黑的回力球鞋脱了下来递给了她。胡秀花按捺不住心中的喜悦，立刻把脚洗得干干净净，小心翼翼地试鞋。但是，连绵的山路早已将鞋底磨成了薄片，侧面线头也绽开了，怎么补都补不上。那龇牙咧嘴的裂缝，像是在嘲笑一个贫穷孩子的期待。

胡秀花哭了很久。后来，一个亲戚花了3元钱，在镇上给她买了一双军用布鞋。这双颇具年代感的布鞋，虽然并不漂亮，却让胡秀花感受到了特别的温暖。穿上人生中的第一双鞋，她暗自发誓：“一定要穿着鞋，走出大山，过上好日子！”

一双劳保鞋

胡秀花的第一双劳保鞋，已糊满了泥巴。这是一双改变命运的鞋。

上完初中后，胡秀花像村里许多年轻女孩那样，选择外出打工挣钱。卖菜、摆烧烤摊、到工地烧饭……为了分担家里的经济压力，她什么活儿都干过。胡秀花吃苦耐劳、好学能干，而且能说一口流利的普通话，性格倔强的她一直努力地寻找改变命运的机会。

2018年，在福贡县上帕镇开展的产业扶贫专项调研工作中，勤劳的胡秀花吸引了在怒江挂职的中交集团扶贫干部李常智的关注。几经周折，李常智在三航局昭通市都香高速公路A3标项目部为胡秀花争取到了一个2000米挡墙的工程。

没想到，机会来了，胡秀花却打起了退堂鼓。回想起曾经被不法工头坑骗的经历，胡秀花犹豫了，“我怕再被骗”。为了帮助胡秀花，李常智一趟又一趟地跑到她家里，给她讲中交集团的发展历程，讲中交集团的扶贫政策。在李常智的多次劝说下，她终于决定接下这个项目。

从福贡县到昭通市有上千公里的路程。在一个下着漫天大雪的冬日，胡秀花带着九名工人出发了。到了工地，项目部为他们安排了专门的宿舍，在准备的基本生活物品中，胡秀花一眼就看到了一双崭新的劳保鞋。比起她脚上的塑料鞋，这双劳保鞋结实许多，泥沙进不去也磨不破。

穿着劳保鞋，胡秀花干劲十足，她用瘦弱的肩膀扛起水泥包、灰袋，在工地上来回奔忙，脚下的劳保鞋也逐渐沾满泥渍。在她的带领下，施工任务顺利完结，胡秀花和工友们也拿到了一笔可观的劳动报酬，这是她人生中第一笔“巨款”。

一双高跟鞋

2020年的6月21日，在三航局银川文化园项目工地上，胡秀花身穿职业套装，脚上黑色的高跟鞋格外引人注意。这是一双走出自信的鞋。

32岁的胡秀花如今已成立了自己的工程劳务公司，当上了经理，接到的工程越来越多，每逢重要场合，她都会穿上高跟鞋。这次，三航局宁波分公司包车接她和傈僳族工友到项目部工作。对胡秀花来说，这又是带领更多傈僳族同胞脱贫致富的好机会。她踩着高跟鞋，代表公司与项目部签下劳动合同，对接工友培训课程，在会议上与众人谈起公司的发展规划、未来前景以及工友们脱贫致富的决心，显得落落大方。“我是在中交集团扶贫干部的帮助下成立的公司。现在公司已经建立起规范的管理制度，我们要让优秀的工友走向管理岗位，成为脱贫致富的明星，一个人带动一群人，大家一起奔小康。”

现在，村里已有40多人跟着胡秀花走出了大山，他们所在的福贡县也即将退出贫困县序列。怒江的山坳里，一轮红日喷薄而出，对胡秀花来说，这轮红日是她幸福生活最朴素的象征，这三双鞋，见证了她走过的山间路，也指引着她和乡亲们奔向新的征途。

编者手记

三双鞋，见证了一位远近皆知的贫困户到脱贫致富的“大明星”的蜕变。在中交集团的帮助下，贫困户胡秀花从最初的打退堂鼓到现在带领大家一起奔小康。胡秀花的故事告诉我们，培养一个脱贫攻坚的典型，培养一个乡村能人，或许就能改变一个贫困村的面貌，带动一个贫困村的发展。

焊花里的脱贫梦

□李佳丽

“连焊速度太快，要压住！”在三航局云南华丽高速项目罗打拉隧道钢筋加工场，焊花飞舞，弧光闪烁，师父张云正在手把手地教徒弟阿南大进行工字钢对接焊接。这些工字钢将用于制作隧道拱架，焊接面要求单面焊、双面成形，实现无缝对接，这对电焊技术要求较高。“阿南大，你手上功夫还是不够熟练，需要继续用心练习。”张云语重心长地说。

电焊工学徒阿南大来自云南省怒江傈僳族自治州福贡县，是项目部接纳的第一批怒江贫困农民工，这也是阿南大第一次走出大山。最初，他在砂石料场做勤杂工，逐渐适应工地生活后，萌发了学电焊的念头。

项目部脱贫攻坚小组了解到这一情况后，项目经理李龙喜高兴地说：“中国有句古话叫‘授人以鱼，不如授人以渔’，既然阿南大有上进心，这是好事，我们要为他提供这样的机会。”项目部很快安排了一名经验丰富的技能工人教他电焊技能，带他入门。

一个多月后，阿南大的妻子小余花作为第二批怒江扶贫对象也来到华丽高速务工。项目部提出“建项目也在建家”的理念，为他们贴心准备了夫妻房，与项目部员工同等标准、同样待遇。了解到小余花毕业于泸水职业技术学校厨师班，持有厨师证，项目部带她免费体检，拿到健康证后，分配到二工区做帮厨，跟随主厨学习厨艺，同时把阿南大调到二工区附近的钢筋加工场工作，并为他指定了高级电焊工张云做师父，开始系统培训。

职业培养、岗位调动、家属安置等一系列周到的安排让阿南大很受感动，他每天“缠”着师父张云，学习劲头高涨。

“阿南大很用心，学得很快。这么多年下来，我带的徒弟也不少，一般学徒要30天才能学会气割，他只用了4天就出师了。”听了师父的夸赞，阿南大不好意思地挠挠头说：“想学就学得快。”

“来活了！”听着师父一声喊，只见一辆出渣车缓缓地停在了张云和阿南大的面前。“你去看看啥子毛病，能不能修好。”这次张云没有像以往手把手教他，而是给阿南大出了考题，让他独自处理。

这让阿南大有些兴奋又有点紧张，他围着车辆看了好几遍，确定了是后门连接撕裂故障。

只见阿南大迅速将电焊机移到位，在司机师傅的帮助下，故障点调整到位，撕裂部位点焊固定，再满焊，随后又寻找钢板进行帮条焊，使其更加牢固。看着阿南大娴熟的操作手法，司机师傅满意地笑着说：“小伙子，技艺不错，进步很快啊。”

师父张云也一直在留心观察，从故障排查到修理，阿南大不到15分钟就搞定了，密密麻麻的汗珠在他黝黑的额头上显得格外晶亮。

阿南大是40名怒江扶贫农民工中为数不多的会讲汉语、认识汉字的傈僳族人，在项目部的帮助下，他还学会了看焊接图纸，能准确辨认工字钢的样式和长度规范。在提高自身技能的同时，他经常客串“翻译”，帮助其他傈僳族农民工解决沟通难题。

□师傅张云正在手把手教徒弟阿南大进行工字钢对接焊接

“我刚来的时候，就是想着挣点钱后赶紧回家，现在来了半年了，反而不想走了。工地管吃管住，还能学技术、挣钱。”“挣再多的钱，总有花完的一天，但学一门手艺，够我一辈子养家糊口了。”在项目部组织的怒江扶贫对象思想交流会上，阿南大的话引来了阵阵掌声，和他一起来项目务工的傈僳族兄弟们也深受鼓舞，纷纷提出学习技术的诉求。

谈起以后的打算，阿南大充满了信心：“我想继续做电焊，争取拿到高级电焊工证书。”“我可没有他这么大的志向，”他的妻子小余花打趣地说，“我想着把手头工作干好，多攒点钱，回家盖几间砖房。”深夜里，大家的谈笑声在大山月色的映衬下更加清朗。

编者手记

“挣再多的钱，总有花完的一天，但学一门手艺，够我一辈子养家糊口了。”贫困户的心声，充分说明了授人以鱼不如授人以渔。“输血”解一时之需，“造血”纾长久之困，技能扶贫能让贫困户脱贫有“术”，为脱贫攻坚注入强大动能。更难能可贵的是，中交集团还通过扶贫项目，让获得技能的贫困户有一技之长后更能一展所长。

宋志忠的“小心愿”

□万众　吴丽虹

“各位旅客，列车即将到达钦州东站。”即将到站的旅客纷纷开始收拾行李，有的站在过道排队下车，有的神情紧张地看着窗外的景象。

“志忠，你还拿着玩具铲车做啥？快收拾好下车了。”从云南怒江来的和亮挤过人流来到表弟宋志忠身边说。只见一个短发黑瘦的20多岁小伙转过头来，露出洁白的牙齿，将手里掉了一个车轮的旧玩具铲车小心翼翼地塞到裤袋里。“爸爸，爸爸，这个玩具车送给你，等你回家要带新的玩具车回来哦！”想起两个儿子送别时的小心愿，宋志忠利索地背起背包，顺着人流，踏上了钦州的土地。

走出钦州东站，一眼就看到接站口拉着一条“中交四航局热烈欢迎云南怒江务工人员”的横幅，迎面吹来一阵暖风，宋志忠扯了扯身上洗得发白的外套，跟着同乡一起上了中交四航局的车。在去北海项目部的路上，宋志忠、和亮及另外三个同乡紧抱着背包，好奇地看着窗外，默不作声。

中交四航局北海项目部党支部副书记王景看出大家的拘谨，往他们手里递上了矿泉水。宋志忠看着王景，这个寸头圆脸的年轻人跟自己年纪差不多，眼睛里透着亮光，给人信任感。宋志忠兴奋地搓了搓手道：“我以前在一个分包队干过装卸工，知道中交是大企业，没想到现在能直接到项目部来上班。”王景默默记下了这个主动跟自己说话的年轻人。

到项目部一周后，王景再次到宿舍找他们谈心。看到王景，宋志忠马上搬来椅子拉他坐下。“这里居住的环境很好，伙食也很好，就连劳保用品质量都好很多。”宋志忠对项目生活表达了自己的满意。“那你考虑好了选哪个工种没？”对这个年轻人，王景并不希望他只做杂工。宋志忠看着放在书桌上的那辆旧玩具铲车说：“你知道吗？这辆玩具车是我两个孩子捡来的，出发前，他们送给了我，希望我能带回去一个崭新的。所以我

□宋志忠（左）在师父何钟奎的指导下工作

想学铲车，铲车在我们云南有很多用的地方。”

就这样一对一地谈心，王景把怒江务工人员的心愿摸清楚了，他第一时间为大家找来“师父”。机务主管何钟奎拍着宋志忠的肩膀笑道：“小宋，放心，教不会你，我名字倒着写！”接下来的几天，宋志忠按照何钟奎的指示在铲车里一遍遍地重复着操作要领。不到半小时，蓝色的工作服就已湿透。在第三次检查燃油、冷却水及润滑油情况之后，再次准备起步的宋志忠操作又失败了。“啪！”小宋扔掉手套，跳下铲车，看了何钟奎一眼低着头走了。

宋志忠完全没想到铲车操作那么难，他开始担忧自己学不会，想放弃。当晚，何钟奎主动到宿舍找宋志忠，宋志忠手揉着衣角，不好意思地低下了头。“听说学铲车是你的心愿？”何钟奎一眼就看穿了小宋的心思，“没有谁天生就会，我以前学的时候比你还差呢。”说着，何钟奎从口袋抽出一张培训操作计划表给宋志忠，里面详细罗列了设备性能、安全规程、操作要点等。听着师父耐心地讲解，想想自己的行为，宋志忠眼眶红了。随后的日子，宋志忠越发努力了。

经过一个月的苦练，宋志忠终于通过了考核并拿到铲车操作手岗位资格，他还用自己第一个月的工资给孩子买了全新的玩具铲车。

“我会开铲车啦，我会啦！”宋志忠的叫喊声打破了项目部营区的安静，只见宋志忠飞快地跑进王景的办公室。王景高兴地给了他一个拥抱：“就知道你可以的，这下孩子的小心愿实现了，你的心愿也达成啦。”

“嗯，我还想学习铲车维修技能，还要带着我表哥他们一起学习其他技能。”宋志忠充满期待地说，“以后我们回云南就能用自己的一技之长谋生，改变我们的生活，这是我们大家的‘小心愿’。”说完，两人都笑了起来。

编者手记

一技在手，吃穿不愁；技术可靠，致富有道。技能扶贫是扶智与扶志相结合的一种扶贫方式，能够解决贫困群众门路少、手艺缺等难题，更能促进贫困劳动力向“技能型”过渡。中交集团通过这种“帮带式”培训，增强培训的针对性和实效性。让贫困群众能在干中学、学中干，让贫困群众在家门口就能端上“铁饭碗”。

他们成了中交员工

□余水婷

“兰花，现在我工作也稳定了，等都香高速完工后咱俩就结婚吧？”2019年10月一天的傍晚，一起散步的胡正文笑着对褚兰花说。

胡正文和褚兰花是中交二公局都香高速A5标段项目部的云南怒江籍傈僳族员工。来项目前，胡正文做过室内水电工，也做过室内装修和装载机工作，可生活总不见起色。中交二公局聚力就业脱贫，要求在建项目的同时积极解决怒江剩余劳动力，帮助怒江百姓脱贫致富。就这样，四处务工的胡正文成了第一批来到都香A5项目部的傈僳族员工。

项目对傈僳族员工从衣食住行到语言沟通等方面都做了细致安排。因

□胡正文和褚兰花

□正在工作的胡正文

为有工作经历，普通话标准还识字，胡正文便被安排在测量队，项目部安排测量队队长杨鹏飞负责他的工作和学习。杨鹏飞先让胡正文从最基础的工作开始：扶棱镜、卡尺，辅助测量，测量队同事对这个傈僳族兄弟倾囊相授。很快，他就掌握了基本的测量仪器使用方法，后来还迷上了高精度全站仪。“我很感谢中交集团给了我这么好的就业机会，我要多学知识技能，争做一名优秀的建设者。”胡正文还给自己购置了电脑和专业书籍，希望把测量工作做专做精做细。

胡正文还有一项光荣的任务，就是受项目委托，回家动员更多乡亲参与到项目建设中。胡正文的家在怒江州一个叫尼普洛的偏远山村，是傈僳族聚居的地方，山大沟深，经济落后。早些年，胡正文在家务农，一年就种一季的土豆或玉米，一年收入不过五六千元，勉强维持温饱。和怒江很多村子一样，尼普洛的村民和外面的世界基本隔绝，大部分村民宁可在封闭落后的村子里艰难度日，也拒绝走出大山。

带着任务返乡后，胡正文叫上村里要好的几个乡亲一起吃饭聊天，胡正文向他们详细介绍了中交集团定点扶贫的措施。“大家不用害怕外出，我们去的是央企，那里的同事都很友好，吃住也不用担心，还有人教我们学技术，我现在一个月的工资是在家务农一年的收入。”看到胡正文“阔气”了不少的事实，乡亲们表示愿意去项目工作。

胡正文的同乡哈花才30多岁了，喜欢喝酒，没钱还向家里要钱买酒喝。看到哈花才的窘境，胡正文劝他到项目上看看。起初哈花才还在犹豫，抱着试一试的心态，他来到了项目部。令胡正文没想到的是，经过项目培训，哈花才很快适应了项目生活，三个月后，他还给家里寄了第一笔钱。哈花才激动地说：“我现在有工作了，还有了以前想都不敢想的收入，感觉自己像是重新活了一次。”对于未来，哈花才充满了信心。

胡正文的成长、哈花才的变化，让怒江州尼普洛村更多的乡亲们放下戒备，转变曾经固守的观念。“中交集团在怒江定向扶贫的措施落在实处”，这句话在一批一批的傈僳族同胞中口口相传，胡正文先后带领近80名傈僳族同胞走出大山，走进了都香高速、罗八高速……大家在各自的岗位上，不仅为家乡建设贡献力量，也在修筑着自己的幸福路。

编者手记

群众有需求，企业有回应。中交二公局聚力就业脱贫，以帮助贫困户解决就业问题激发贫困户内生动力，从而带动更多贫困户加入就业大军，通过吸纳更多贫困劳动力就近就地就业，让贫困群众端稳“幸福饭碗”。像胡正文、哈花才这样的贫困户的转变，说明就业扶贫能让“钱袋子”慢慢鼓起来，激发贫困户对美好生活的向往和奋斗精神，他们的生活也会如芝麻开花——节节高。

港口边上的“怒江情缘”

□梁剑红

在钦州项目部，有对夫妻来自云南怒江。这两个人，不但在一个工地上班，而且在工作上互相帮助，共同进步。他们就是钦州项目部接收的云南怒江州兰坪务工人耗生发和雀金兰。

最难能可贵的是他们在工作上任劳任怨，勤勤恳恳，毫无怨言。除此之外，平时项目部的物品搬运、装卸等工作，他们都自觉地跑过来帮忙，把项目部当成了家，像在为家庭干活作贡献一般，努力付出不求回报。

“我来，我来！这些土工布一个人搬多累啊。”耗生发几步走到梁卓宁身边，双手在工作服上摩挲了几下，把梁卓宁手里的土工布给接了下来，“我也喊过我老婆了，咱们三个一起搬就快了！”说着话，他拉拉土工布笑着对梁卓宁挤了挤眼。梁卓宁点了点头，笑笑说道：“你们两口子是真的棒！”工程部技术员梁卓宁说起他俩，也不由得竖起大拇指。他说：“我们目前现场营地工人少，每次装卸物品我都找不到工人，只能自己卸。但他们每次看见我装卸物品，我还没开口，他们就自觉过来帮忙，我很感动。”

当时，由于目前项目部的重心在金鼓江预制场，103泊位现场营区人员相对较少，值班室的工作也会相对繁杂。两人除了承担营地的值班工作，还负责营区、办公室等地的清洁卫生工作，给营区内的花草树木洒水等工作他们也主动承担。综合部廖子萍反映，他们干活很勤快，对值班工作很认真仔细，每一辆进出的车辆、每一个进出的人员都仔细核查并做好记录，营区的清洁卫生也做得很到位，花草树木从来没有过缺水的情况，把值班的工作交给他们很放心。

怒江风景越好的地方越贫穷。这是大家在与他们夫妻谈话时了解到的。云南省怒江州兰坪县各个村里田地少，人口多，导致人均田地少，种

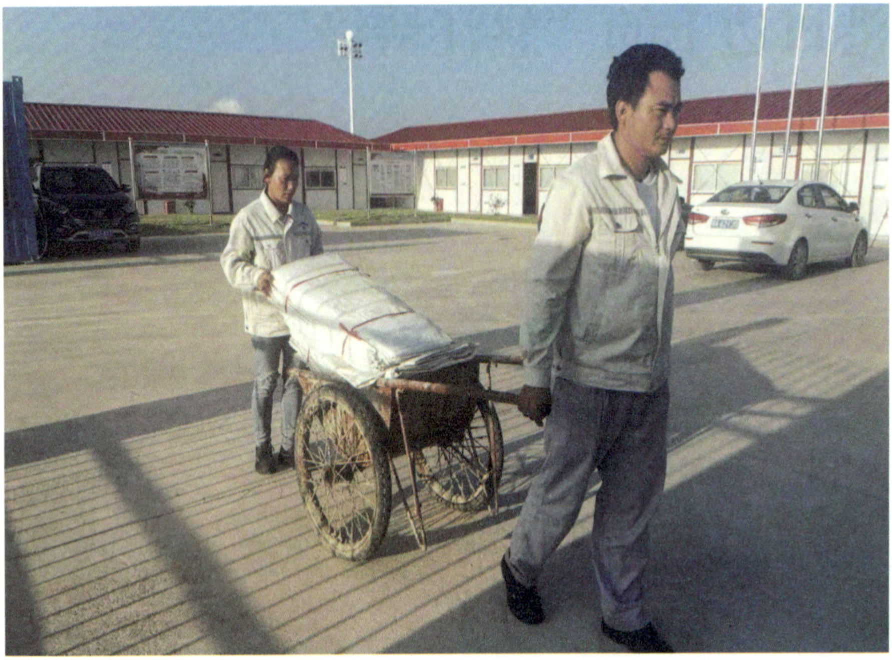

□耗生发和雀金兰

东西收成也不多，村民普遍比较贫穷。耗生发说：“我们很珍惜这个工作机会，不管是干多累的活，我们都可以做好。我也希望通过自己的双手，达到全家脱贫的目标，也很感谢项目部、感谢公司提供的工作机会。”

编者手记

勤劳，是幸福生活的良好开端。让贫困户“动起来”，脱贫攻坚、乡村振兴才更有力量，耗生发和雀金兰无疑是贫困户中“勤劳”的代名词。脱贫致富，不仅需要政府和社会各界的帮扶，更需要贫困户的自强不息，靠着勤劳和汗水走出贫困。扶贫单位提供的就业机会，尤其是扶贫扶志，更充分激发了贫困户的内生动力，让贫困户通过自己的双手脱贫致富。

坐上开往致富之路的四航“专车”

□黄翀　王丽萍

2020年4月17—18日，云南省怒江州兰坪县的兄弟姐妹已背好行囊，整装待发，浅蓝色的口罩也遮不住那充满喜悦和期待的笑容。他们准备搭乘中交四航局专车，分批踏上前往南粤、广西务工的旅途。在那里，他们将在四航局朋友的帮助下，用自己勤劳的双手，实现脱贫致富的愿望。

2019年到四航局务工的68名怒江兄弟姐妹，在各项目部的帮助下，都在春节前夕回到家里过年。

腊月十五，熊流海从广州市轨道交通十二号线项目部回到村子里。听闻他从广州务工回来，附近的乡亲们都聚了过来，小小的院子被围得水泄不通。“外面工资怎么样？”“活重不重？”“咱们这种过去会不会不适应啊？”……好奇的乡亲们向熊流海抛出了一个又一个的问题。

“那边吃住环境不错，给的钱是我们干的活中能给到的比较高的了。李哥你去也肯定能适应的，等我安顿下来，我给你们好好唠唠……”在已过不惑之年的熊流海心中，这次的广州之行，让他深受感动。这是他第一次离家这么远，在此之前的近20年里，他都是在离家不远处的矿山工作，最近几年矿山因为国家政策停了工，他便在家务农。本以为一辈子就窝在这个山沟沟里，可家里的孩子终是要出去的，外面的世界是什么样的呢？熊流海对未知的世界有点担忧。“很感谢四航局给了我一个走出大山的机会，让我为孩子们提前了解外面的世界。”熊流海说道，“一开始也没抱多大期待，没想到来到项目部能和职工们同吃同住，过节发的礼物、夏季的清凉饮料都是一样的，工作也很快上手，最重要的是这边的人对我很好，不会因为我从村子里出来就差别对待。”回到家后，熊流海便和家人商量，春节后和妻子一起去项目部。

除夕夜，仍在办公室值班的广连高速公路项目TJ09标段副书记陈祷宁的手机突然响了一下，一个视频电话打了进来。在视频里，云南省怒江州兰坪县的大哥胡简德拉着傈僳族的兄弟姐妹给陈祷宁集体拜了个早年。胡简德手里扯着一大块腊肉拿到镜头前面，激动地大声嚷嚷着："书记，2020年咱们在项目部挣了钱，过年的日子一下子就好多了，过完年回项目部的时候，我带几块回去，给大家伙都尝尝我的手艺……"

陈祷宁被视频里欢乐的气氛感染了，可转念一想，他不放心地连忙叮嘱道："现在疫情形势严峻，你们在那边也要提高自我防控意识。家里有没有口罩啊，需不需要项目部邮一些过去？现在一定不要再走亲戚串门了，有什么情况及时和我联系……"

视频最后，胡简德的眼睛竟有些湿润，感慨地说道："我们2020年能够顺利回家过年，过个富足年，大家都很感激项目部。半年多来，项目部不仅帮我们解决了工作问题，还教会我们怎么干活和写字，这些我们都记着，心里早就把项目部当成是第二个家了。书记，我们年后还想回家，回项目部的家！"

"好，好……"一阵视频拜年之后，陈祷宁关了视频，窗外冷风呼

□中交四航局准备的务工专车

啸，他却觉得心里暖暖的。

2019年，中交四航局为了让务工人员在工作中学有所成，给务工人员精心安排了导师，同时在安排工作时充分考虑务工人员的工作意向，给他们提供了学习技能的机会。在北海项目部的宋志忠在专业导师的带领下，经过一个月的苦练，通过考核并拿到铲车操作手资格证，顺利当上了铲车司机。其间，他还跟师父学习了铲车维修技能，实现了他当初想用一技之长谋生，改变生活的“小心愿”。“是中交四航局成就了我，给予了我学习技能的机会，实现了依靠技能致富的心愿，喝水不忘挖井人，我会在中交四航局好好干，将来就算回去云南怒江，我也会将自己所学的东西传授给更多的人，带动身边的亲朋好友学习技能致富。”

编者手记

农民外出就业，一头连着村民脱贫致富，一头连着企业复工复产。中交四航局规范上岗流程，“点对点、一站式”派出专人专车招收村民，这样的贴心服务让兄弟姐妹没有后顾之忧，实现用自己的双手脱贫致富的愿望。

普米族汉子熊志坚的幸福生活

□张青龙　卢飞

2020年4月16日是普米族汉子熊志坚在中交云南华丽高速公路项目工作满一周年的日子。时光回转到一年前，他还在为自己的生计发愁。熊志坚怎么也没有想到，从杂工到技工，现在的他已经能够胜任新的岗位。

4月10日，在中交二航局参建的金安金沙江大桥施工现场，1号搅拌机正在高速运转着，轰鸣声中，对讲机里传来现场技术员的声音："老熊，老熊……这一罐是浇注桥面的混凝土。"

"收到，收到！"循着声音，笔者看到一个皮肤黝黑、身体消瘦的汉子正在仔细地核对浇注令，确认混凝土方量，并熟练地往搅拌机里添加相应的纤维。

2019年，中交二航局承建的华丽高速公路项目部接到国家精准扶贫的任务。熊志坚就是受惠人之一。

拥有初中学历的熊志坚，来自怒江州兰坪白族普米族自治县啦井镇挂登村的一个贫困家庭。他一家共五口人，母亲2020年68岁，由于体弱多病，经常需要吃药治疗，加上两个儿子都在上大学，每年的一大笔支出让熊志坚一家的生活变得更加拮据。而更让他头疼的是，出远门挣钱，老母亲一个人在家没人照顾，万一出什么事一时半会回不来。

"找个离家近还能和妻子在一起的工作是我最大的心愿，哪怕苦点累点都可以。"熊志坚说。但现实令人尴尬，他和妻子年龄都偏大，工作并不好找。

就在2019年4月初，熊志坚接到挂登村村委会的通知：中交二航局华丽高速公路项目为本地区贫困户对口帮扶提供就业岗位。除了中交二航局，还有其他来怒江帮扶的企业，但大多提供的工作岗位所在地在省外。尽管从怒江州兰坪县到丽江的华丽高速施工现场约172公里，不过，每天有6趟

□熊志坚渐渐适应了新的工作岗位

班车，用时约5小时，相对而言往来还算方便。

听到消息后，熊志坚激动不已，立刻跟妻子一起报了名，高兴得几个晚上都没睡着觉，“国家的精准扶贫政策让我看到了生活的盼头”。

2019年4月16日，熊志坚夫妇随着其他23名务工人员一同顺利到达中交二航局项目部。他的老家大多数家庭世代在家务农，很少有人出去打工。而这一批务工人员中大多数也是第一次出来工作。看到雄伟壮观的金安金沙江大桥塔柱时，有些人忐忑了：这么高的地方太可怕了，自己干不好怎么办？

熊志坚知道这个就业机会对他来说千载难逢，他不仅没有放弃，还主动安慰同伴：“我们都是从大山里走出来的，有什么好怕的？只要我们有吃苦耐劳的精神，只要肯干肯学，相信我们能干好！国家给了我们这么好的帮扶政策，我们一定要努力摘下贫困户的帽子。”

在他的鼓励下，与他同组的工人都留了下来。

在工地上经常能听到：“老熊，帮我去办公室背一下仪器。”“老熊，帮我去开仓库门收一下外加剂。”……他在项目部就像一盒万金油。因为憨厚老实，大家都亲切地称他为“老熊”。

刚到工地的时候，熊志坚在项目部一工区做杂工。项目工长刘元平说："老熊服从安排，工作积极、认真细心，爱学习，每次安排的任务都能保证按时完成，遇到不懂的他都虚心请教，进步很快，现在他已经成为小队长了。"

"我们就是吃了没有文化的亏，所以要努力工作，一定要让孩子上大学，用知识改变命运。"老熊说。每次项目部给他们提供岗位培训和技能培训，最主动积极参与的就是他。

2020年3月，熊志坚被安排到了一个新岗位。为保证施工质量，浇注桥面混凝土时，项目部要求在搅拌混凝土之前添加一定的混凝土纤维。

熊志坚表示，自己之前做杂工虽然累，但不需要想太多，现在这份工作需要有细心和耐心，如果不按要求放量，对桥面系外观质量有影响。负责指导老熊的项目技术员柏元帅说："老熊能严格按要求完成任务，希望不要更换人员，让他干这份工作我放心！"

对熊志坚来说，如今的生活很幸福。此前在家收入主要靠农作物，一个月才1000元左右。现在，他们夫妻俩每人每月有4500元的工资，关键还包吃包住，每月用一个人的工资供孩子上学和照顾家里老人及用于其他支出，还能存4500元，"生活越来越好了"。

熊志坚经常念叨："扶贫政策好！央企来到云南丽江不仅修建了大桥，还给我们山里人带来就业岗位，非常感谢中交二航局对我们贫困户的帮扶。我要靠勤劳致富，争取早日脱贫奔小康！"

编者手记

全国脱贫攻坚开展以来，通过扶贫专岗提供就业扶贫已经成为一条不可或缺的"补给线"。像熊志坚这样通过就近的扶贫专岗，不仅增加收入，还能够照顾家庭，起到了"照料一个人，致富一家人"的作用。

中交怒江连心桥上的“授渔”人

□宋佳

“授人以鱼，不如授人以渔”，在连心桥的建设中，中交三公局连心桥项目涌现出了一批“授渔”人，他们用实际行动诠释了“扶智脱贫”的深刻内涵，同时谱写出了一首飘荡在怒江上空的青春赞歌。

中交怒江连心桥，由中国交建援建，中交三公局总承包公司负责建设施工，位于云南怒江州府泸水市六库镇内，跨越怒江连接重阳路和渡口路。桥梁全长196米，两岸接线引道长1157米，主桥桥长144米，宽28米，计算跨径为140米，采用一跨过江的钢箱梁下承式提篮拱，桥面为双向两车道。项目总投资1.04亿元。作为泸水市“十三五”期间的重要建设项目，中交怒江连心桥不仅是一座连接怒江东西两岸的桥梁，更是连接中国交建与怒江人民的纽带，对助推怒江扶贫攻坚，促进怒江经济发展、泸水城市转型和民族文化宣传都具有重要意义。

一份有温度的“师带徒”协议

作为中交三公局引进的怒江员工，罗艳梅第一个进入了连心桥项目工作，为了尽快完成“引才、育才”计划，项目部根据小罗的实际情况，安排了项目总经济师李艳峰当她的师父，对她进行一对一培养。2019年8月9日，他们签下一份有温度的“师带徒”协议。

刚来项目的小罗因为之前没有接触过这个行业，在项目党群文化部工作的她对面临的工作经常一头雾水，但看着师父因赶工期，经常忙碌到深夜，她便萌生了“不去打扰师父”的想法，导致师父不问她，她也从来不问师父。李艳峰知道了这个情况后，和小罗深入谈心，鼓励她克服畏难情绪，更不要怕所谓的“打扰”到自己，并表示自己最不怕徒弟的“打扰”，因为这是自己徒弟正在进步的过程。小罗听到师父鼓励的话，深受感动，自此他们师徒也开启了“面授、网授”的同步培养。只要李艳峰在项目，小罗遇到问题便当面请教，深夜师父如果在施工现场，小罗便发微信请教师父问题，在这样紧追不舍的学习和耐心细致的教授下，小罗在三个月内进步迅速，不仅能顺利完成部门的一些日常工作，更是在李艳峰的鼓励下在创新工作中屡出新招。2020年初，当小罗将制作的工程节点延时动画呈现给师傅看时，李艳峰欣慰而肯定地竖起了大拇指。

后来，项目部又陆续来了三个怒江当地来实习的大学生，小罗俨然一副“小师父”的姿态，用自己在项目上学习到的专业知识帮助自己的老乡成长，她说：“师父怎么教我，我就怎么教她们。”

施工现场的传技授业

说起连心桥项目的生产副经理吴东东，怒江当地的班组长贺建勇就有说不完的话。原来他这个班组在来连心桥项目以前，只会做挡土墙、砌砖墙、截水沟、临建等简单的工作，而对于钢筋和模板施工知之甚少，来到项目后，吴东东发现贺建勇班组的工人绝大多数是怒江当地人，看着只能干些杂工的工人们，他心里有了自己的想法。当吴东东找到老贺告诉他，他愿意教授他钢筋和模板施工的技术经验时，老贺紧紧握住了比他年龄小很多的吴东东的双手，并亲切地唤了他一声“老吴”。老贺说，其实他早就不甘心只做这些简单的工种，要想带着老乡们脱贫，就要学习技术、技能，只有这样才能不仅仅靠“卖苦力”吃饭。一个愿意教，一个愿意学，就这样，副经理吴东东和班组长贺建勇成功“结对”。吴东东先教给老贺，老贺再一个个教给自己的工人，吴东东还跟其他班组打招呼，让贺建勇的班组跟着他们进行学习，就这样一个现场教授的“传帮带”模式运行开来。

别以为这对“没有名分”的师徒不闹矛盾，在贺建勇的班组铺设人行道盲道砖时，吴东东发现铺设的平整度达不到规范要求，便严厉制止他们继续施工，并要求马上返工。这下老贺有了自己的主意，表面上虽然不反对，却迟迟不返工，吴东东明白这是想敷衍过去，顿时一改往日教授技术时的“没脾气”，勒令他们停工。看到老吴动了真格，贺建勇虽然一边让工人们返工整改，心里却不服气，嘴里嘟囔着：“我以前在其他地方也是这么干……”吴东东见状，便和老贺谈起了心，他说道：“做工程要有精益求精的质量意识，在中交干活必须按照规范来，如果现在不返工，将来大面积返工，会浪费更多的人力和财力。况且，以后想跟着中交干，就得时刻将质量意识放在心间。”听到这里，老贺有些惭愧，立马拿起工具加入返工的队伍中。有了质量意识，老贺便愿意和吴东东交流，在铺设人行道S弯道处时，他多次主动和吴东东共同研究如何更好地做到板面的美观和线性的顺畅。

现在的老贺班组已经掌握了钢筋和模板的施工工艺，他有一个计划，准备后面继续跟着中交干，说跟着中交干心里踏实。他心里感谢吴东东，嘴上便一遍遍叫着只有他才会叫的“老吴，老吴”……

扎在工人堆里的“小师父”

烈日下，工程部现场技术员党琪忙碌地穿梭在钢筋加工的工人中，这个班组的负责人叫彭建付，他以前在当地卖五金，生意冷清时也带着当地老乡干过一些杂工。为了助力怒江脱贫，项目主动联系他，将他的班组引入项目进行施工作业。因为班组内的工人都是怒江州本地人，不仅工人施工经验不足，交流也存在一定的障碍，班组整体对钢筋加工和模板支护施工处于不熟练的状态。扶贫重要，作为企业生命的工程质量也不能有丝毫放松。面对这种情况，党琪作为现场技术员，发扬了中交人“不等不靠”的拼搏精神，主动当起了工人们的师父，在施工现场教授工人们施工技术技能，让工人们一边学习一边干活。为了保证不熟练的工人干活不出瑕疵，他和工人们同步上班下班，因为年纪小，被工人们戏称为他们的“小师父”。

别看党琪年龄小，当起工人们的师父可一点儿都不含糊，他有自己的一套教授办法。施工前，他先带着工人们熟悉图纸与方案，编制可视化的三级技术交底，通过交底将施工参数与注意事项告知施工人员，让工人们认识图纸，从平面图、立面图不同角度让工人师傅想象出结构物的三维空间图。施工过程中，他全程陪伴，手把手教工人如何施工。做得好的提出表扬，树立榜样，如发现问题，及时指出并整改，防止后续施工过程中出现类似问题，工人们逐渐从不熟练走向了熟练。

现在的彭建付班组已经成长为有一定技术和管理经验的施工班组，工人们也有了自己的一技之长，将来他们将不用再干工资收入相对低的杂工，而是做个个身怀技艺的技术工人。班组中的50多岁的工人和永祥经常半开玩笑地说：党琪不就是“党旗”？他来就是带我们走向幸福的。

连心桥上的“授渔”人有他们，而在怒江州的扶贫攻坚战中，有更多的中交人同样在默默地做着“授渔”人，在精准扶贫这条路上，大家努力地奔跑着，那座连心桥恰如一座象征着美好生活的彩虹桥，给人们决心，给人们勇气，给人们希望，带领怒江人民走进幸福生活。

编者手记

“扶智脱贫”是脱贫的长久之策，中交人用实际行动诠释了“扶智脱贫”的深刻内涵。正是这些扶贫人的坚守和付出，才换来贫困地区的根本改观。中交人不仅扎根贫困地区，实现政策帮扶、项目帮扶，更是教会百姓一技之长。像中交人这样的扶贫人，将自身的技能向贫困户倾囊相授，以“扶智脱贫”的方式教会大家脱贫致富不能“等靠要”，而是要努力向前跑。

傈僳族“老少”成长记

□尹燕强　惠子豪

“文兴啊，你年纪不小了，好好学手艺挣钱，早点和对象结婚。”老褚笑着向刚和女朋友微信视频结束的李文兴语重心长地说。“嘿嘿，知道了，现在就想在工地上好好干，努力挣钱了好娶媳妇儿。”李文兴羞涩地回答。

49岁的褚文南扒与26岁的年轻小伙李文兴都来自云南怒江州泸水县称杆乡。褚文南扒过去一直和妻子在家务农，偶尔外出在村子周边打零工，收入十分微薄。2018年12月，从乡政府得知中国交建在云南怒江的劳务输出政策后，老褚毅然选择了戴上安全帽、穿上反光背心，成为中交二公局都香项目大家庭的一员。

初来乍到，在东萌公司都香A5项目务工人员工作分配讨论会上，并无任何工作技能的老褚在项目的指导下选择了“辅助工”作为自己在项目上的第一份工作。起初，老褚过得并不轻松：普通话交流有障碍、干活抓不住重点成了他的一块心病，而和老褚有类似情况的在少数民族务工人员中不占少数。项目部获悉后及时与少数民族工人召开座谈会，详细深入地了解了老褚等工友当前存在的问题，并要求各工点负责人与后勤主管共同帮助少数民族工友顺利度过“工地适应期”。会后，项目工班长老崔和后勤主管高俊便成了老褚口中的师父。回到工地上，师父们没有给老褚安排与其他工人一样的任务，只是让老褚跟着自己，从熟悉工作内容开始。渐渐地，老褚把自己每天的日常工作内容熟记在心，开始帮助其他工友分担工作任务。普通话不流利的老褚也慢慢和工友们打成了一片，偶尔还会和大家讲起家乡的故事。

老褚的“脱贫路”吸引了不少同乡，很多人都托他在项目上帮忙寻找合适的工作，老褚欣然应允。向乡政府和项目部了解后，怒江州泸水县的傈僳族老乡们又惊又喜：原来中交集团为了不断推动劳务输出，聚力就业脱贫，延续精准扶贫的“怒江模式”，在2019年12月解决了几十名工友就业的基础上，又安排二公局进一步做好“结对帮扶”工作，继续解决百余名地方富余劳动力。傈僳族的工友们纷纷去报了名，其中就有年轻的李文兴。

在广东电子厂的两年打工经历让李文兴看上去已然十分成熟，普通话说得也很流利。分配到物资部的他，每天跟着自己的师父指挥物资车辆倒料。机灵的小李一看到水泥、石料、速凝剂等拉到工地，便立刻跑上前去和司机沟通，熟练地指挥着车辆过磅并将材料倒入料仓。不仅如此，由于过磅和倒料时常不在同一个工点，小李还肩负着“押运员”的使命：主动去倒料的工点监督司机倒料，俨然一副物资“老手”的样子。小李的到来，增强了物资部一线的队伍实力，物资部长还考虑要给小李压压担子，争取让他早日成长为合格的物资收料员。这不，来工地之前刚谈上女朋友的他，可谓爱情事业双丰收，整天美滋滋的，下班吃完饭便和女朋友聊起微信，向对方分享着自己的工作和对美好未来的向往。

编者手记

就业扶贫既是实现贫困群众稳定脱贫增收、巩固提升脱贫攻坚成果的长效之策，也是解决富余劳动力的重要渠道。中交集团在云南怒江的劳务输出政策，正是在促进劳动力就地转移。结合扶贫项目，中交集团在当地大力开发用工岗位，提供就业政策支持和技能培训，帮助贫困劳动力增强适岗能力，实现了本地就业，也激发了贫困劳动力对美好未来的向往。

华丽项目奏响就业致富曲

□王咪咪　吴日茂

“感谢！真是太感谢了！”来自云南省怒江州兰坪县石登乡来登村的和金柱接过第一笔电焊工人工资，连连激动地说道。每个月的20日，是华丽项目给当地技术工人发放工资的日子，随着扶贫工作的不断开展，已经有越来越多的当地技术工人加入华丽项目这个大家庭。

2020年是全面建成小康社会的收官之年，打赢脱贫攻坚战是全面建成小康社会的重中之重。云南省怒江州兰坪县石登乡来登村是中交一公局集团精准扶贫的对接点，该地多为高山陡坡，可耕地面积少，不宜务农，环境艰苦。2018年下半年，华丽项目在接到上级扶贫安排后，迅速制定方案，统一部署，安排专人前往来登村实地考察。从接到安排的那刻起，如何让来登村村民过上好日子就成了项目部时常思考的问题。

工人夜校开启就业路

“这工人夜校是项目部新开设的，我最开始就是想来凑个热闹。后来听了几次课，发现这些老师讲的都是一些专业技术要点，我们也能学到真东西，我以后一定坚持来听课。”和树荣在参加完工人夜校学习后高兴地说，“没想到在这里除了钢筋绑扎还能学到电焊技术，有了这工人夜校，我脱贫更有信心、更有底气了！”

为了帮助来登村村民实现稳定脱贫，项目部决定利用晚上的空余时间开办工人夜校，讲解实实在在的技术要点和操作标准。为了选出最适合讲课的老师，项目部通过举办技能比武的方式进行遴选，并在上岗前对老师进行培训。此外，项目部还在白天增加了实操培训，将理论知识与实践相结合。功夫不负有心人，经过努力，项目部已培训出11名模板拼装工，4

名现浇梁箱梁翼板清理工，6名钢管支架刷漆工，5名混凝土振捣工，4名钢筋绑扎工，1名焊接工，努力将扶贫工人转化为产业工人。

真金白银撑起"钱袋子"

"我们在这个项目部，一个月拿到的钱比我们在家种一年的地都多。"贫困户代表和财保说，"我把钱寄回家去，家里就能买好多吃的用的，还能供小孩读书，让家里小孩有文化，而且家里也不用愁没钱看病了，现在他们都指着我呢！"和财保是第一批来到华丽项目工作的产业工人，也是项目部各项培训中表现最为优异的学员之一，以他为代表的扶贫工人，一半以上收到了施工队伍的聘任。培育有技术的青年员工是华丽项目精准扶贫的重点，项目已对接当地农民40余户。用和财保的话说，自从项目部对他们开展帮扶，除了每月凭自己的努力拿到5000元以上的工资，更重要的是他们一家人的生活态度发生了极大的转变。在他的带动下，全家人干活的积极性更高了，2020年田里的菜苗和2019年同期相比，产量翻了一番，多增加了近万元的收入。邻居们都说和财保变了，变得乐观勤劳。"我现在每个月的收入都已经超过5000块钱了，咱也达到脱贫标准了。现在我们家的生活也是吃穿不愁，孩子们都能有学上，家里老人也都不怕去医院了！"和财保激动地说。

项目部组织村民前往位于丽江七河镇金安村的沃柑种植基地学习专业的沃柑种植技术

沃柑种植托起新希望

2019年9月，在丽江市政府部门的协调下，项目部组织部分来登村村民前往位于丽江七河镇金安村的沃柑种植基地，学习专业的沃柑种植技术。在工作人员的指导下，村民从认识沃柑的品种特性，沃柑栽培所需要的土壤、气候等理论知识方面入手，再进行整型修剪、花果管理、病虫害防控等技术层面的手把手传授，力争培养出种植能手，挖掘出种植大户，用榜样的力量，更好地带领他们周围的村民致富。同时，项目部还组织贫困户参观当地新农村建设模范村社，学习成功脱贫的典型事例。作为参观代表的和金柱，和一同来的村民说道："中交一公局集团华丽项目真是帮了我们大忙啊！项目部把我们家的事当成自己的事，十分重视，还帮助我们这些乡亲脱贫。每次有什么事，项目党支部书记和党员干部总是第一个来帮我解决问题。这两年，他们领着我们脱贫，我们大家都很感谢他们。"心中坚守多少初心，肩上就扛起多少责任。截至2019年10月，华丽项目扶贫资金已累计支出约146万元，累计帮扶云南省怒江州兰坪县石登乡脱贫攻坚对象40人，其中大专文凭1人，高中文凭1人，初中文凭8人，小学文凭20人，无学历10人。来登村仅仅是中交一公局集团开展精准扶贫的一个缩影。在中交集团的扶贫路上，还有很多"来登村"正在悄然发生可喜的变化。

编者手记

精准扶贫要紧扣"精准"二字，中交集团在推进扶贫过程中，根据不同地方的实际情况，上马不同的项目，每个项目又依据实情承担不同的功能。就像这华丽项目，重点就是培育有技术的青年员工，采取开办工人夜校等举措，既讲技术要点，也讲实际操作，注重理论与实践相结合，以此来提升贫困地区工人的积极性，这也是精准扶贫的应有之义。

怒江大山里起飞的傈僳族“雄鹰”

□潘伟友

“我们想跟着你们学手艺。”火车站出站口，一个古铜色皮肤，身着手工织制民族服饰的中年汉子，带着七个人径直朝我们走来，“我在‘中交’干过，我认识你衣服上的标志。”

这个汉子叫普南伏，来自云南怒江傈僳族自治州。原本他的家在山上的千脚屋，自从村里来了一群“中交人”，他在当地项目工作，2019年刚刚搬进了山下亮堂堂的大屋子。2020年，得知有新的工作机会，5月底，他便带上全家人来到了浦清高速公路八标段。

一到项目部，他们在驻地门口合影，兴奋地在朋友圈分享着快乐，高兴于实现了心中的期盼：飞出大山，在外面的世界学好一门手艺，像雄鹰一样展翅蓝天。

很快，普南伏一家迎来了上岗前的第一课——安全教育培训。但是，他们一行八人中只有三个能够用普通话进行交流，其余的只会傈僳族方言。

“既然语言不通，那就用图片和视频来介绍。”项目部马上搜集了简单易懂的安全教育图片和视频，还拿来绷带、安全帽等实物进行现场操练。

在安全事故演练现场，大家一边看一边学习着三角巾包扎的要领。原计划一个小时的教育培训，三个小时才结束。普南伏一家用家乡话彼此叮嘱着：“一定要注意安全啊！”

由于项目施工点比较分散，再加上语言不通，项目部再三斟酌，计划将八人分为三个小队，三名会讲普通话的工人设为小队长，再给每队配备一位技能老师。

普南伏欲言又止的模样引起了项目副经理史玉祥的注意。原来，会说普通话的三人中，就包含了他们夫妻俩。如果分成三个小队，就意味着两人要分开。

□傈僳族同胞初到中交一航局浦清高速公路八标段

项目部便将原来的“三队计划”改为“一队”，让性格开朗、高中文化的普南伏堂弟担任分队长，带领大家学习钢筋工技术、操作拌和机器。普南伏夫妻成为小队的“自由人”，担任翻译、后勤职责。新的岗位分配方案一公布，普南伏握紧史玉祥的手，反复地说着谢谢。

如今，八名傈僳族工人已经走上工作岗位。普南伏把自己的微信名改成了“高飞的雄鹰”，并在个性签名中写道：“走出大山，雄鹰展翅，拥抱新生！”

编者手记

一些少数民族贫困地区存在着普通话不普及的情况，这在一定程度上影响了脱贫攻坚的进程。以中交为代表的扶贫人，在推进少数民族地区脱贫攻坚过程中，注意帮助贫困地区就业人员扫除语言障碍，通过多种形式进行技能传送，以此来促进贫困劳动力职业技能提升，为脱贫攻坚添一份力。

一把英吉沙小刀的约定

□孟凡贺

再次来到新疆英吉沙县乌恰镇23村，映入眼帘的水泥小路和整齐的院墙让中交四公局派驻英吉沙的扶贫干部王安焦灼的心情放松了许多。“看来我们都遵守了约定。”王安心里想着，同时用手敲了敲崭新的院门。

2019年4月中旬，王安和同事们在整理英吉沙县特困家庭资料时注意到了一个被圈注多次的名字——帕提古丽，王安决定前往乌恰镇走访这个家庭。一座不起眼的小院，斑驳的木门，这就是贫困户帕提古丽家。正准备敲门，帕提古丽和她的儿子阿斯满江打开了门，身后的小女儿好奇地探出头来打量。

简单介绍后，帕提古丽热情地将王安一行请进了院子里。说起家里的情况，帕提古丽表情变得凝重起来：家里缺少青壮年劳动力，常年卧床的老人需要照顾，孩子们需要上学，仅靠家里微薄的收入实在难以维系……说着帕提古丽就哽咽了。王安认真听着，心里已经盘算着怎么帮扶帕提古丽一家，“家里的孩子和老人都需要照顾，帕提古丽没办法外出务工，最好能在当地找到一个非全日制的公益性岗位”。正想着，摆在窗前的几个小巧精致的手工艺品吸引了王安的目光，这么精致的工艺品可以网上销售，他马上掏出手机搜索了一下，并将这个想法告诉了帕提古丽。临走时，王安拍了几张庭院的照片，并把身上的现金都留给了帕提古丽，叮嘱她给老人买些药品和营养品，给孩子添置些新衣服和书包文具，尽快回到学校学习。

回去的路上，王安开始考虑，可以帮助帕提古丽发展“庭院经济”，种些果蔬、养些家禽家畜，解决基本生活问题，再帮她联系一些公益岗位，还不耽误照顾家里老人和孩子。不久，王安就联系帕提古丽到当地幼儿园当保洁员，每个月有1000多元的工资。

接下来的日子里，王安每次来到乌恰镇都会去探望帕提古丽一家，有时送张方桌，有时买面镜子，有时给老人送些营养品，给孩子们买些学习文具。小阿斯满江和王安也熟了起来，他经常围着王安，听王安讲一些外面的故事，乌黑的大眼睛充满了好奇和向往。

在王安的帮扶下，帕提古丽一家的情况逐渐转好。这天，王安再次来到帕提古丽家，正赶上帕提古丽接小女儿从幼儿园回来，小阿斯满江忙着收拾院子里种的蔬菜。帕提古丽递给王安一杯热茶，指着角落里包装好的色买提杏干高兴地说，镇上的供销社这几天就会来收购。她还告诉王安，前些天领到了幼儿园的第一笔工资，制作的手工艺品也经王安联系的网售渠道邮寄到了上海，这笔收入帮她换了一部带有翻译软件的手机，今后做买卖更加方便了。帕提古丽说："仅仅一个多月的时间，家里的生活就比以前好多了，收入增加了，日子也有盼头了。"王安还告诉他们一个好消息，为他们申请的特困资金已经通过了审批，可以为家里添置10只小羊。

趁着帕提古丽添茶的空当，小阿斯满江拽了拽王安的衣袖，将一把短刀放在他的手中，并用不太流畅的普通话说："我们英吉沙的小刀，送给

□消费扶贫农产品起运仪式现场

你的嘛。”王安愣了一下，打量起这把造型奇特的小刀来。短刀仅两寸左右，像一弯月牙，精致美观。王安知道当地的风俗习惯，当地男子出门远行前，家里长辈都要送一把随身短刀，寓意一路平安吉祥。

王安表示不能收下，小阿斯满江怎么也不肯，见小家伙认了真，王安说道：“阿斯满江，短刀我可以收下，不过我们要有一个约定，作为家里唯一的男子汉，你可要照顾好一家人，让家人过上好日子，否则我要退还给你啊。”小阿斯满江使劲地点了点头。

2020年春节，由于新冠肺炎疫情的影响，回家过节的王安没法及时赶回英吉沙，只能居家办公。心里惦记着英吉沙的群众，王安寝食难安，他打了100多个电话，帮助县里的供销社卖出了120万元左右的农副产品。在挨家挨户的电话回访中，最让王安欣慰的是，他听到了小阿斯满江主动提到他们的约定。

一直到4月疫情缓解，王安才回到了英吉沙。在解除隔离后，他第一时间组建了工作队挨家挨户地走访摸排。来到帕提古丽家时，正在喂羊的一家人看到王安顿时兴奋起来。小阿斯满江兄妹俩高兴地跑过来围着他又蹦又跳，小姑娘一个劲儿地给他展示由中交集团捐赠的新校服，小阿斯满江手舞足蹈讲着在中交集团捐赠的多媒体教室里上课时的新鲜事，帕提古丽说起了近期家里的新变化。看着幸福的一家人，王安一颗牵挂的心也放了下来，他笑着对小阿斯满江说：“日子会越来越好，咱们的约定还算数啊。”

编者手记

帕提古丽家的改变，离不开中交扶贫人的倾心帮助。尤其是帮助其联系的公益岗位，对于缺乏劳动技能、丧失部分劳动力的家庭来说，发挥了重要的作用。公益性岗位，既可免除直接给钱给物、培养懒人习气的弊端，让农村群众通过自身力所能及的劳动自主脱贫；又可以以公益性的岗位灵活照顾弱势群体，让他们根据自身实际情况合理安排，解决家庭后顾之忧。

不能因疫返贫！木尼玛大桥吸收当地劳动力就业

□王佰文

福贡县隶属云南怒江傈僳族自治州，地处巍峨的碧罗雪山和高黎贡山之间的怒江峡谷。为打通福贡怒江两侧易地搬迁安置点的交通阻碍，解决当地1万多名易地搬迁安置群众的出行问题，中交集团投资45亿元在福贡县上帕镇建设木尼玛大桥。这座大桥建成后，能够形成福贡县城环线交通，将助推福贡经济发展。

2020年春节前夕，大桥主桥施工处于下部结构向上部结构施工转换的重要阶段，连接线的路基施工也全面铺开。可突如其来的新冠肺炎疫情使外地员工难以及时回到项目复工，给大桥建设进度带来较大影响。中交三航局的扶贫干部，福贡县委常委、副县长李常智看在眼里急在心上。面对防疫和脱贫的双重大考，只有继续负重前行，才能打赢这场脱贫攻坚战，圆满完成任务。

在防疫复工的关键时刻，李常智想到了胡秀花。胡秀花在当地是知名的致富带头人。这个出生在贫苦家庭的傈僳族姑娘，从小就自强自立，她在春节前还带领着一支40人的施工队伍为中交三航局的项目服务。

中交集团一直致力于通过安排到项目就业实现怒江人民的脱贫致富。2018年，李常智为胡秀花联系到离家1000公里外的中交三航局都香高速项目就业，胡秀花带着九名乡亲第一次走出了大山。在项目部，胡秀花带领乡亲们从最基础的放线、混凝土抹面开始学起，到后来跟随项目技术员学习工程管理和施工技术。“中交集团的扶贫干部送我到项目学习，我不能让他们失望，我要借这次机会，证明自己不比别人差。”胡秀花下定决心要跟着中交三航局好好干。从最初只能从事简单的挡墙工程，到后来复杂

□建设中的木尼玛大桥

的工程也能胜任，她的队伍成功赢得了项目部的认可。尝到甜头的胡秀花开始动员和帮助村里的劳动力走出大山，施工队从最初的9人壮大到了40人，胡秀花也成了当地的致富明星。

按照原计划，胡秀花过完春节就该返回昭通的项目复工，可疫情导致返岗复工推迟。几十名工友的家庭失去了收入来源，眼看着刚有起色的好日子又要失去了，胡秀花万分着急。

这时候，李常智找到了胡秀花。“木尼玛大桥现在正缺人手，项目外地工人受疫情影响不能及时返岗，到岗也需要隔离，你们目前也不能回到原项目，不如就近务工。在木尼玛大桥干，你们既能挣到钱，也能为家乡建设出份力。”李常智的话让胡秀花兴奋不已，这可是一举两得的好事。

能建设家乡是好事，可仔细思索，胡秀花也有顾虑，“外面都说新冠肺炎病毒很危险，现在开工是不是能保证我们安全？”胡秀花把大家的健康放在了第一位。

“只要你们经过检测，身体健康，我们有充足的物资和有力的措施保障你们的安全。”李常智向她承诺。

2月10日，怒江州开始接收施工企业的复工申请，李常智积极对接木尼玛大桥项目，第一时间上报复工审批手续。经过协调各方资源，第一批复工人员于2月15日顺利到岗。每个返岗抵达项目的人员，都要接受防疫安全教育，只有戴口罩、接受监测体温、完成消毒流程等才能进入工作现场。为彻底打消胡秀花的疑虑，李常智还邀请她到项目实地考察。“我们的项目负责人同时也是疫情防控第一责任人，我们还在项目上配备了专职疫情防控人员，制定了完备的防控制度和应急预案，已经具备了安全复工的条件，只等你们来掀起建设热潮。”李常智的一番话，给胡秀花吃了定心丸。

几天后，在木尼玛大桥建设工地上，包括胡秀花在内的64名返岗人员经过扫描“云南抗疫情”二维码，报备相关信息，依次进入工地。大桥开启了紧张有序的施工作业，成为福贡县首个复工的交通重点项目。复工以来，大桥开始由下部转向上部挂篮施工，胡秀花参与的道路工程，更是交出了路基施工全面完成、路面铺设超过200米的答卷。

“感谢中交能给我一个这样的平台。让我有业可就有事可做，你们帮助我就业的同时我也带动福贡县20个民工解决就业问题，也让那些不具备外出务工条件的老百姓解决就业问题。”复工后的胡秀花在微信朋友圈写道。

编者手记

外出务工获得的收入是很多贫困户收入的主要来源，但是新冠肺炎疫情来袭，人们的正常生产生活受到较大影响，尤其是部分困难群体、低收入和刚脱贫的群众，面临基本生活保障受影响和缺少稳定收入来源等现实问题。面对此种情况，中交扶贫人闻讯而动，利用复工复产时机积极推进项目开工建设，优先安排贫困劳动力务工、复工，盘活当地用工资源，有效防止了因疫返贫的情况出现。

>> 水之积也不厚，则其负大舟也无力，脱贫攻坚，要基础先行。中交人在这样的理念支撑下，建成了泸水的“网红桥”，打通了福贡县的环城路，盖上了贡山县的安心房。一次次的雪中送炭为贫困地区的发展锦上添花。这些努力的背后，正是凸显出“让世界更畅通、让城市更宜居、让生活更美好”的中交情怀。“寸暖催花开”，中交人通过固本强基，在贫困地区，赢得了民心。

贰·固本强基

连心桥成了泸水的“网红”

□邢建广

2020年6月16日零时零分，在波涛汹涌、奔流不息的怒江上，由中交集团援建的中交怒江连心桥试通车。这座刚刚建成就成为云南省怒江傈僳族自治州泸水市民网红打卡点的现代化大桥，不仅缓解了泸水市交通拥堵问题，也加快了怒江州脱贫攻坚的步伐。

十几年前，汹涌的怒江把泸水市分割成东、西两个城区、生活在这里的人们，靠着一个滑轨、一条200多米的钢索，在怒江上来回穿梭，运送生活物资。近年来，怒江州完成了溜索改桥，进入了后溜索时代。“虽然告别了溜索，但在怒江上有规模的大桥却只有七座，在泸水市内只有两

□建设中的中交怒江连心桥

□2020年6月16日，中交怒江连心桥正式试通车

座。”怒江州交通局副局长李文原说。随着脱贫攻坚步伐的加快，泸水市居民生活水平逐渐提高，车辆保有量逐年增加，原先的两座跨江大桥难以满足泸水市民的出行需要，急须建设第三座大桥缓解城区交通压力。

作为怒江州定点扶贫单位，中交集团决定投资1.04亿元建设一座划时代、地标性的百年桥梁。“扶贫怒江是历史性的任务，作为中交人，都想尽一份力。”得知这一消息后，原港珠澳大桥桥梁分项负责人、公规院副总工程师徐军主动请缨设计这座桥梁。在实地考察了怒江水流的流速、流量以及当地交通现状后，徐军埋头奋战数月，最终设计出一座现代化拱形桥，主体颜色为橘红色，两侧钢索相互交叉。“这座桥从外观到技术，在全国都属于前列，建成后必将成为地标性建筑。”徐军说道。

有了设计图纸，桥梁建设的接力棒传到了中交三公局项目经理胡青松的手中。“按照最初的图纸方案，我们最优的建桥地址为现在这座桥旁的30多米处，然而一棵古树让这一方案落了空。”

胡青松口中的古树是一棵有着300多年历史的木棉树，生活在附近的人们把它视为神树。当居民们听说建桥要砍树时，他们急忙找到项目部进行沟通。“既然叫连心桥，那就不能让当地百姓伤心。”为了守护古树，胡青松带领团队重新研究建桥方案，最后决定在树的北侧30多米处建桥。

2019年12月20日，大桥进入顶推施工阶段，顶推桥体总重2300吨，主桥跨径144米，单跨顶推100米，是亚洲单跨顶推跨径最大的桥梁。“这是整个项目最大的难点，压力不言而喻。”项目总工程师刘坤鹏说。

经过多次研究计算，项目采取了“大挪移”的顶推方案，采用多点同步的方式，利用八组步履式顶推设备，“顶”“推”两个步骤交替进行，即每次顶起大桥主体后，同时向前推进约40厘米，落下、滑动回来，再顶起，再向前推进大约40厘米，如此不断循环。历时33天，大桥在一点点的挪移中顺利跨过怒江，与西岸桥墩精准对接。

2020年6月16日，中交怒江连心桥正式试通车，泸水市东、西两个城区终于连在了一起。远远望去，在蓝天白云下，在古老的木棉树旁，橘红色的桥体横跨两岸，雄壮、亮丽而安静。

编者手记

精准扶贫要做到“精准”，就是要围绕贫困地区百姓最关心、最直接、最现实的利益问题想对策、找答案。面对着泸水市交通拥堵问题，中交集团以改善基础设施建设为突破口，在企地之间架起了一座“连心桥”，以基础设施建设破解发展难题，加快了脱贫攻坚的步伐。

“环城路”打通了“最后一公里”

□张绪雄

“没有中国交建，就没有这条‘环城路’。”福贡县上帕镇腊吐底村俄夺底自然村第二书记阿南肯感慨道。

阿南肯口中提到的“环城路”，其实是连接易地搬迁安置点和村级主干道的一条路。短短四个月内，“环城路”便修通，将村里唯一一条上山不足1米宽的石板路变成了4米宽的水泥道，还从各家门前通过，实现了“家家通”。

上帕镇腊吐底村是福贡县计划建设的117个易地搬迁定居点之一，建设地点位于腊吐底村俄夺底自然村丁发比地块，项目规划新建安居房50套，总建筑面积6000平方米，户均120平方米，惠及50户202人（其中建档立卡贫困户44户178人）。

建设过程中道路问题却“卡了脖子”。连接村级主干道的道路又窄又弯，大型运输车辆根本无法上道。“没有办法，所有建设物资全靠肩挑背扛，价格成倍上涨。人难出去，东西运不进来，一块砖背上去要翻几倍。”阿南肯说。

要想富，先修路，对于地区发展而言，道路就如同身体的动脉血管一样。修一条通往山下主干道的路，打通“最后一公里”迫在眉睫。然而，建设这样一条道路，一开始就面临尴尬：由于地方财政吃紧，有40万元的资金缺口无法补齐。

公司挂职福贡县政府扶贫开发办公室副主任的李常智兼任腊吐底村党总支部第一书记，当他在调研中获悉这一情况后，便立即和公司领导沟通。责任担当下，公司决定提供40万元资金来弥补这块缺口，好让当地百姓尽早搬迁致富。

资金缺口补齐后，李常智便投入到项目实施中。然而，一进场就遭遇

□修好的“环城路”

征迁难题。由于搬迁安置点位于城乡接合部，村民在征迁问题上始终达不成一致。“老乡们，我们修这条路，就是为了山上的乡亲早日脱贫，过上好日子。”那几天，这样的话李常智说过无数遍，终于打动了设置阻挠的村民，征迁问题迎刃而解。

2017年6月，项目正式启动。这时，进度缓慢成了项目面临的又一个难题。由于上山路窄，大型施工设备无法上去，只能全部依赖人工作业，进度不可避免慢了下来。李常智回忆说：“当时最先进的施工设备也就是一台小型挖掘机。”为了保证修路进度，李常志连续一个多月吃住在现场，工人们也加班加点抢时间。四个月后，他们硬是靠着双手，挖出了一条2公里的主干道，这期间，光磨破的手套就有几百双。

除了想尽办法用最快的时间让“毛细血管”畅通，李常智还精打细算，将有限的资金用在最需要的地方，用他的话说，就是要“好钢用在刀刃上”。搬迁安置点有建档立卡贫困户44户178人，为早日帮助他们实现脱贫目标，李常智在招工时，尽量考虑建档立卡户有劳动能力的人员，还做到同工同酬。村民们不停地夸奖：“李书记很贴心，通过他，我们都知道了中国交建！”

编者手记

“要想富，先修路”这六个字道出了基础设施建设的重要性。不难发现，以中交集团为代表的扶贫人，把基础设施建设作为改善群众生产生活条件的着力点，全力解决贫困村贫困户的出行问题。他们时刻秉持着“脱贫攻坚，基础先行”的信念，也为顺利推进脱贫攻坚打下了坚实的基础。

修一座中交集团与怒江人民的连心桥

□周建成

流急坎陡的金沙江、蜿蜒曲折的澜沧江与奔腾不息的怒江一路并行，从青藏高原奔腾而下，穿越担当力卡山、高黎贡山、怒山和云岭，造就了“三江并流，四山并立”的怒江傈僳族自治州。大自然的伟力创造了优美的风景和丰富的资源，却也为日后一系列的发展问题埋下伏笔，时至今日，怒江州，已与“贫困”相伴了太久。

落后的交通条件，是制约怒江州发展的最主要因素。早在2014年，怒江州政府就计划在怒江上修建一座连通东西两岸的现代化大桥，但因为资金短缺等问题迟迟未能实现。2018年8月8日，由中交集团投资1.04亿元，中交公规院设计、三公局承建的中交怒江连心桥项目正式开工，中交集团助力怒江州脱贫攻坚的崭新篇章就此开启。“连心桥是中交在我们怒江州最大的援建项目，建桥是中交的强项，我们很放心！”怒江州扶贫办副主任陈贵刚表示。

步入连心桥的施工现场，首先映入眼帘的不是轰鸣的机器、忙碌的工人，而是一棵有着近300多年历史的木棉树，“这棵树可不简单，它不仅是文物，还是很多当地群众心目中的‘圣树’，我们进场的时候，很多人关心的不是桥什么时候修好，而是树会不会被砍掉。”项目副经理王俊杰笑着说。为了保护这棵树，项目部以最快速度调整了施工方案，将桥位向北侧偏移了约30米，让古树变成了连心桥东端的“迎宾树”。

站在古树下隔江西眺，对岸也在紧锣密鼓地施工中，开工不足三月，项目东岸的施工现场围挡、临时便道等前期作业条件均已完成；西岸0号桥台九根桩基也全部完成，并通过检测合格；引桥右侧路基挡墙正在进行浇注。

“别看桥长只有百来米，施工可是一点也不容易。”项目现场施工负责人吴东东打开了话匣子，“一年有半年是雨季，水深近8米，枯水期时水深也有5米，偏还不能通航，只得先填岛筑堰，可奈何怒江真是个急脾气。”从开工起，整个项目就在跟时间赛跑，为给1号桥墩、临时墩施工抢出工期，雨季前必须完成筑岛围堰，汛期前又必须拆除，以确保怒江泄洪。

江中事赶了又赶，岸上活难中有险，连心桥采取的是顶推施工，受限于怒江每秒5米的流速，河道中只能设置一个临时墩。顶推跨径达100米，不但技术难度大，而且安全风险极高。“我们特意做了安全专项施工方案，找了专家和技术实力强的监控单位进行论证评审和实时监控指导，这才能正常施工。”吴东东介绍。

连心桥也牵动着当地人民的心。“当地人都很友好，特别是上了年纪的爷爷奶奶，常将笑容挂在脸上，他们晨跑锻炼从项目部门口经过时，总会特意慢下来往里面望望，我能感觉到他们心中的期盼和渴望。这是我进公司第一个项目，辛苦但值得。”2020年刚入职的姜麟丰一讲起自己的项目就滔滔不绝。“连心桥建成后，六库镇就又多了一道亮丽的风景，它还能起到分流作用，缩短通行时间，爷爷奶奶们出行也会更方便。”

“‘让世界更畅通，让城市更宜居，让生活更美好’是中交集团的企业愿景，连心桥也连着中交人的心，我们有信心也有决心去克服一切困难，快速、有序、优质、高效地完成这个光荣的任务。请怒江州人民放心！”项目经理胡青松的话掷地有声。

编者手记

怒江州政府因资金问题未能建设大桥，在中交集团的帮助下，成功地解决了资金难题，建成了连心桥。这种“雪中送炭”称得上是“最精准”。建成后的连心桥，使怒江州脱贫开启了新篇章，也让中交集团“让世界更畅通，让城市更宜居，让生活更美好”的企业愿景，越来越快地在当地得以践行。

“有了这条路，我们的生活也就有盼头了”

□国资委新闻中心

“连心桥终于通车了！我们店茶叶进货也会方便很多，交通方便了，以后的生意会更好，我去江对面的时间比之前缩短了20分钟，还不拥堵，我特别高兴。”2020年8月中旬，云南省怒江州泸水市六库镇居民密大姐走在刚刚通车的“彩虹桥”上，满心欢喜地说。

流急坎陡的金沙江、蜿蜒曲折的澜沧江与奔腾不息的怒江一路并行，从青藏高原奔腾而下，穿越担当力卡山、高黎贡山、怒山和云岭，造就了“三江并流，四山并立”的怒江傈僳族自治州。怒江98%以上是高山峡谷，千百年来，这里的傈僳族、白族、独龙族群众，零散居住在江畔、山腰。怒江州54万人，近90%是农民，有26个民族直过区。2018年末，全州建档立卡贫困人口为14.3万人，贫困发生率32.52%，而同期全国的贫困发生率已降到1.7%。在怒江州，中交集团对口帮扶的泸水、兰坪、福贡、贡山四个贫困县（市），是脱贫攻坚中的“硬骨头”。其中交通不便，是怒江发展最大的瓶颈之一。

“要想富，先修桥和路。”交通是经济发展的基础性条件，中交怒江连心桥正是中交集团积极发挥自身基础设施全产业链和投建营一体化优势，以交通扶贫促进贫困地区精准脱贫的一个缩影。在云南怒江，除了连心桥，中交集团还援建了福贡木尼玛大桥，切实解决了3万余名异地搬迁安置人员的出行问题，促进怒江州经济社会发展。中交集团还通过“环村路”的修建来破解怒江百姓“行路难”的难题。在新疆英吉沙县，中交集团按照PPP模式出资6300万元修建的旅游景区道路已投入使用，同时连接英吉沙县五座水库，不仅解决了群众出行难的问题，还为当地今后发展旅游

□中交怒江连心桥通车仪式

业奠定了坚实基础。截至2020年7月，中交集团在定点扶贫中共投入交通扶贫资金2.49亿元，援建大桥两座，惠及贫困人口3万多人。

连心桥通车了

奔腾不息的怒江把怒江州政府所在地泸水市六库镇分成了东、西两个城区。桥，成了制约两个城区发展的重要因素。早在2014年，怒江州政府就计划在六库镇怒江上游的位置修建一座连通东、西两岸的现代化大桥，但由于资金短缺等问题迟迟未能实现。2018年8月8日，中交集团投资1.04亿元，中交公规院设计、中交三公局承建的渡口大桥项目正式开工，取名为“中交怒江连心桥”。2020年6月，红色的中交怒江连心桥试通车。蓝天白云下，古老的木棉树旁，新颖别致的连心桥显得格外雄壮、亮丽，吸引市民纷纷驻足观赏，上桥体验。

“中交怒江连心桥是怒江州人民期盼已久的重要交通工程，全体参建人员在保证安全和质量的前提下，仅用一年多的时间就全面完成项目建设。实现了怒江州桥梁建设史上工期最快、同类桥梁技术最难、各方面配合最好的‘三个最’，充分体现了中交集团对怒江扶贫援助的大爱情怀。”怒江州委副书记、州长李文辉说。

连心桥是中交集团为帮扶怒江脱贫攻坚援建的首个上亿元基建工程。大桥全长310米，主桥为144米钢箱提篮拱桥，采用整体顶推法施工，顶推施工最大悬臂达100米，创造了目前亚洲单跨顶推最大的纪录。桥面宽22.8米，采用双向两车道设计。“别看桥长只有百来米，施工可是一点也不容易。”项目现场施工负责人吴东东回忆起大桥建设过程，打开了话匣子，“一年有半年是雨季，水深近8米，枯水期时水深也有6.5米，不能通航，只得先填岛筑堰。”从开工起，整个项目就在跟时间赛跑，为给1号桥墩、临时墩施工创造施工条件，雨季前必须完成筑岛围堰，汛期前又必须拆除，以确保怒江泄洪。

江中事赶了又赶，岸上活难中有险，连心桥采取的是顶推施工，受限于怒江每秒3.5米的流速，河道中只能设置一个临时墩。顶推跨径达100米，不但技术难度大，而且安全风险极高。“我们特意做了安全专项施工方案，邀请专家和技术实力强的监控单位进行论证评审和实时监控指导，这才正常施工。”吴东东说。

2020年1月30日，大桥钢架顶推成功后，本打算回家过年的总工程师刘坤鹏和其他几位技术人员因突如其来的新冠疫情而留在项目部，在最初的一段时间，几个人天天吃方便面，耐心等待着疫情缓解的时刻。等到复工复产后，六库已进入高温季节，大家坚持顶着炎炎烈日，24小时不间断施工，提前完成了建设任务。

如今，连心桥身姿挺拔，把怒江州府所在地泸水市六库镇江东、江西两个片区连接起来。大桥东端的木棉树枝叶茂盛，见证着中交人真情实意的扶贫故事。这棵有300多年历史的古树，不仅是文物，还是很多当地群众心目中的“圣树”。为了保护这棵树，项目部以最快速度调整了施工方案，将桥位向北侧偏移了30多米，让古树变成了连心桥桥东的“迎宾树”。

“当地人都很友好，上了年纪的爷爷奶奶常将笑容挂在脸上，他们晨跑锻炼从项目部门口经过时，总会特意慢下来往里面望望，我能感觉到他们眼中的期盼和渴望。这是我进公司第一个项目，辛苦但值得。”中交建设者姜麟丰回忆起自己的建桥生活就滔滔不绝起来。“连心桥建成后，六库镇又多了一道亮丽风景，还能起到交通分流作用，缩短通行时间，百姓出行也会更方便的。”

“环村路”打通了“最后一公里”

“没有中交集团，就没有这条‘环村路’。”福贡县上帕镇腊吐底村俄夺底自然村第二书记阿南肯感慨道。

阿南肯口中提到的“环村路”，其实是连接易地搬迁安置点和村级主干道的一条路。短短四个月内，“环村路”便修通了，将村里唯一一条上山不足1米宽的石板路变成了4米宽的水泥道，还从各家门前通过，实现了“家家通”。

上帕镇腊吐底村是福贡县计划建设的117个易地搬迁定居点之一，建设地点位于腊吐底村俄夺底自然村丁发比地块，项目规划新建安居房50套，总建筑面积6000平方米，户均120平方米，惠及50户202人，其中建档立卡贫困户44户178人。

建设过程中道路问题却“卡了脖子”。连接村级主干道的道路又窄又弯，大型运输车辆根本无法上路。“没有办法，所有建设物资全靠肩挑背扛，价格成倍上涨。人难出去，东西运不进来，一块砖背上去价格要翻几倍。”阿南肯说。

道路就如同身体的动脉血管一样，修一条通往山下主干道的路，打通“最后一公里”迫在眉睫。然而，建设这样一条道路，一开始就面临较大资金难题。

时任中交集团挂职福贡县政府扶贫开发办公室副主任李常智兼任腊吐底村党总支部第一书记，在调研中获悉这一情况后，便立即与各方沟通。最终，中交集团补足了地方政府不足资金，让当地百姓尽早搬迁致富。

2017年6月，项目正式启动。由于上山路窄，大型施工设备无法上去，只能全部依赖人工作业。四个月后，建设者硬是靠着双手，修出了一条3.2公里的主干道，这期间，光磨破的手套就有几百双。

“有了这条路，我们的生活也就有盼头了。”阿南肯笑着说，眼里充满了希望。

编者手记

一线扶贫路，浓浓中交情，体现的就是中交人立足自身优势，以交通建设助力脱贫攻坚实践。对于贫困地区来说，交通条件的改善对提升地方的知名度和美誉度、助力招商引资和招才引智、加快经济社会发展和旅游文化推介等都有着积极意义。中交人的扶贫充分反映了交通建设的正面效应。

中交怒江连心桥“寸暖催花开”

□张雅杰

初次踏入怒江，高耸连云的山川夹道欢迎，沿途湍急的江水奔涌在前。“夹缝中生存”的城镇、“攀缘绝壁”的村寨使人惊叹不已，沿途的红色醒目标语口号让所有外来者都为之动容。“感恩共产党，感谢总书记”“脱贫攻坚政策好，党的恩情忘不了”……

从云南省保山机场出发，在崎岖的山路上颠簸了3小时后，一座藏在深山里的城市展现在我们眼前，这就是怒江州泸水市六库镇。这座城市由建在怒江两岸的新城区和老城区组成，两地通行靠仅有的两座大桥已远不能满足城市发展的需要，因此在江面原渡口位置，一座大桥正在紧锣密鼓的建设中，这就是我们的主角——中交怒江连心桥。

中交怒江连心桥是联通东西两岸的现代化大桥，是加强两岸经济交流、构筑当地交通网的重要支撑。桥梁全长197.12米，路线全长310米，主桥长144米、宽22.8米，主桥为一跨过江的下承式钢箱提篮拱拱桥，桥面设计为双向两车道，行车时速不超过40 公里/时，由西向东横跨怒江。这座由中交三公局总承包公司承建的桥一跃成了亚洲单跨顶推跨径最大的桥梁。放眼施工现场，忙碌的身影往来憧憧，机械轰鸣，一派热火朝天的景象！中交三公局的建设者们正在用自己的智慧和青春将这座“不简单”的大桥呈现在所有人面前。

这个坐落在怒江的中交扶贫援建项目，自筹建至今，建设者们付出了太多心血和精力，他们不遗余力地奉献着智慧和青春。

“如果没有坚如磐石的初心和信仰，哪有什么万水千山只等闲？”临近通车仪式，大桥的建设者们感慨万千，从接到任务到即将完工，其中的艰辛只有自己知晓，只有桥头的木棉树明白。

2018年8月8日，中交集团副总裁文岗宣布怒江渡口大桥正式开工。仪式上，大家纷纷挥动着铁锹共同埋下大桥的奠基石。这坚韧的青石，象征着中交人战天斗地的精神、初生牛犊不怕虎的劲头和使命必达的决心，激励着建设者们砥砺前行！

“难，是从始贯穿至今的。”项目经理胡青松如是说。他平静、淡然，似乎在讲述一件稀松平常的小事，但眼里却写满了故事……

刚接到这个项目时，问题就接踵而来。地块前期准备工作不到位，边设计边施工边完善手续，给所有参建人员带来不小的压力、挑战。经过各方勘察，该桥的建设难度很大，需要高配技术团队支持——港珠澳大桥设计团队参与，上海振华重工提供钢构，可见其不简单。考虑到当地群众迫切需要它，需要改变市区被单行道限制通行的拥堵。工期从两年半缩短为两年，又再次缩短。这让各道工序变得紧凑再紧凑。

好事多磨，2018年8月建桥之初，在最佳施工方案的中心位置，一棵300多年的木棉树面临被挖走的境地，中交建设者们注重民心、体贴民意，避免古树被破坏，将桥的位置向北偏移约30米，造价增加4000万元，却因此一举赢得了当地民众的心！看着木棉花开得火红耀眼，所有人都露出会心的微笑。

一切都在按计划有序地进行着，大家齐心协力赶在汛期前完成了江中筑岛围堰和临时墩架设，谁曾想又碰上了30年难遇的涨水。绵延的山川伴着怒江水奔涌向前，似乎在向所有人宣战，但中交人敬畏自然却也不服输。一场与风雨抗衡的抢险救灾保卫战打响了！“经历了2019年怒江上游的抗洪抢险，我感觉我们团队的力量是无穷的。”项目安保环部部长龚红忠说道，“那么危险的环境我们没有退缩，而是拧成一股绳，形成强大的合力！”他向我们讲述当时的情形，惊险的场景仿佛历历在目。凶猛的怒江水像猛兽一般呼啸而来，眼看就要冲垮最后的防线，是项目党支部和团支部的青年们，不畏困难，冲锋在前，发挥了先锋精神和主力军作用，在抢险救灾过程中作出了突出贡献。他们在危急情况下自发成立了“工人先锋号”“党员先锋队”“青年突击队”，在风雨中高举火红的旗帜，发扬迎难而上的中交作风！

历经风雨洗礼，这群硬核中交人一直走在攻坚克难的路上，大桥每一天的变化都离不开他们的奋斗。“从筑岛围堰到江中临时墩架设再到钢导梁安置，从大桥拼装到合龙再到全桥顶推，可以说，每一步走过来都不容易。”项目总工程师刘坤鹏这样说道，“可要说起施工中最大的重难点，还要属全桥顶推，整个过程技术难度很大，风险高，必须控制好精度！”2019年12月20日，中交怒江连心桥进入整个施工最为关键的时期，本次顶推桥体总重2300吨，总行程144米，作为亚洲单跨顶推跨径最大的桥梁，单跨顶推144米是史无前例的。“从设计的角度来看，这座桥十分独特，每个部件都是异形和不规则的。”项目总经济师李艳锋说，“因此在实际拼装和顶推过程并没有想象的那么简单。”它的独特在于，桥体底面具有一定弧度，两拱不是垂直地面而是向内靠拢，风撑为空间异形结构……这些设计使桥的外形更美观，也能更好地增强结构件之间的支撑力，但是在拼装技术难度、顶推过程控制以及“助推器”材料选用等方面对建设者却是一项严峻考验。“在看石料的那段时间，我们走过很多山路。”生产副经理吴东东表示，“当地商混站提供不了高标号的混凝土，我们便派出有经验的试验员去厂里提供技术指导。”没有条件创造条件！从亲自找石料到去厂里指导，克服众多困难，终于配出了符合顶推“助推器”应用要求的高配比砼。这也让当地技术人员颇有成就感，十分感谢项目能把好技术教给他们。这种高标号砼在顶推环节制造抗压性强的超垫材料上，提供了强有力的支撑，让千斤顶在最大支撑力范围内稳稳抬起重达2300吨的庞然大物，整个桥体由八组千斤顶推送，步履式向前推进。2020年1月23日除夕前夜，历时33天，这个“庞然大物”以2毫米的精度成功顶推到位，这期间付出的努力是不言而喻的！

今春的木棉花开得比往年晚一些，怒江桥头，这棵300多年的“大青树”还在等春风……

受到疫情的影响，生产要素的快速聚集面临巨大挑战。大桥原计划2020年5月底通车，却在开春时人机料都短缺。山坳里扎根的中交建设者们紧绷着神经。“紧卡节点，一刻也不能耽误！”项目经理胡青松在电话会议上发出号令。2020年2月10日，在与当地部门的积极沟通下，中交怒江连心桥成为首批泸水市批准复工的项目。项目齐备防疫物资做好防疫工作，同时迅速引进怒江劳动力来攻坚，租赁当地机械设备高效运转，把失去的时间抢回来！

在中交怒江连心桥的施工现场，可以看到很多本地劳务工。“每天虽然忙忙碌碌的，很辛苦，但是心情很好，这日子有盼头！”一位正在进行护栏安装的当地工人师傅扭过头说。他黝黑泛红的皮肤在阳光下汗涔涔的，嘴角露出笑意，幸福写在脸上，质朴的话语让人为之动容。能穿上中交的工装，他表示很自豪。心情美源于生活美，自2018年11月8日起，中交怒江连心桥项目陆续引进怒江劳动力参与工程建设，以“师带徒”“一对一”帮扶的形式培训施工技能。在此期间，项目提供了130多个工作岗位，累计支付本地农民工工资700多万元。脱贫只是第一步，好日子还在后头！“一人在岗位，全家有保障”，通过就业扶贫助力当地人民增收，让当地人掌握了技术的同时也改善了生活条件。

汗水是最好的春风，桥头大青树，已是满枝花开，木棉花簇簇艳丽如火！这300多年的生命，正张开双臂拥抱着连心桥，为辛勤的建设者们奉献阴凉……

远眺中交怒江连心桥

在大桥逐步建设成型的过程中，中交人也在履行着央企的社会责任。2019年5月31日，中交怒江连心桥项目部自发捐款捐物，向泸水市大兴地镇贫困学校捐赠了体育器材。在项目党员和领导班子带头下，捐助多名贫困大学生完成学业并提供实习岗位。“胡叔叔对我们很照顾，经常关心我们的学业和生活”“我要努力学习，走出大山”“我长大以后，也要加入扶贫工作中，为家乡的脱贫目标作贡献”……这句句发自肺腑的话语触碰心底的柔软。怒江缺条件，但不缺精神，不缺斗志。看着孩子们一张张童真的小脸，让人感到辛酸的同时，却又充满力量、信心和希望。五星红旗在大山环绕的普拉底中心学校上空飘扬，2019年10月11日，中交怒江连心桥项目部团支书姜麟丰手握着旗杆与学生代表一起，将国旗徐徐升向蓝天。集结了中交三公局各公司、项目的力量，千余册爱心图书交到孩子们的手中。知识改变命运，这一册册图书寄予了中交人对怒江未来的美好希冀。

今春的木棉花开得格外鲜艳，花团锦簇怒放枝头洋溢着喜悦。看那刻有“连心桥”三个大字的大石头屹立在中交怒江连心桥的桥头，这是当地政府对中交人的认可，也是怒江与中交心手相连守望相助的标志！

建设富美怒江，绘就振兴画卷，这是中交人的美好愿望和奋斗目标，他们一直走在扶贫攻坚的路上，肩负着沉甸甸的责任和使命，就像桥头的这棵大青树一样，深深地扎根于此，源源不断地输送着生机和力量！让幸福像火红的木棉花一样盛开在怒江岸！

编者手记

不难发现，全国很多地方都将基础设施项目建设作为促进脱贫攻坚的重要抓手，中交集团也不例外。“寸暖催花开”，如何让基础设施更得民心，中交集团的建设者们不仅发挥了精益求精的工匠精神，还尊重当地的风俗习惯，在建设过程中，扩散正能量，履行社会责任，因此也赢得了民心。民心，成为很多脱贫项目顺利推进的润滑剂。

中交木尼玛大桥顺利合龙，万名搬迁群众生活更加便利！

□新跃华　段秋雨　罗艳梅

2020年10月18日上午9时，由中交集团援建的云南省福贡县中交木尼玛大桥顺利合龙，计划于今年12月底建成通车，届时，这座飞跨在怒江上的大桥，将使包括1.3万余名江西片区易地扶贫搬迁安置点群众在内的福贡县城居民生产生活更加便利。

“木尼玛”为傈僳语，意为“大地之心”。中交木尼玛大桥位于福贡县城南面的进城口，西岸联通县城江西片区的易地扶贫搬迁安置点，东岸与怒江美丽公路相连接，由中交集团援建投资1.45亿元，为跨径组成67米

□飞跨在怒江上的中交木尼玛大桥

+122米+67米的预应力混凝土连续梁，桥面宽20.5米，双向四车道加两侧2.5米宽的人行道。建成后将使县城实现环线交通，有利于加快城镇化发展。工程自2019年3月18日开工以来，克服雨季长、施工难度大、安全风险高等困难，在严格防控疫情的同时，及时复工复产，对标重大工程节点有序推进项目建设，截至9月底，已完成82.03%。

“怒江不脱贫，中交不脱钩”。1995年，中交集团积极响应党中央、国务院号召，投入到深度贫困的怒江傈僳族自治州脱贫攻坚战中，25年始终信守这个郑重的承诺，以关注民生为重点，在交通、教育、健康、产业、就业等各项扶贫中动真情、扶真贫，凸显了一个央企的责任和担当。

编者手记

消除贫困、改善民生、逐步实现共同富裕，是社会主义的本质要求，是中国共产党的重要使命，也是国企的责任担当。贫困之冰，非一日之寒；破冰之功，非一春之暖，自1995年来，中交集团在怒江州扶贫进程中，选派最优的“精兵”打最实的“硬仗”，攻克交通建设、产业发展中出现的多个难题，为怒江州夺取脱贫攻坚全面胜利贡献了中交力量。中交集团的扶贫历程，也诠释着广大扶贫干部久久为功的韧劲、锲而不舍的毅力。

长龙卧波横跨怒江连民心

□刘江　杨梦魂　和建庭

一场连绵的秋雨，给中交怒江连心桥正式亮相作了最后的洗礼。

2020年8月12日，备受期待的中交怒江连心桥正式通车。

“连心桥通车后，不仅缓解了城区的交通压力，也为城区添加了一道亮丽的风景。”得知中交怒江连心桥当天就要通车，六库城区市民欢欣鼓舞，奔走相告，纷纷来到通车仪式现场，共同欢庆这一美好时刻的到来。

与此同时，在中交怒江连心桥东岸，一棵有着300多年历史的大青树也似乎感受到了这喜庆欢乐的浓厚氛围，它与大桥交相辉映，别具风景，格外引人瞩目。

“连心桥规划建设之初，这棵古树正好在原设计方案的中间位置，为了保护古树，我们很快调整了施工方案，将桥位向北侧移了30多米，让古树成了大桥的‘迎宾树’。”中交连心桥项目经理胡青松说，调整施工方案虽然增加了成本，但突出了“以人为本、尊重自然、绿色施工”的施工理念。

中交怒江连心桥建设作为怒江州的重点工程项目之一，总投资1.04亿元，路线全长310米，桥梁全长196米，宽22.8米，于2018年8月8日开工，原计划工期30个月。实际施工过程中，项目施工人员在保障安全和质量的前提下，合理优化方案，科学组织施工，抢晴天、战雨天，放弃中秋节等节假日时间，夜以继日奋战在施工一线，建设工期比计划工期整整缩短了九个月。

中交怒江连心桥主体部分主要由系梁、拱肋、横梁、纵梁、风撑、吊杆组成，施工设计采取的是顶推施工，受限于怒江每秒3.5米的流速，河道中只设置一个临时墩，顶推跨径达100米。为了确保顶推施工顺利完成，项目技术团队联合长安大学监控单位对临时结构进行了设计，聘请了港珠澳大桥设计师对施工方案和结构模型进行了复核，最终确定方案的可行性。

从外观上看，中交怒江连心桥造型独特，桥体底面非水平面而是具有一定弧度，两拱肋不是垂直于地面而是向内靠拢，风撑不是平行排列而是空间异形结构……这些设计使大桥外形更美观，能更好地增强结构件之间的支撑力，对线形流畅度要求更高，也增加了拼装、焊接等施工难度。

“项目采用Tekla三维建模软件深化图纸，确保每一个构件精度与设计分毫不差。加工放样采用几何尺寸和坐标双校核，加工时考虑施工预拱度和焊接变形。”胡青松介绍说，现场拼装时充分考虑了温度变形、焊接变形的情况，测量由监控单位和施工单位同步进行，确保主桥的安装质量，也为顶推施工奠定了基础。

正是因为有了中交人这种精益求精、攻坚克难的执着和对怒江各族群众诚挚的扶贫情怀，才让我们看到今天长龙卧波横跨怒江东、西两岸的壮丽场景。有了中交怒江连心桥，市民出行变得更加便捷；有了中交怒江连心桥，市民将昂首阔步，走在通往更加幸福的大道上；有了中交怒江连心桥，中交集团和怒江各族群众的心永远连在一起。

编者手记

贫困地区要脱贫致富，改善交通等基础设施条件非常重要。为了改善怒江的交通条件，中交集团发挥自身优势，以“工匠精神”建设连心桥，完善贫困地区交通情况，真正让贫困地区人民告别“出行难”，乘着“快车道”，走上“致富路”。

中交送暖　健康扶贫

□云南省怒江州

怒江州是我国“三州三区”深度贫困地区之一，南北狭长，几乎没有一块平整的土地，98%以上的面积是高山峡谷。作为中国交通建设集团有限公司的对口帮扶地区，从1995年开始，中交集团积极参与怒江州扶贫开发工作，与怒江人民心手相连、守望相助，结下了深情厚谊。

2019年，中交集团聚焦怒江实现“基本医疗有保障”问题，针对我州健康扶贫中乡、村两级医疗卫生机构服务能力不足、设备设施不全等短板问题，给予定点扶贫资金援助，有效提高了全州基层卫生健康服务水平，补齐健康扶贫短板，助力怒江深度贫困脱贫攻坚战，增强了人民群众的获得感、幸福感和安全感。

福贡县乡镇卫生院的一天……

2019年11月的一天，州卫生健康委主任杨秩权一行到福贡县架科底乡卫生院检查工作，意外发现架科底乡卫生院的环境卫生大变样，卫生院内外环境干净、整洁。绿化带里没有垃圾、杂草，文件柜内资料、纸张等办公用品摆放规范，桌椅、电脑、打印机、文件柜擦拭得干干净净，医疗垃圾和普通垃圾分类存放，卫生院焕然一新，真正做到了室内纤尘不染、室外秩序井然、整体环境优美。而且阿达村、达大科、南安建村的卫生室面貌也焕然一新。

过去，福贡县架科底乡卫生院卫生条件差，管理混乱，楼道里医疗垃圾（医用棉签）、烟头随意丢弃，病人随地吐痰，普通垃圾桶内也有丢弃的医疗垃圾，在门诊楼楼道外狭小的空间里存放有输液瓶及输液袋。此外，卫生院存在消防安全隐患，楼道口堆放着易燃垃圾，在工作期间医护人员着装不规范，在禁烟区吸烟等脏、乱、差现象在乡镇卫生院是常态。

通过中交集团对怒江州卫生系统人才队伍建设的资金帮扶，怒江州卫生健康委于2019年8月，在乡镇卫生院办得较好的德宏州举办了怒江州基层医疗卫生机构运行管理培训班，并对全州四个县（市）部分卫生健康部门的行政管理人员和29个乡镇卫生院院长进行了带教式、研讨式的专题培训。通过理论教学、实地参观学习和研讨交流，极大地开阔了这些平时很少外出培训的乡镇卫生院院长的视野，使他转变了思想观念，学到了管好医院的方法和措施。这些乡镇卫生院院长回到怒江后学以致用，从环境卫生着手，从改进态度开始，进一步规范医院管理和服务流程，开展了环境卫生“每日一晒”等活动。院长们的管理能力、医院的服务流程有了很大的提升，乡镇卫生院管理的各个村卫生室也都焕然一新。

村卫生室达标建设是村出列的核心指标，又是农村三级卫生服务网络的“网底”。2019年，中交集团帮扶怒江村卫生室建设和基层卫生技术人员培训经费近600万元，其中292万元用于2019年脱贫出列村和部分异地扶贫村的医疗设备，这项帮扶既解决了直接服务人民群众的村卫生室的设备紧缺问题，极大地方便了边疆贫困群众看病就医，又保证了这些村如期高质量脱贫出列。

石登乡卫生院开展家庭医生签约服务

怒江州山高坡陡，交通不便，出行困难。多年来，培训基层一线医务人员都需要到外地、到省里。基层一方面缺乏培训经费，另一方面出门远成本高，再加上人才引进难、留住人才更难，致使怒江州的基层医疗卫生的服务能力成为健康扶贫的最大短板，难以满足人民群众日益增长的对卫生健康的需求。要解决这一问题，就需要为全州医务人员，特别是基层卫生院医务人员、规培生的“三基”技能培训和考核，提供完好的医学教学模型和设备。通过引进先进的教学方法和管理制度，提升全州医学教育教学水平，落实医学终身教育的要求，做到多媒体教学、模拟教学、随时随地教学，提高设备利用率和培训效果，实现教师、学生、医务工作者之间的角色转变和综合素质的提升。

2019年，中交集团帮扶189.45万元，用于怒江州人民医院建设面向基层一线的实训基地，包括建设技能实训室、模拟手术室、电教室、小教室、PBL（Problem Based Learning的简称，即基于问题的学习）讨论会议室等，目前已完成投入模拟手术室的部分建设，并投入使用。

坝村上片卫生室、架科底乡和州人民医院的变化仅仅是中交集团助力我州健康扶贫的一个缩影。2019年，中交集团针对我州健康扶贫短板问题，对怒江健康扶贫工程给予定点扶贫资金援助（目前项目资金已到位594.18万元），用于完善我州村级卫生室基本医疗设备、提升易地扶贫搬迁安置点居民健康素养水平、建立基层卫生技术人员实训基地、基层卫生管理人员能力提升培训等项目，有效提高全州基层卫生健康服务水平，补齐健康扶贫短板，助力怒江深度贫困脱贫攻坚战。

中交集团投入292万元，优先配备146个脱贫出列村及易地扶贫搬迁安置点医疗点的基本医疗设备。自从中交集团帮扶怒江州卫生健康系统以来，极大改善了村卫生室基本医疗设备配置不足的情况，基本满足了村民们小病就近就医的需求。

为确保如期实现脱贫攻坚目标，居民生活达到全面小康水平，切实降低易地扶贫搬迁集中安置点人群发病率，拓宽安置点居民获取健康信息渠道，形成良好的健康生活方式，提升居民健康素养水平，通过中交集团的46.4万元资金帮扶，结合怒江州安置点卫生健康工作实际，州卫生健康委制定了《怒江州易地扶贫搬迁安置点健康素养提升实施方案（2019—2020年）》，已于2019年8月正式行文实施，开展各县（市）贯彻实施易地扶贫搬迁安置点健康素养提升项目工作。此外，怒江州高层次人才培训（学科带头人）项目正在选派过程中，项目资金61.2万元。

中交集团对怒江卫生健康的帮扶故事仍在继续。

编者手记

健康扶贫的主要任务是解决扶贫“两不愁三保障”任务中的医疗保障问题。中交集团在帮扶中，通过定点扶贫资金援助、提升医疗保障水平、加强公共卫生服务等措施，有效提高了基层卫生健康服务水平。通过健康扶贫来帮助当地解决百姓看病“最后一公里”难题，减少因病致贫、因病返贫这样的情况，为脱贫攻坚助力。

住上“安心房” 摘掉贫困帽

□张博

2020年5月17日，贡山县村民们迎来一个大好消息：云南省人民政府正式批准贡山县退出贫困县序列了！

这一好消息不仅让贡山人民沸腾了，也令中交集团派驻到贡山县挂职的县委常委、副县长刘锐十分兴奋：“实现如期脱贫摘帽的过程虽然困难重重，一切辛苦没有白费，让老百姓住上安心房曾是我们最迫切的愿望。”

农村危房改造工作一度成为检验脱贫成效的硬性指标。如今，253户农危改工作全部完成，受益人口1058人；中交集团援建项目中华蜂产业园、丙中洛旅游小镇等如火如荼地投入建设，激发了无限产能；中交伊拉米拉民族风情度假酒店等文旅配套设施项目也在紧张地跟进，建成后可完善大滇西旅游环线规划，拉动当地就业……随着中交集团一项接一项的帮扶政策落地，贡山县的面貌悄然发生着变化。

“以前的老房子很小，不结实。条件差，漏风漏雨。改建后的新房很牢固，又大又漂亮，从来没住过这么好的房子。”搬进新房的那天，姚志军满脸笑容。

57岁的姚志军是贡山县普拉底乡力透底村的白族农民，贡山县全年降雨量多，土壤植被破碎，滑坡、泥石流等自然灾害频发，受“两山夹一江”的地形影响，贡山县居民住房往往沿河而建。多年来，在中交集团的帮扶下，贡山县“两不愁三保障”突出问题得到有效解决，但因人口增长及动态变化，仍有253户家庭存在房屋人均面积不足13平方米的情况，姚志军家便是其中之一。原来，姚志军一家七口挤在面积不足60平方米的木板房里，屋里光线暗淡，房子破损严重，遇到刮风下雨天气，常常漏风漏雨，住进温暖结实的房子，一直是姚志军一家的期盼。

“房子基础不稳，木篾腐朽，漏风漏雨，居住条件极差。若不及时改建，会严重威胁农户生命财产安全。”贡山县住房和城乡建设局局长和向华说，“面积小、人口多，房子不够住，老百姓的幸福感也就不够强。”解决这253户农户的住房问题迫在眉睫。

经过筹划，中交集团帮扶改造危房工作按下“启动键”。项目团队按照房屋危险鉴定等级因级施策，对危险级别为D级的房屋进行新建补充，对C级房屋进行加固修缮、面积补充。为充分利用帮扶资金，发挥最大效能，项目实施过程中因地制宜、科学规划，将危房改造与灾后重建，治理农村脏乱差，推进改水改厕改路改灶，创建生态文明村、卫生村等工作相结合，兼顾农村人居环境进一步改善。

“山高、路陡，部分村落居住较分散、偏远，二次搬运成本高；常年雨水多，有效施工期短；条件艰苦，招工难、用工荒……”危房改造工作领导小组组长刘锐坦言，受交通条件、地理环境及气候等因素制约，改造工作并非一帆风顺。一开始，很多当地员工嫌施工条件恶劣、收入少，都不愿意到项目上就业。为此，刘锐与项目团队本着一颗真心为工人解决困

贡山县普拉底乡腊咱村的新家园

难、提供便利，免费为他们代购基本的生活物资，协调解决材料运输、车辆、食宿等难题，申请经费为他们谋福利、送温暖，甚至自掏腰包为他们改善伙食，切实把工人当亲人一样对待，用感情留住了人，鼓舞了干劲。

“新房子既安全稳固，又宽敞明亮。党的政策好，让老百姓实现吃穿住都不愁。今后我也会更努力，我相信更好的日子还在后头！”两次改建后，姚志军一家人总算住进了140平方米的砖混结构房。中交集团帮扶建设的贡山县普拉底乡腊咱村易地扶贫搬迁中交小区示范村也按期交付，16户共48名村民的住房问题得以解决。

住进了新房，摘掉了贫困帽，贡山县人民的腰板直了，笑容多了，努力奋斗过好日子的信心也越来越足了。

编者手记

农村危房改造是帮助困难群众实现安居梦的一大惠民工程，“户户安居”也是脱贫攻坚工作中的头号民生工程，更是脱贫攻坚“两不愁三保障”的重要体现。中交集团找准发力点，帮扶改造危房，兼顾治理农村人居环境，协助地方有效解决“两不愁三保障”突出问题，以危房改造提升群众的获得感、幸福感、安全感。

扶贫见真情，防疫暖人心

□杨杰

2020年春节前，云南怒江州贡山县秋那桶村第一书记、工作队队长姚聪学与该村“两委”成员正在谋划脱贫攻坚产业项目，一场突发的新冠肺炎疫情改变了大家的工作计划。

大年三十的晚上，姚聪学和秋那桶村的村干部开始了紧张的疫情布控工作，他们打印宣传单、悬挂张贴标语、劝说群众居家少出、在村口设点测量进出人员体温，大家迅速把工作重心暂时从脱贫攻坚转移到疫情防控上。

为秋那桶村村民做好防疫工作

随着脱贫攻坚的深入推进，怒江州越来越多的村民走出大山到外面打工，依靠勤劳致富，人员的分散流动给疫情防控带来了挑战。防疫首先面对的就是物资紧缺。姚聪学第一时间向派驻单位中交一公院申请了一次性口罩2000个，用于秋那桶村疫情防控，并带头为秋那桶村疫情防控捐款。中交一公院党委高度重视，第一时间安排采购防疫物资，并发往怒江。

疫情给人民群众的生活带来诸多不便。中小学不能复课，很多地方的学校都采取了上网课的形式。但对于大山里的孩子来说，网络信号较弱，上网课并不是件容易的事。了解到秋那桶村那恰洛小组有十几个孩子上不了网课，姚聪学心急如焚，他说：“脱贫致富，孩子是我们的未来和希望。”姚聪学主动联系丙中洛中学在本地过春节的老师和工作队里的大学毕业生，邀请他们每周两次义务到那恰洛小组给孩子们上课。在丙中洛镇中心小学读一年级的余诗琪妈妈说：“村里组织老师给我们孩子补课，考虑得非常周到，我们希望她能从小热爱学习，将来做一个对国家有用的人。”

姚聪学走访贫困村民

解决了孩子上学的问题，姚聪学还和村干部们及时解决群众的生活难题。疫情期间，群众在家隔离，理发店也不开门，姚聪学联系了丙中洛边境检查站会理发的民警，带着民警到秋那桶村各个小组为老百姓们上门免费理发。有群众反映家里牲口缺少饲料、种苗供应不足等问题，为了确保贫困户及时恢复生产，姚聪学和村干部又积极行动，联系相关单位解决实际问题。

防疫工作稳住了，扶贫工作也不能放下。秋那桶创福手工艺品农民专业合作社在春节期间收购的大量核桃、蜂蜜等土特产品，眼看着卖不出去，这可急坏了参与合作社的村民们。姚聪学想尽办法帮助合作社推销产品。他联系了中交集团相关部门，通过集团的渠道帮助合作社解决销路，仅中交集团内部单位就购买蜂蜜、核桃仁等农产品近10万元，让合作社销售额实现新高，建档立卡户都收到了合作社分红。

“扶贫是一个系统工程，防疫是一个阶段性工作，我们得把防疫融入系统工程里去。疫情期间，虽然所有群体活动都停止了，但并不意味着打赢脱贫攻坚战的时间就要往后拖。”姚聪学说，秋那桶村上下一心，大家一手抓防疫，一手抓扶贫，为坚决打赢脱贫攻坚战做最后的冲刺。

编者手记

突如其来的新冠肺炎疫情，对脱贫攻坚或多或少有了一些影响。但中交集团一手抓防疫，一手抓扶贫，做到了疫情防控不能松，脱贫攻坚不能等。在具体工作过程中，中交集团充分考虑疫情对教学、百姓生活造成的不便，想百姓所想，急百姓所急，把防疫纳入扶贫的系统工程里，取得了疫情防控与脱贫攻坚的“双胜利”。

防疫不误危房“清零”计划

□孙一鸣　刘天宇

云南省怒江州泸水市是一座典型的山城。地处横断山脉纵谷地带，山川雄奇险秀，但神秘的面纱下却有着一副贫瘠的面孔。这里风景虽好，可交通运输不便；民族众多，但居住环境恶劣。当地百姓普遍住在被大家称为“千脚落地”的木屋中，通常都在斜坡或是靠山处搭建，上层住人，下层饲养牲畜，一到雨季就污水横流，既不安全，又不卫生。据统计，泸水市农村危房存量曾一度达到9123户，极大地阻碍了当地百姓脱贫致富。

中交一航局扶贫干部刘伟，作为泸水市分管住建、交通部门的副市长，到怒江任职以来就在帮助泸水市补上住房安全保障这块短板，加快了农村危房改造工程的进度。

春节前安排好既定工作，刘伟选择返乡过年。然而，随着新冠肺炎疫情的蔓延，企业停产、工地停工，农村危房改造工程被按下了暂停键。做事细致认真的刘伟，变得寝食难安。居住环境改造工作不能停，疫情防控也要做好。但是随着时间一天天过去，改造工程什么时候才能够复工？还能不能如期安排百姓入住新房？刘伟天天坚持远程办公，与分管部门人员定期召开视频会。除了全力配合卫生防疫部门做好新冠肺炎疫情防控工作，他把精力放在制定危房改造复工方案上。

2020年2月23日，在新冠肺炎疫情防控形势好转后，刘伟毅然赶回工作岗位。他明白，在疫情得到控制后，下一阶段最重要的就是抓好工程的复工复产，而且这是急活重活。

回到泸水的当天，刘伟与住建、交通部门召开视频会议，连夜制定了一系列复工复产措施。他要求一旦开始复工，第一时间就要加强返工人员的管理工作，并协调提供企业复工复产所需要的各项服务。

与此同时，他更是干起了身为资深施工员的老本行，督促相关部门的

□疫情防控和百姓入住新房两不误

负责人在做好自身防疫的前提下，到各个即将复工复产的企业、工厂、项目调研情况，协助解决实际困难。

许多企业负责人反映当下最大的问题，就是防疫物资不能及时到位。有的项目虽已采购了一次性口罩、酒精等防疫物资，但由于交通受限，具体收货时间得不到保障。“企业要想全面复工，口罩、体温计、酒精、喷壶……各种防疫物资一个都不能少。”刘伟马上联系防疫部门，安排交通部门专人负责对接，并向上级领导作了情况汇报，结果不出几日便妥善解决了企业复工复产存在的物资运输储备难题。

度过隔离期，刘伟马上带队到全市各乡镇督查复工进度，要求制作农危改作战分布图和进度计划表。用他自己的话说，就是“挂图作战、逐户销号，倒排时间、倒逼进度，责任到人、攻坚克难”。“每次见到刘市长，会感到特别的亲切。”泸水市大兴地镇村民王保红一家人就曾住在“夏日臭、冬日冷”的“千脚落地”房里，目前已经搬进了新房子，住上了钢筋水泥的小楼房，他说：“当初，我们还有些不理解为什么要改造我们的房子，直到真正住进来才发现还是住楼房舒服。”

通过刘伟及住建、交通部门的共同努力，泸水市重大项目建设及公共交通设施已全面恢复，农村危房改造也已完成了8738户。刘伟说："直到看着百姓们住上了新房子，过上了富足的生活，我才能踏实安心，才能对得起我胸前的党徽。"

编者手记

稳固的住房，是保障民生的基础，是脱贫攻坚的一项重要指标之一。中交扶贫人，面对疫情，靠前指挥，做到两个战役一起打，确保疫情防控和脱贫攻坚两手抓、两不误，确保脱贫攻坚不获全胜不收兵。"直到看着百姓们住上了新房子，过上了富足的生活，我才能踏实安心，才能对得起我胸前的党徽。"这样的心声，这样的扶贫人，正是共产党人践行初心使命最生动的写照。

>> 从教学设施到教学质量，中交人在扶贫中志智双扶，鱼渔兼授。从脱贫攻坚的“新地标”到高山上的“新小学”，再到电教室里的“新世界”，中交人用教育扶贫，让大山里传来琅琅读书声，让贫困孩子的梦想得到呵护，让贫困村有了新希望。价值引领，德润乡村，教育扶贫所传递的价值，就是帮助贫困户解锁“幸福密码”，为孩子点亮世界。志智双扶方得繁花盛开。

叁 · 志智双扶

深山里传来琅琅读书声

□周建成　邢建广

2020年8月12日，中交集团与教育部教师工作司合作，启动实施怒江州教师专业发展战略行动计划，实施周期为2020年至2021年（因疫情可能延长至2022年），项目资金为700万元，由中交集团对口帮扶，围绕实现怒江各族孩子由“有学上”到“上好学”的目标，开展怒江州教师发展中心建设、县（市）级教师发展中心建设、教师队伍专业发展诊断行动、本土化培训者队伍建设行动、领航名师名校长培育行动、青年教师成长行动、紧缺领域教师专业提升行动、特岗教师专业提升行动、教师信息化教学赋能行动和教师学历提升奖励等十大行动。

近年来，中交集团先后为泸水市一中、俄噶小学、福贡县一中、福贡县架科底中学、架科底完小、拉甲木底完小、公房完小、架科底中心幼儿园、子里甲完小建设教学楼、学生宿舍楼、教师周转宿舍及运动场；援建中交兰坪新时代希望中学，为3500余名易地搬迁学生解决入学问题；为州民族中专和各县（市）中小学校捐建多所多媒体教室，极大改善了怒江州部分中小学教学条件；实施教师素质提升和怒江州助学基金项目……一系列的帮扶举措，点亮了孩子们追求更光明未来的希望之光。

脱贫攻坚的“新地标”

绵延起伏的山川峡谷间，一栋栋红色的五层小楼背倚雪邦山拔地而起，楼宇间道路平坦、绿植交错，大门口半米宽的水泥台上，“中交兰坪新时代希望学校”几个红色大字在阳光照射下越发明亮，这里便是兰坪县村民引以为豪的“新地标”。这所由中交集团投资援建、中交一公局集团承建的新学校，被当地人称为“最美四小”。

□中交兰坪新时代希望学校

2020年7月7日，中交兰坪新时代希望学校正式投入使用。崭新的校园迎来了首批新生，来自兰坪县金顶镇扶贫搬迁安置点、县城周边的学生及外来务工人员子女共1600余人分批次入学。这所学校是中交集团在怒江州援建的最大公益类项目，也是兰坪县城里规模最大、设施最全的九年一贯制学校。

中交兰坪新时代希望学校新建校舍40 367平方米，涵盖中小学教学楼、学生食堂、综合楼、图书馆、宿舍楼、教师周转房等，学校运动场占地面积约12 000平方米，学校配套花园式绿化景观以及现代化的教学设备。“中交兰坪新时代希望学校将吸纳易地搬迁学生3500余人，兰坪初中入学率也将因此达到100%，这不仅解决了搬迁群众和外来务工人员子女上学难的问题，更辐射兰坪县周边四乡四镇将近15 000人。”中交兰坪新时代希望学校项目经理吴锋说。

来自搬迁点的陈国珍在中交兰坪新时代希望学校项目从事绿化种植工作，亲身体会到了学校在建设过程中对质量的严格要求。开学当天，她带着孩子去学校报到，学校优美的教学环境、雄厚的师资力量让她对孩子的学习成长充满信心。“今天开学，我女儿也转入这所学校读小学三年级，我带她去了教室，看到女儿能够在我参与建设的学校读书，我感到非常骄傲。”陈国珍兴奋地说。

高山上的“新小学”

“孩子们第一次走进新教室时，脸上纯真的笑容，我永远也忘不了。现在我们的入学率是100%。”洛本卓白族乡俄嘎希望小学校长李美娟说。从云南怒江州府泸水市驱车，一路颠簸至高黎贡山半山腰，便抵达中交集团捐资150万元建设的俄嘎小学新校址。三层楼的教学楼伫立于山间，教室内桌椅整齐，多媒体设备一应俱全，孩子们琅琅的读书声此起彼伏。巍巍重山之间的这一方天地如今已成为孩子们梦想起航的地方。

“看到对面那座山上的红旗了吗？那里有我们以前的教室。”顺着李美娟手指的方向，隐约可以看到对面半山腰上的红旗，红旗旁是一座小房子。

创办于1969年的俄嘎小学是洛本卓白族乡五所初小之一，学校校址原位于俄嘎村捌邓组，由于交通不便等问题，于2002年迁往同村的俄嘎组。2016年夏天，在经历连续三个月的连绵暴雨袭击后，学校地基严重塌陷，周边滑坡更加严重，孩子们在这里上课变得十分危险。曾在怒江挂职的中交集团员工王慧奇了解到这一情况后立刻作出决定——搬学校！“校舍不能用了，我们就再为孩子们修建一个更新、更好的。”他说。

下定决心，王慧奇分秒不耽搁地行动起来，他日夜奔波，最终促成了中交集团与当地教育部门的学校共建计划。中交集团俄嘎希望小学拔地而起，新学校确立“以校为家”的办学理念，为孩子们提供保姆式的服务，而平均年龄32岁的教师团队也让这所学校更具活力。同时，在中交疏浚有限公司的帮助下，学校还设立了奖学金机制，每年奖励10名品学兼优的学生。

“新学校离家近、教学设施更齐全，家长们更愿意让孩子上学了。”李美娟说。

电教室里的“新世界”

初夏时节，怒江州兰坪县营盘中学教室里安静极了。透过窗户往里望去，渴求知识的中学生们眼睛直直地盯着黑板旁的电子屏，仿佛生怕错过了什么。这是营盘中学远程多媒体教室的教学现场。位于怒江州东北部的兰坪县，是怒江州深度贫困县之一。长期以来，受限于自然环境闭塞、优质师资欠缺、校园设施落后等因素，营盘中学的教学质量始终得不到有效改善。

2019年5月，由中交四公局投资建设的中交远程多媒体教室正式在营盘中学投入使用，崭新明亮的教室、先进的教学设备让人眼前一亮。“远程多媒体教室的建成，让孩子们接触到了先进的教育教学资源，也打开了孩子们认识世界的新窗口。”营盘中学校长杨海鹏介绍，“我们现在会定期和人大附中的老师同学连线，让同学们不仅能体验到不同的学习方式，还能交到新朋友。”

多媒体教室的建成，也为老师们的教学带来了新变化。“原来我们录制公开课，只能摆一台摄像机在讲台前面，操作不方便还影响老师发挥。”营盘中学语文老师杨霞感叹，“现在可好了，中交集团帮我们建设了新录播室，不仅可以360度拍摄，还能自动跟拍老师们的板书，方便老师们课后复盘，这对我们提高教学质量帮助太大了。”

编者手记

在怒江，一幢幢美丽的校舍拔地而起，一堂堂优质的课程通过互联网传入偏远地区，一项项助学帮困活动有条不紊地开展，学校甚至成为脱贫攻坚的“新地标”。这些都得益于中交集团完善的帮扶举措，发挥教育扶贫的最大效应。在贫困地区推进教育扶贫“拔穷根”，通过改善教学设施，提升教学质量，让贫困地区的孩子们接受良好教育，减少贫困代际传播的风险。

伍林花的美术梦

□苗澍野

“一方水土养不起一方人。”位于中缅边境的云南省怒江州，是全国脱贫攻坚的“上甘岭”。而怒江州泸水市洛本卓白族乡，则是集少数民族聚居区、偏远山区、深度贫困区于一体的少边穷重点地区，教育水平极其落后。

一张泛黄的作业纸上，左边是一个圆圈加个“介”字，右边是一样的图，圆圈里再加个“王”字，中间是一根歪歪扭扭的粗线。这便是一年级学生伍林花画的“武松打虎”。圆圈加个“介”字代表人，再加个“王”字，就代表老虎。

“这里没有美术老师，学好绘画是伍林花的梦想。林花知道我是从大城市来的，让我给她指导，但我担心我的支教结束后，她的美术梦也会随之破灭。”洛本卓白族乡俄嘬小学支教老师李玉华指着孩子的作品说。

俄嘬小学共设三个年级，有学生185人，却只有6名教师。薄弱的师资力量使学生们的语文、数学等基础课程都难以保证，想要学习美术这样的艺术课，更是无从谈起。

“事实上，像伍林花这样的学生有很多，他们都有一个小小的美术梦、音乐梦，但学校师资力量有限，要是能够实现网络自学就方便多了。”李玉华说。

俄嘬小学是中国交建援建的小学，为实现孩子们的艺术梦，提升教学质量，中交疏浚先后投入52万元采购了一批教学一体机等先进的教学设备。通过该设备，教师们可以从网络上下载丰富的教学资源，还能在线听名师讲课，学生们用它们来学习绘画、音乐等艺术课非常方便。

本以为有了教学一体机，像伍林花这样的学生就可以专心发展兴趣爱好，但事实并不是这样。

之前到俄嘎小学任教的志愿者余秀花老师，不止一次地强调学生们的个人卫生问题，但仍有一部分学生整整一个冬天都不换衣服。直到有一天，一个从来不换衣服的学生找到余秀花：“老师，我只有一套衣服，洗了就没有衣服了。我怕脏，但更怕冷。以后您可以不在大家面前强调个人卫生这件事了吗？”他的眼神是那样的无助而又胆怯。提起这件事，余秀花内疚不已。

这种情况在当地很常见。当地人以种田为生，年均收入只有两三千元，甚至几百元。而一套冬装至少要180元，这对一个普通家庭来说，确实是一笔巨款。同时，多数家庭都不止一个孩子，冬天能穿上暖和的衣服已是奢望，更别提有换洗的衣物，有的学生甚至一年四季只能穿拖鞋上学。这不仅影响孩子们的身体健康，也让他们产生了自卑心理。

为此，中交疏浚投入100万元为洛本卓白族乡2069名幼儿园和小学学生订购了8276套校服，每名学生都可以领到夏服和冬服各两套。

“老师，你看我的新校服，这个冬天再也不怕冷了。”换上新校服的

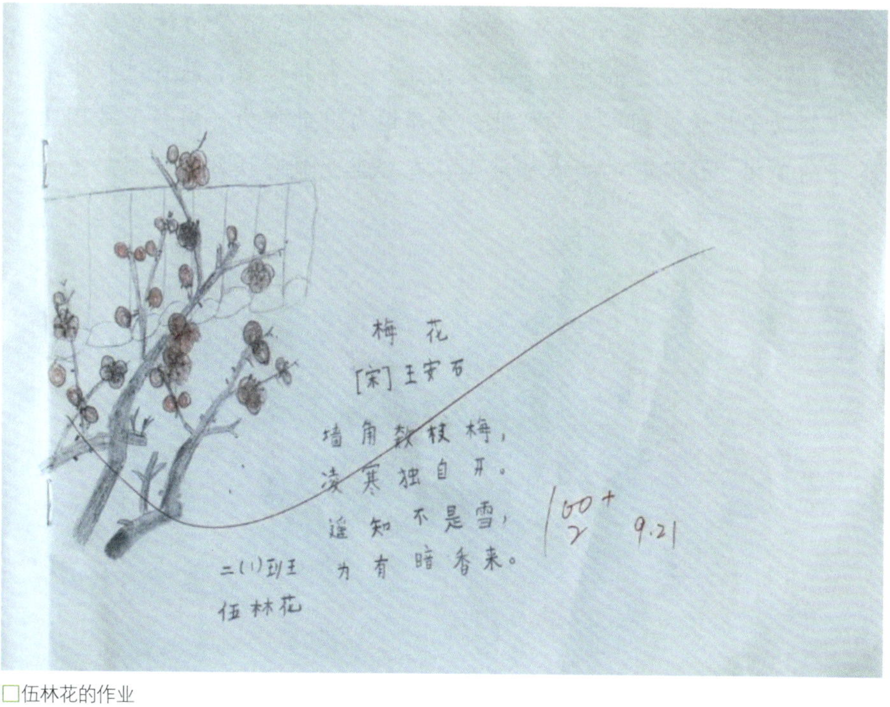

□伍林花的作业

伍林花激动地对余秀花老师说。

伍林花现在已经是二年级的学生了。冬日的暖阳下，穿着厚校服的她正通过教学一体机利用网络认真地跟上海的一位老师学绘画。在她的笔下，是一群穿着新校服的小朋友在教室外玩耍。透过这幅画，仿佛可以听到小朋友们此起彼伏的欢笑声回荡在大山深处。

“有了教学一体机，孩子们可以上美术课、音乐课，这对他们全面发展是非常有帮助的。”洛本卓白族乡中心校校长王映辉说。

“校服采用‘以购代捐’的模式，由中交疏浚出资，洛本卓白族乡巴尼小镇易地扶贫搬迁安置点民族服饰加工厂生产。在保证学生有衣穿的同时，每月还可带动20名农户增加800到1800元不等的收入。他们距离脱贫目标又近了一步。”王映辉满怀期待地讲道。

编者手记

教育扶贫在推进过程中，除了能满足贫困学生实现学业梦想，在一定程度上也能带动周边的就业。“以购代捐”的精准扶贫模式，就起到了这样的作用。中交扶贫人，在推进教育扶贫过程中不仅带动了周边贫困群众的就业，更通过自身的努力，呵护了贫困孩子的梦想。伍林花的美术梦成真，充分说明教育扶贫能让深山里每个梦想都开花。

从教育上“拔穷根”

□张绪雄

福贡县人社局局长和镇修评价他“很热心”，上帕镇人大主席和春东对他“很满意”，中国交建腊吐底希望小学校长李海瑞说他“很仔细”。他就是中交三航局派驻怒江挂职的福贡县委常委、副县长李常智。

怒江州交通落后，只有一条蜿蜒在崇山峻岭间的省道与外界相连。不少村民住在杈杈房、吊脚楼里，夏天漏雨，冬天漏风。“当地贫困村普遍没有稳定的增收产业，很多贫困村也没有集体经济收入。”李常智说。

作为经验丰富的扶贫干部，李常智积极为群众脱贫摘帽奔走，他意识到贫困群众普遍存在怕的心态，发展产业怕赔，外出务工怕远。这病根就

□中国交建腊吐底希望小学

在群众的精神上。

一次赴上帕镇腊吐底村完小调研，看到学校破旧的木门，硬纸板做成的窗户，坑洼不平的老旧课桌，布满龟裂的篮球场……一个个场景让李常智记忆深刻，他决定从教育做起。

李常智了解到，建设于1960年的上帕镇腊吐底村完小，现有五个教学班级，学生87人，均为傈僳族学生，其中贫困学生占60%以上。学校原有三栋平房，2013年为了建设乡村幼儿园，把其中下院坝的一栋平房改建成了厨房，以弥补学校生活配套用房不足。至此，生活教学用房扩充至七间，一届又一届的孩子在这里放飞梦想。

"一定要帮助孩子们创造一个更好的学习成长环境。"李常智给出了他的承诺。他主动找到李海瑞咨询援助事宜。然而，李海瑞貌似被这突如其来的幸福砸晕了头，竟"害羞"起来，像挤牙膏似的仅提出对开裂的墙体、破损的石棉瓦进行翻修、更换。

"必须得大修。"李常智打定主意。一个月后，李常智做了一份翔实而具体的修缮计划被送到李海瑞面前，校舍整修、门窗更换、厕所改造、

□学校重新整修的图书室

文化上墙、地坪翻修、道路改建。看着如此周详的计划书，李海瑞激动万分："之前这些，我都不敢想，没想到李县长都考虑到了。"

2017年6月，中交集团46万元资助资金到位，校园整修项目正式启动。为不耽误孩子们学习，李常智要求赶在秋季开学前完工。然而，天公不作美，开工不久就遇上雨季，工期愈加紧张。李常智调整策略，雨天加快室内粉刷、门窗更换，晴天抓紧室外墙体修补、地坪凿除等施工，分秒不停地与时间赛跑。"要速度，也要质量。"闲不住的李常智一有时间就跑到现场做起"监工"，叮嘱师傅们要保证质量。"李县长给我们用的材料都是最好的，改造中发现不合格的地方，他还要推倒重来。"李海瑞回忆说。

秋季开学前，焕然一新的新校舍正式亮相，孩子们第一次用上了电风扇、水冲厕所，第一次走上了有栏杆的小路校园里垃圾也不再满天飞。

看着开学典礼上孩子们满意的小眼神，李常智会心一笑。可没多久，福贡县95名"两后生"因无力垫支生活费而被迫辍学，这又牵动了他的神经。为此，他多次奔走、协调，最终，中交集团一次性注资300万元设立"中国交建职业教育扶持基金"流转垫付"两后生"在校期间的生活费，有效解决回流、辍学问题。"我们计划持续帮扶3000名'两后生'，实现就业一人，脱贫一人，阻断贫困代际传递。"李常智表示。

编者手记

百年大计，教育为本；脱贫攻坚，教育为先。让贫困地区的孩子接受良好教育，是扶贫开发的重要任务，也是阻断贫困代际传递的重要途径。"让每一个孩子享有公平受教育的权利，不让一个学生因贫失学。"这庄严的承诺，在中交扶贫人那里得到了兑现。中国交建职业教育扶持基金有效地解决了一些因费用而产生的回流、辍学问题，用教育点亮孩子的世界，也是在点亮一个个贫困家庭的未来。

“夏摸、夏摸”

□林伟

在怒江州，出门就是山。全州98%以上的国土面积都是高山峡谷，复杂的地理环境阻碍着当地经济的发展，也让当地百姓对外交流变得困难。“扶贫先扶志”。在中交上航局派驻云南省怒江州兰坪县通甸村的第一书记兼扶贫工作队队长金佳炜的眼中，开展扶贫工作，不仅要改善当地贫困百姓的生活条件，为当地经济发展引入新鲜血液，更重要的是让他们看到对美好生活的希望。

蜂忠亮是通甸村一名普通的初三学生。父亲早逝，他与母亲和妹妹相依为命，虽然家庭贫寒，可蜂忠亮一直努力学习，期盼着学有所成后能

□金佳炜在入户途中

□金佳炜在通甸镇中心幼儿园给小朋友讲绘本

走出贫瘠的山村，去看看外面的世界，但母亲突发的精神疾病却改变了一切。这也让蜂忠亮对未来的生活不知所措，迷茫中他选择了辍学，把自己反锁在家中，隔绝了一切与外界的联系。

金佳炜得知这一情况后，立即带着扶贫工作队队员到蜂忠亮家中开展劝返工作，可蜂忠亮始终紧锁房门，金佳炜只能隔着窗与蜂忠亮对话，但是屋内很少有回应。金佳炜担心蜂忠亮出现意外，只要有时间便会带着蜂忠亮的亲戚、朋友来跟他聊天，或许是金佳炜的真诚打动了蜂忠亮，一个多月后，蜂忠亮终于走出房门。但由于长期卧床、饮食不规律，还没来得及说话，蜂忠亮就晕倒了。

金佳炜立即联系镇上卫生所的医生，并从邻居家要来糖水喂服，才让蜂忠亮逐渐苏醒过来。扶贫工作队细致入微的照顾让蜂忠亮热泪盈眶，他醒来后就一直拉着金佳炜的手反复说：“夏摸、夏摸（傈僳语，谢谢的意思）。”

之后的日子里，金佳炜和工作队员每隔几天就到蜂忠亮家探望，为他送去各种生活物资，邀请学校老师一起到蜂忠亮家做家访，转达同学们对他的关心，让他逐渐打开心结，重新回到学校学习。

2019年6月，蜂忠亮顺利通过中考，在工作队员的鼓励下来到珠海职业技术学院学习。在珠海上学期间，金佳炜为蜂忠亮带来了母亲病况好转的消息。而且经过金佳炜的努力，有一位中交上航局的同事愿意结对帮扶，资助蜂忠亮的妹妹从目前上学一直到大学所有的学习费用，让他们能够没有后顾之忧地安心学习。

帮扶蜂忠亮只是扶贫工作队在怒江州扶贫工作的一个缩影。兰坪县应届毕业生李顺铭也在金佳炜的推荐下，成功被中交上航局录用，光荣地成为一名中交人。2020年初，金佳炜还向中交上航局全体职工发起了“赠人玫瑰，手有余香”图书捐赠倡议，得到了同事以及社会爱心人士的大力支持，累计向当地幼儿园和小学捐赠各类图书3000余册。看着孩子们捧着图书的开心笑脸，金佳炜更坚定了扶贫工作的信心。

编者手记

知识改变命运，教育照亮人生。中交扶贫人帮扶蜂忠亮只是一个缩影，但足以说明，教育扶贫要消除贫困家庭学生求学的后顾之忧，让更多贫困家庭学生安心上高中、读大学，用知识改变命运。而教育对于贫困学生、贫困家庭来说，更是让他们看到对美好生活的希望，坚定脱贫致富的信心。

秋那桶村的第一书记

□马力

38岁的姚聪学到秋那桶村之前，是中交一公院的一名员工。2018年10月，他被单位派往云南省怒江州贡山县丙中洛镇秋那桶村，任驻村第一书记、工作队队长。

“刚到村里那会儿，工作难度超出我的预料。”姚聪学坦言，由于之前没有任何农村工作经验，事无巨细的扶贫工作让他无从下手。“但经过半年多的磨砺和锤炼，我完成了从国企员工到第一书记的角色转变。”

秋那桶村地处怒江大峡谷最北端，紧邻西藏，是云南西北部最后一个行政村，属国家“三区三州”深度贫困地区中的深度贫困村，下辖雾里、青那桶、初岗等10个村民小组。

为了掌握整体情况，工作队用了近一个月的时间走村入户，访贫困、挖穷根，查找村里基层党建和脱贫攻坚存在的短板。进村之前白白净净的姚聪学，如今已经晒成古铜色，每天和村民们吃住在一起。姚聪学说：“这将是我一生的财富。”在深入了解秋那桶村的实际情况后，姚聪学协助村“两委”做好贫困村、贫困户建档立卡动态管理工作，有针对性地制定帮扶规划、年度计划，积极向挂联单位反映帮扶工作中的困难和问题，并积极帮助村民解决更多的实际困难。秋那桶村共有345户1178人，其中建档立卡贫困户316户1086人，目前尚未脱贫的有61户187人。“根据2019年全村的人均收入情况，我们给收入较低的家庭安排了护林员及河道管理员的工作，没劳动力的家庭采用社会兜底保障。”姚聪学说道。

13岁的和丽雅是秋那桶村普通农户家的孩子，由于在体育方面有特长，被选拔到省级运动队进行专业训练。这对于和丽雅与家人来说，都是一件难得的喜事，可是每月500元的生活费却让一家人犯了难。姚聪学了解到和丽雅家中有位双目失明的奶奶，还有一个在镇上上学的哥哥，家庭主要收入是父母的公益性岗位收入。本来家里就入不敷出，2018年底，家中还遭受了一场火灾，使家庭负担更为沉重。为了解决和丽雅一家的实际困难，姚聪学向中交一公院的领导反映了这一情况，希望对她进行帮扶。“这是改变孩子命运的机会，我们不能放弃。”

在姚聪学的积极推动下，最终中交一公院职工冯杰与和丽雅达成了资助协议，每月资助500元，用于和丽雅在学校的生活费用，这大大减轻了她的家庭负担。“她不时地会给我们发来训练的照片，这让我们感觉心里暖烘烘的。”姚聪学高兴地说道。才英是秋那桶村怒族人家的孩子，2018年9月被云南经贸外事职业学院录取。对于一个贫困山区的家庭来说，孩子考上大学无疑要比别人付出更多的努力，但现实的家庭情况使她完成学业都很困难。才英的父亲患有癫痫病，不能劳动，继母以务农为生。一家人虽然享受了国家的易地搬迁安置，但全年的收入用于才英的学费便所剩无几。才英平时在学校通过勤工俭学补贴生活开支，这才让她的求学之路得以延续。姚聪学与驻村工作队员积极奔走寻求帮助，终于找到了资助人，才英才能够安心学习。进村工作短短半年多的时间，姚聪学已经从一个说普通话的“外来人”，变为秋那桶村群众的“知心人”。“脱贫不是终点，而是一个新的起点。我们还要继续为怒江的乡村振兴而努力，尤其是让这里的孩子走出大山，看看外面的世界，在他们学有所成后回来建设自己的家乡。”姚聪学说，秋那桶村未来的发展之路要靠村民自己走，但他坚信秋那桶村未来的路，一定是一条充满希望的光明之路。

编者手记

确保“不让一个孩子因贫穷而辍学”，实现“成长一个人，帮助一家人，改变一代人”，有效阻断贫困的代际传递。针对贫困学子的具体困难，中交扶贫人拿出真金白银，帮助群众解决困难，免除贫困学子及其家庭的后顾之忧。这样的举措，让贫困孩子走出大山，看到外面的世界，在他们学有所成后再回来建设自己的家乡。这样的良性循环，也是贫困村未来发展的光明之路。

在怒江“扶贫先扶智”

□张绪雄

家住云南省泸水市大兴地镇自扁王基村的六月二，本姓祝，自小家里穷困，父母也没什么文化，自己连一个正式的姓名都没有。父母觉得读书浪费时间不如早日挣钱养家，所以，六月二初一没上完便辍学当起了“苦力”。

如今，六月二的女儿祝安霞在中国交建的资助下，成了村里少数让人羡慕的大学生。即将从云南民族大学毕业的她，还有了进一步深造的计划。对于女儿的想法，六月二非常支持，就算砸锅卖铁也要帮女儿完成心愿，他说：“只有读书才有出路，才能走出大山，像我这样靠卖力气讨生活没出息！”

云南省怒江傈僳族自治州是全国贫困发生率最高的深度贫困地区之一，人均受教育年限仅为6—7年。一些人祖祖辈辈生活在高山深谷中，与现代生活隔绝，缺乏主动谋求幸福的动力，精神贫困成了脱贫攻坚路上的拦路虎。

中国交建瞄准“看不见的贫困”，通过建硬件、圆梦想、设基金等系列教育扶贫项目实施“精准滴灌”，覆盖范围从幼儿园到大学各个阶段，以“拔穷根”、转观念，阻断贫困代际传递。

2018年3月，泸水一中一座特殊的新教学楼——“中交楼”落成并投入使用，为初中部992名学生、58名教师改善了教学环境，间接受益者近2000人。

从2007年8月开始，泸水一中的办学规模逐步扩大，班级增加至58个，但原教学楼仅有48间教室，剩余的10个班级只能在综合楼进行教学。“学校的教研室也紧缺，十分影响教学研讨活动的开展。”副校长张何英说，“当时急须新建一幢教学楼。”随后，学校向上级教育主管部门提出申

中国交建援建的泸水一中初中部教学楼“中交楼”

请，市教育局遂于2015年开始规划新教学楼事宜，但由于地方财政无法自给，一开始就注定了事情不会那么简单。经核算，新建一栋教学楼需要600多万元，虽经地方政府多番努力，仍有300万元的资金缺口。

因资金缺口迟迟不能补齐，新教学楼的建设一再后延。“其间，我们甚至考虑采用欠债的方式来筹措资金，但始终没有企业愿意垫资。”泸水市教育局副局长尹智回忆。

2017年，泸水市逐步启动高中生扩招，教育教学矛盾愈加突出。恰逢中国交建驻怒江挂职干部王慧奇围绕教育开展调研，地方教育局将困难反馈给了王慧奇。

“当时也是抱着试试看的心态，300万元毕竟不是300块。”尹智说。令他没想到的是，王慧奇了解情况后，当场拿出电话与公司沟通此事。“都说‘百年大计，教育为本’，再穷不能穷教育，给孩子们创造一个好的成长环境，中国交建义不容辞。”王慧奇说。

没过多久，王慧奇带来了令尹智喜出望外的消息：中国交建愿意无偿援建。资金仅半个月就全部到位，随即，施工队伍进驻校园，新教学楼也拔地而起。

2018年春季开学，初中部20个班迎来“乔迁”之喜。那一刻，老师和孩子们的脸上挂满了幸福。“‘中交楼’的教室很宽敞，设施很先进，厕所也很干净。”孩子们经常“炫耀”新教学楼的各种好。

初中部从原教学楼剥离后，之前所有的教室都划给了高中部，高中“扩容”也不再是问题。2018年，该校一次扩招了两个班。“‘中交楼’的建成也为实现义务教育均衡发展奠定了坚实的基础。”尹智说。

经过长期调研，中国交建的扶贫干部们看得很清楚，根除精神贫困，不可能毕其功于一役，必须要软硬兼施，不仅要给孩子们创造良好的学习生活环境，还要激发贫困人口内生动力，塑造“我要脱贫”的信念。

中国交建还对贫困户贫困学生实施精准资助，帮他们圆大学梦，补齐思想观念短板，以实现转变一人带动一片。“我一定用心学习，毕业后我想回怒江，帮助家乡发展，在以后的人生道路上传递这份爱心。”自扁王基村的姬春玉在给中国交建资助人的信件中这样写道。

姬春玉的父母早年离异，她跟着母亲和外婆生活。家中收入全靠母亲务农，收入甚微。勤奋好学的姬春玉2016年考上了德宏师范高等专科学校。然而，当年外婆却被查出患有肾囊肿，令本就一贫如洗的家庭雪上加

九岁的傈僳族小男孩蒋永恒走在新建成的中交兰坪新时代希望学校里，笑得格外开心

霜。既要负担外婆的医疗费，又要给自己筹措学杂费，姬春玉不忍心看到母亲操劳，有了放弃上学的念头。

“不能让孩子因为穷而读不起书，不能继续让这个家贫穷下去。”王慧奇了解情况后，心中便坚定了这个念头。王慧奇在中国交建发出爱心倡议，得到了公司员工的积极响应。大家以“一对一”和“二对一”的结对帮扶方式，每人每月资助贫困大学生400元，直至他们大学毕业。他们的资助托起了19名贫困生求学的梦想。

2018年早些时候，中国交建又与怒江州团委联合推出“中交用心浇筑峡谷求学路”希望工程助学项目，从2018年起至2022年，连续五年每年投入200万元，对全州范围内的贫困学生进行资助。“等2018年资金到位，我们的资助就能覆盖到全州范围内的583名大专以上贫困学生。”怒江州团委副书记尹秀云介绍。

编者手记

扶贫必扶智。扶智就是扶知识、扶技术、扶方法。有效的扶贫需要精准的设计，需要对贫困者的观念、知识、技能等进行全面提升。中交集团的扶智，从教学环境到学生个人，进行了全方位的教育帮扶，他们的努力让每一个贫困孩子都能触摸阳光。“不能让孩子因为穷而读不起书”，中交集团的教育帮扶，没有半点花架子，践行了教育扶贫的初心和使命。

腊吐底有了新希望

□周建成

清晨的阳光穿过山顶的薄雾，教室里传来了孩子们整齐的读书声，“自从有了新教室，孩子们读书都比原来积极了，谢谢中交帮我们解决了这么多问题。”中国交建腊吐底希望小学校长李海瑞说。

中国交建腊吐底希望小学的前身是腊吐底完小，是怒江州福贡县上帕镇腊吐底村唯一的一所全日制小学。学校目前在编教师两人，志愿者教师三人，学校含幼儿班、一至四年级共五个年级，有学生87人，均为傈僳族农村学生，其中贫困学生占60%以上。

“第一次来的时候，我虽然有心理准备，但还是被惊到了。木头门窗烂得已不成样子，屋顶因为年久失修，一到雨季就会漏雨，那种环境我们大人都受不了，更别提孩子了。”提起之前的校舍，中国交建派驻福贡县的挂职干部李常智记忆犹新。

为了改善师生的教学环境，中国交建出资近40万元，在学校原址上进行了装修改造。装饰一新、宽敞明亮的教室让老师、家长都竖起了大拇指。

下课铃响了，一群幼儿班的孩子在体育老师肯前圣的带领下，抱着自己挑中的玩具来到篮球场，开始尽情玩耍。听到欢笑声，学校隔壁村民家才两岁的小朋友也蹒跚而来，跟着他们玩得不亦乐乎。“这里是学校唯一的室外场地，原来的地坪开裂非常严重，因为担心学生在上课期间受伤，体育课基本上停了，多亏中国交建帮我们修补了地面，还加装了护栏，孩子们现在可以放心地玩耍了。”肯前圣的眼中满是笑意。

除了修缮篮球场，中国交建还为学校添置了专门的生活垃圾收集和焚烧设备，不仅解决了生活垃圾集中堆放焚烧带来的火灾隐患，也有助于孩子们讲文明、讲卫生习惯的养成。

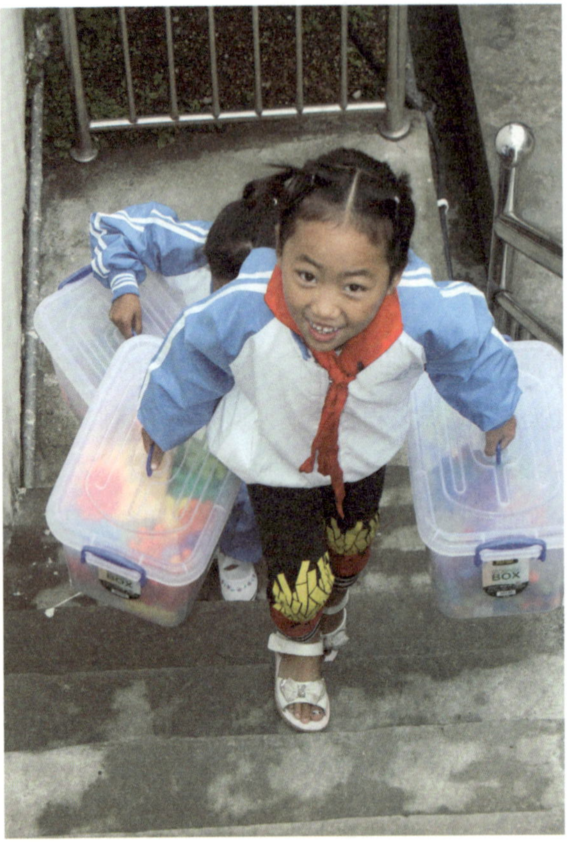

□笑容满面的腊吐底希望小学学生

学校硬件设施的改善也间接丰富了学校的课程。笛哩图是傈僳族特有的传统民族乐器，吹奏起来曲调悠扬明快，非常具有民族特色。“因为是纯手工制作，每支笛哩图的声音都不一样，街市上买不到，只有等赶集的时候去碰碰运气。”语文兼音乐老师丰明军介绍说。为了传承民族文化，让孩子们了解本民族的文化特色，丰明军在自己的课上教孩子们吹奏笛哩图，还亲自编写了教材。“原来的条件太差了，学生连书都读不好，哪还能学乐器？你再看现在，我班上的孩子已经可以合奏了。”丰明军自豪地说。

除了学校设施，中国交建对师生的爱护还扩展到校外。进出学校的山路有近800米，因山势陡峭，一到雨天就变得十分湿滑，严重影响师生的人身安全。中国交建把山路改造成阶梯式便道，沿路开挖了排水渠，考虑到孩子们的安全，还在路边加装了护栏。怒江州宣传部工作人员曾志松说：

"孩子们的上学路从此有了护栏守护，我这是第一次见，中国交建真是太用心了。"

"提高教育水平一直是我们县发展的重心，中国交建腊吐底希望小学目前是全县条件最好的学校，希望中国交建未来能帮助我们建起更多这样的学校，为怒江孕育出更多希望的种子，培育出更多的栋梁之材。"福贡县教育局副局长张秀华感叹说。

编者手记

扶贫人来了，就有新希望，腊吐底希望小学的案例充分验证了这句话。中交扶贫人到来，校园基础设施就发生了翻天覆地的变化，孩子的生活也更加健康，甚至连校园外都得到守护。一个扶贫单位只要用真情付出，所播种的就是崭新的愿望。让贫困地区孩子享受到更好更优质的教育，这既是教育扶贫的要求，更事关社会公平，事关贫困地区的未来。无疑，中交集团在这方面交上了满意的答卷。

高黎贡山上的中交希望小学

□张绪雄

“我来这个学校一个多月了，还没有出去过，因为山路太难走了。”俄嘎小学的志愿者老师谢显秀指着蜿蜒的山路说。

从怒江州府六库驱车，一路颠簸至高黎贡山半山腰，才能抵达中国交建捐资150万元建设的俄嘎小学新校址。

创办于1969年的俄嘎小学是洛本卓白族乡五所初小之一，坐落于怒江西岸海拔2000米高的高黎贡山半山腰，是一所半寄宿制小学，现有两个教学班，在校生144人，留守儿童占比超过三分之一。

学校原来位于俄嘎村捌邓组，由于交通不便等原因，学校于2002年6月迁往同村的俄嘎组，这一方天地成了孩子们温暖的新家，三栋校舍成了很多孩子梦想起航的港湾。

转眼间16年过去，孩子们都已长大，可当年崭新的校舍却已然褪了颜色，再难承受风吹雨打。特别是在2016年夏季，经过近三个月的连绵暴雨袭击后，学校北面及东面两侧的地基严重塌陷，校内地基下沉、开裂，房屋结构出现明显的裂缝，背面挡墙、楼梯台阶和教学楼主梁也出现裂缝。再加上学校周边滑坡愈加严重，这里已经不适合孩子们学习和居住。

“搬，必须得搬，还要马上搬！”中国交建派驻怒江的挂职干部王慧奇在了解到这一情况后，当机立断。往哪里搬，这个问题在王慧奇心中盘旋着，让他寝食难安。“校舍不能用了，我们就再为孩子们修建一个更新、更好的。”

下定决心，王慧奇分秒不耽搁地行动起来，多方探访做工作，经过近三个月的奔波，王慧奇与俄嘎村捌邓组三户村民签订土地置换协议，他攥着协议和共建计划马不停蹄地赶到当地教育主管部门，新建校舍、爱心捐赠、爱心慰问、文体活动……看着计划书上一项项指向明确、内容具体的共建项目，市教育局副局长尹智简直不敢相信自己的眼睛："这些规划，我们之前想都不敢想，没想到中国交建不仅去想了，想得如此细致，还把最难拿的地都拿下了。"

王慧奇却表示："这都是应该的，都说扶贫必扶智，给孩子们创造安全安心的成长环境是中国交建作为央企的责任。"

"开工了！"看着新学校的教学楼拔地而起，孩子们的眼睛闪烁着热切的期盼。跟孩子们一样急切的还有王慧奇，他常常跑到工地上扯着嗓子催促进度。有一次，校长王映辉来工地巡视，一下车就遇见正要返程的王慧奇，当时他倍感意外。"事后得知，王书记这已不是第一次上山。"王映辉说，"每次碰见王书记，他都是急切地在督促大家为了孩子们早点安心上学再快些。"

"硬件好了，软件不能落下！"2017年12月5日，中国交建为俄嘎希望小学捐赠了校服222套、鞋子222双，电脑10台，学生图书4292册，总价值14万元。孩子们穿上崭新的校服和鞋子，怀抱心爱的图书。那一刻，一张张稚气的小脸儿上都洋溢着幸福的笑容，这笑容就像寒日里的暖阳，映

□中交俄嘎希望小学

□崭新的校园环境

进每一个人的心里。

白驹过隙，从主体完成，到砌墙、安窗、粉刷、装饰……新教学楼即将完工并投入使用。“就要好了，我们的新家！”听家里的老人们说孩子们在家里天天念叨着，连小书包都整理好了。

“新教学点落成后，将被命名为‘中交俄嘎希望小学’，希望他们长大后能建设家乡，建设国家。”王映辉表示。

编者手记

中交俄嘎希望小学的建成，就是做好教育扶贫、改善教育条件的生动实践。新校舍意味着新希望，中交扶贫人敢于担当，敢于去实践地方不敢想、不敢做的事，一心扑在脱贫攻坚上。软硬件同频，中交人把为孩子们创造安全安心的成长环境作为央企的责任。孩子的笑脸也是对他们的付出最美的回应。

船春飞回来读书了

□何振男

2017年4月一天的深夜，在泸水城里的一个网吧，“网管”船春飞下晚班刚走出门口，就又看到了那个熟悉的身影。这个人叫王慧奇，是船春飞家乡自扁王基村的挂职扶贫干部。船春飞知道，王慧奇肯定是来劝他回去读书的，可他已经拒绝了很多次。

家住大兴地镇自扁王基村的船春飞，在家里排行老二，原本在县里最好的高中之一——泸水一中读高一。船春飞的家境十分贫寒，父母离异，自己跟着母亲和哥哥相依为命。哥哥因为久病缠身，早就丧失了劳动力，母亲密春花虽然腿脚不便，却不得不咬牙撑着这个家。

然而，“灾难”却再一次降临这个本就不幸的家庭，密春花在一次身体检查中被诊断出癌症。在连续动了几次手术后，家里已是负债累累。为了还债，密春花迫不得已抵押了家产，带着兄弟二人挤在破旧的木房里艰难度日。

2017年初，时任自扁王基村第一书记王慧奇按照组织要求选择了密春花等四户建档立卡户作为自己定点扶贫的对象，其中密春花的家庭情况是最困难的。第一次来到密春花家中，看见破旧的木板房、脏乱的猪圈，王慧奇心里五味杂陈，他想：“无论如何都要帮这个苦难的家庭一把。”

王慧奇从密春花那里了解到，船春飞在泸水一中读书，成绩还不错，为了让儿子安心读书，密春花隐瞒了自己的病情。王慧奇觉得应该给船春飞一些资助，给这个家庭减轻负担，便到泸水一中了解情况。出乎意料的是，船春飞竟然在几个月之前就辍学了，而且现在就在城里的一个网吧打工，而这一切他都没有告诉密春花。

几经周折，王慧奇从船春飞的老师和同学那里知道到了事情的真相。原来船春飞无意间翻出了母亲的病历，懂事的他觉得自己应该给家里做些什么，便选择了辍学打工这条路。

“一个17岁的孩子，没有掌握任何技能，在网吧打工也拿不到太高的报酬。”王慧奇非常理解船春飞的想法，可他也知道，船春飞这样做，不会给自己的家庭带来实质性的改变，他只有一个念头：必须让船春飞回学校继续读书。

王慧奇从船春飞的同学那里要到了他的电话号码，开始一遍遍地给他打电话，耐心地给他做思想工作。一来二去，一个多月过去了，执拗的船春飞却始终不肯松口，坚决不想重回学校。眼看电话沟通无果，王慧奇便决定当面和他谈谈，就找到了船春飞打工的网吧。

“春飞，你现在一个月能挣多少钱？”王慧奇倒也没跟他讲什么大道理，而是像家人一样聊起了收入。“1400块。”船春飞的语气压得很低，显然也知道这份收入确实有些“难堪”。

“一个月1400块，刨去吃穿住，一个月能剩下200块吗？就算你一年省吃俭用能攒下2000多块，像你现在的家庭状况，能有多大作用？”望着低头缄默不语的船春飞，王慧奇知道自己算的这笔经济账触动到了他，便“乘胜追击”。王慧奇说：“你要这么干下去，以后可能也只能挣这些钱了，你还不如回学校，村里给你争取些补助，你去学一门手艺。工地上的那些技术工人，工资都是你现在的好几倍。”看到船春飞开始动摇，王慧奇便给出了更大的“谈判价码”，他答应给春飞联系学校，学杂费也无须担心，他甚至可以个人为其垫付。或许本就舍不得学校的生活，在王慧奇的劝说下，船春飞最终答应重回学校。

考虑到船春飞辍学日久，跟上高中课程有些难度，王慧奇建议他到怒江州职教中心学习。船春飞自己选择了会计专业，王慧奇又跑前跑后给他办理了学籍和困难补助。2017年9月，船春飞重新背起了书包，走进了校园。

“像船春飞这样辍学再返回技校就读的学生，会享有一定的优惠补贴，基本不用花钱，毕业后也有关部门给他们搭建平台，帮助他们就业。他们能够通过三年的学习，改变自己和家庭的命运。”王慧奇介绍说，在怒江州，先前像船春飞这样因贫困失学的青少年不在少数，也因为自身掌握的职业技能不过关，无法找到一份好的工作来摆脱贫困。如今，在职教中心学习的船春飞，已经开始憧憬两年后毕业，找一份合适的工作，挣钱给母亲治病，改善家里的贫困面貌。

对此，云南省委、省政府还出台了关于“对迪庆州、怒江州初、高中毕业未能继续升学的农村户籍学生开展职业教育全覆盖试点”的优惠政策。坚持把送“两后生（初、高中毕业未能继续升学的农村户籍学生）”就读技工院校再就业，作为精准脱贫最直接、最现实，成本低、见效快，阻断贫困代际传递的最有效的方式。

在怒江州福贡县，中国交建投入300万元成立了“中国交建职业教育扶持基金”，计划在国家拨款不到位的情况下先期补贴“两后生”生活费，解决学生回流、辍学等问题，帮助政府进一步输送“两后生”就读技工院校。

编者手记

船春飞回来读书，得益于中交扶贫干部苦口婆心的劝说，得益于当地教育扶贫的优惠政策。从船春飞网吧打工经历来看，如果这一年龄段的孩子受教育程度和技能缺乏，面对经济发展对产业工人素质要求的不断提高的现实，普遍难以适应，导致贫困延续。考虑到学生和家庭状况，扶贫干部为他们提供了最有价值的选择——去职业教育学校，让孩子接受职业培训扶贫，从扶智入手提升贫困家庭脱贫能力。

这是广州亲人的礼物

□周海龙

“老师，这个挂在墙上的是什么，是电视吗？”

“孩子们，这是我们上课用的教学一体机设备呀。”

“老师，什么是教学一体机设备呢？”

……

在云南省怒江州兰坪县城区幼儿园的教室里，孩子们在新的教学一体机面前，表现出了极大的热情与好奇。在教学一体机正上方，还粘贴着有“中交第四航务工程局有限公司捐赠”字样的铭牌，李仙琴老师告诉孩子们，这是远在广州的亲人送给我们的礼物。

2020年5月，中交四航局党委副书记、工会主席曾瑞雄率调研组赴云南省怒江州调研精准扶贫工作，到定点帮扶单位兰坪县金顶镇、啦井镇进行实地调研走访。

调研期间，曾瑞雄一行到兰坪县城区幼儿园实地查看，在与幼儿园的老师们座谈交流中了解到，城区幼儿园的教学条件及设施相对落后，幼儿园多年来仅仅依靠保教收入努力改善园区的软硬件设施。10多年前购买的一批电子白板也因为超过使用年限而无法使用，园区老师们只能依靠传统的教学工具开展教学。与发达地区幼儿教学条件相比，兰坪县城区幼儿园的教学设备已不能满足现代幼儿园教育发展需要。

“要改变贫困地区孩子们的命运，首先就要改变他们的教育。”曾瑞雄看到眼前的景象，果断地说道。

为解决兰坪县城区幼儿园实际存在的困难，经过跟幼儿园沟通协商，2020年6月5日，中交四航局向兰坪县城区幼儿园捐赠了六台70英寸的触控一体机爱心电教设备，此设备是集电脑、液晶显示屏、触摸屏、音响等于一体的高端交互式多媒体教学一体机，可以帮助幼儿园实施信息化教学，

□云南省怒江州兰坪县全景

与发达地区实现教学资源共享。“以前小朋友们学儿歌，都是老师教一句，孩子们学一句，现在可方便了，有了教学一体机，孩子们可以一边听音乐，一边看动画，跟着老师的节拍，开心地学唱儿歌了！”李仙琴开心地说。

捐赠教学一体机是中交四航局在怒江扶贫攻坚的一个缩影。

从2018年开始，中交四航局按照中交集团的部署对接帮扶兰坪县金顶镇、啦井镇，面对难度大、时间紧、任务重的脱贫攻坚“上甘岭战役”，始终坚持高站位，公司领导带队五次深入兰坪县政府、学校、企业、贫困户家庭调研了解情况，急地方之所急，把有限的人力、财力投入到兰坪最急需的地方，全力落实扶贫任务。

2019年10月17日至18日，曾瑞雄到兰坪县易地安置区扶贫车间、啦井中学和中心小学调研。调研既了解了地方需求，又沟通协调推进帮扶项目的落实。

兰坪县易地搬迁安置区扶贫车间是兰坪百川民族文化服饰有限责任公司设在兰坪县易地搬迁安置区的生产车间，为易地搬迁的贫困户以及残疾人等提供就业岗位，主要从事少数民族服饰研发和学生校服、团体制服及各类服饰生产、加工等，是集团《关于在云南省怒江州、新疆英吉沙县采购订制员工工服的通知》（中交厅便〔2019〕35号）指定的在兰坪县的唯一一家公司。中交四航局2019年向啦井镇捐赠的510套床上三件套就是在该车间生产的，目前集团内中交路建、中交养护等多家单位在该车间生产三件套、捐赠校服以及工服等。该车间目前能生产一线工人的工作服、普通运动服、风衣等。

曾瑞雄在调研中强调，要结合中交四航局的需求，适当加大对扶贫车间的支持力度，“比如一线工人工服，在同等条件下，优先向该车间定购，通过帮扶扶贫车间这个平台帮扶当地贫困户、残疾人等就业脱贫致富，助力兰坪县脱贫攻坚”。

三年来，中交四航局用心做好就业扶贫工作，实现转移兰坪县贫困人员富余劳动力225人次到四航局各项目部工作；积极帮助改善教育条件，捐赠校服、床上用品三件套过千套，援建图书室、塑胶篮球场、儿童之家、心理辅导室，中心校教学一体机12套，金顶中学学生直饮水机16套；努力帮助补齐医疗短板，向啦井镇捐助健康一体机、血糖仪等医疗设备和救护车1辆，为啦井镇急诊急救出诊和公共卫生服务工作的开展提供了保障。此外，中交四航局通过单位认购+爱心捐赠，“以买代帮”，深度开展消费扶贫活动。

编者手记

助力贫困地区改善办学条件，对贫困地区原有校园进行改造升级，一直是教育扶贫的重要事项之一。中交扶贫人在教育扶贫过程中，急地方之所急，竭尽所能支持贫困地区教育发展。在这一过程中，中交集团将教育扶贫与产业扶贫结合起来，以“以买代帮”加大对扶贫车间支持力度等举措，拓宽了扶贫面，既实现了教育扶智，又实现了从“输血”到“造血”的转变。

向西，再向西

□范国兴

向西，再向西。我从来没有想过走向英吉沙的路这么远。

回想起来，第一次背上行囊向西，还是本科刚毕业的2013年，不知道什么原因就到了离家近2000公里的河西走廊，在锁阳古城的余韵里不知不觉地度过了一年支教岁月。感恩与收获、奉献与付出让我爱上了西北。此后，每年一次的西北之行从未间断过。

2019年3月，中交一公局集团四公司调整扶贫工作小组成员名单，我位列其中，很荣幸能成为其中一员。当买好从郑州飞往乌鲁木齐的机票后，我用百度地图查看喀什地区英吉沙县，才知道到乌市才仅仅走了三分之二的路程。向西的路，还要再向西。

为了调研方便，我和乌市地铁项目书记杨学山一道，驱车从乌鲁木齐出发，用了30小时在黄沙、荒漠、戈壁中穿越了近2000公里的路程。晚上8点多钟，夕阳映照下的喀什，一片安静祥和，虽然没有内地的车水马龙，但也并没有想象中的破败与混乱。现代化都市中点缀着维吾尔族的文明传承，让我对丝路上这个古老而青春的城市好感倍增。“古老与文明相随，落后与贫穷相伴。生活在喀什地区的人们，世世代代饱受贫穷的磨难。而今，在中国共产党的坚强领导下，经济特区的成立、扶贫政策的完善等一系列举措，让喀什地区正在焕发青春。”这是我对喀什的第一印象。

调研中，当我第一次走进芒辛镇中心小学的校园，看到那熟悉的面孔、熟悉的眼神时，仿佛回到了支教的岁月。这里有着安静的环境、完备的教学设备、宽敞明亮的教室，然而图书、教师等资源的缺少，拉长了他们成才的路。“在国旗下成长的他们，笑脸纯真，一双双美丽的眼睛中充满着对知识的渴望，在最需要汲取知识营养的岁月里，他们期盼着成长，渴望着成才。”当写下这段文字时，我想到的是支教时宣誓的场景，脑海

2020年6月，中交一公局集团四公司团委开展“五四牵手六一”爱心捐赠活动

不期然地浮现出那一双双渴望的眼睛，那一张张写满求知欲的脸庞。

也许，七年的教育经历才让我更能了解到他们对教育的需求，更能了解他们与内地教育资源的差距。“我们扶贫就是要做对他们最有用的事情。”调研前领导叮嘱的话萦绕在耳边。扶贫先扶智，治贫先治愚。把贫困地区孩子培养出来，这才是根本的扶贫之策。习总书记关于扶贫工作的讲话精神，更让我们明确了精准扶贫的方向。是的，教育的落后阻断了一代代人了解世界的路，割断了西北地区与现代世界的快速接轨。教育扶贫，才是我们在英吉沙扶贫工作中应该做的事情。

于是，在第一次调研报告中，我写下“以教育扶贫为主、产业扶贫为辅”的扶贫建议。尤其是公司领导得知芒辛镇中心小学学生缺少图书的需求时，安排公司第一时间组织员工开展捐赠活动。短短一天时间里，19个单位的600余人捐书款3万余元。2019年6月12日，捐书仪式后，我和杨书记在“感恩的心，感谢有你……”的歌声中接过学校送的锦旗。那份感动，是我参与扶贫以来的最大收获。

“书本，为孩子们开了一扇窗。我们还要让他们尽快走进这个时代。”信息化教育，是让孩子们更好地融入这个时代的关键。在捐书仪式后，我和杨书记走进了三个乡镇中心小学已筹备许久的电教室，缺桌椅、缺电脑，让电教室不再是电教室。为三个乡镇捐建电教室成为我们扶贫工作小组教育扶贫的第二步。

“争取让孩子们在新学期用上电教室。”为了实现这个目标，经过一个多月的申请、沟通、采购、送货，147套电脑于2019年8月中旬成功运抵喀什英吉沙。在芒辛镇邓萍萍书记的帮助下，找电脑桌椅厂家、订购、安装。当8月30日第三次飞抵喀什的时候，三个电教室已全部安装完毕，芒辛镇乡镇中心小学的电教室已能够初步投入使用。

走进新的电教室，看着孩子们开心的笑脸，看见孩子们兴奋地在电脑屏幕上打下“我爱你，中国”“中国交建叔叔阿姨们好”等字样，我内心充满了喜悦。

“这里大多数孩子家庭都不健全，有的爸爸或妈妈不在，有的父母都不在。国家的政策很好，他们的吃住用都有保证，但我们最愁的就是他们心灵的健康成长，做心理辅导，让他们懂得感恩，是最大的难题。”龙甫乡中心小学韩书记在我们离开时诉说了自己的担忧。也许，走进孩子们的内心世界，让他们懂得爱、懂得感恩，才是教育扶贫的真正意义，也是我们下一阶段情感扶贫的重点工作。

距离英吉沙完成脱贫攻坚任务还有480余天，物质满足的后续，“情感扶贫”的路还有很长。作为中国交建攻坚扶贫的一员，向西的路是成长的路，是肩负时代使命的路，我骄傲参与其中，并在其中成长。

编者手记

走进孩子们的内心世界，探求教育扶贫的真谛，中交扶贫人扶的是感情，用的是真心，成果自然水到渠成。特别是在帮扶过程中，中交人考虑到孩子们的情感需要，努力为他们做心理辅导，让孩子们能够从情感上脱贫，感受到关心、关爱。

腊吐底小学旧貌换新颜 高黎贡山倾听读书声

□孙芳

十点，阳光爬过高黎贡山的山顶，照亮了整个怒江河谷，沿着石板路一路向上走800米，在高黎贡山的半山腰便响起了一阵响亮的儿童读书声，再往上走，腊吐底小学的校园便呈现在眼前。

腊吐底小学位于云南省怒江傈僳族自治州福贡县的上帕镇腊吐底村。这个村子下辖腊吐底、俄夺底和白则吾等七个自然村11个村民小组，共有

□中国交建腊吐底希望小学的新校舍

□学生们正在阅读绘本

639户2264人，其中劳动力1192人，现有建档立卡贫困户351户1326人。作为村子唯一的学校，腊吐底小学解决了周围两公里孩子的就近入学问题。

但是学校校舍年久失修，门窗均为木质结构，安全隐患较大，部分教室还存在漏雨现象，学校唯一的体育课场地——篮球场，地坪开裂损坏严重，学生上课期间容易摔倒受伤。另外，因为没有专门的收集和焚烧设备，学校师生每天产生的生活垃圾采取集中堆放焚烧的处理方式，风吹着垃圾跑，极大地影响了周边环境，同时也不利于孩子文明习惯的养成。

“学校进出的道路大约800米，之前全部是青石板，上面长满了苔藓，再加上山势陡峭，年久失修，成人走上去都会打滑。”中国交通建设集团有限公司挂职福贡县扶贫办干部李常智说，“看到这么可爱的孩子每天走这样的路上学，在漏雨的教室上课，真的很心疼。”

2017年6月，经多方协调，中交集团投入资金及物资共计46万元，本着安全、文明、有民族特色的原则，对腊吐底小学进行了全方位修缮。为了不影响学生们上课，所有的修缮工作都在暑假加班加点完成，学校建成后，被当地教育部门命名为“中国交建腊吐底希望小学”。

“扶贫先扶智。在精准扶贫的过程中，我们发现产业扶贫的推进、政策的宣传贯彻都和教育紧密相连。”李常智说，虽然“这个山村小学的扶贫点小，但学生素质教育的提高会进一步影响他们的家庭，有助于扶贫工作的推进。”

当时，学校含幼儿班、一至四年级共五个年级（五年级以后去县城小学上学），共有学生87人，均为傈僳族农村学生，其中贫困学生占60%以上。近期，为了让孩子得到更好更集中的教育，一至四年级的学生已到邻近的合并学校去上学，现在希望小学的校园里只有学前班的学生。

肯前圣现在是这个学校的代课老师，负责学前班的20个学生的教学。说起新学校修缮完成后最大的变化，肯前圣说：“变化最主要表现在两个方面，学校环境变好了，学生的学习劲头更大了；家长看到新校舍对学校教育充满了信心。”

“我在这里上学很开心，”2020年六岁的龙福松羞涩地说，“在这里可以和小朋友一起玩，学习唱歌、画画。”

编者手记

扶贫先扶智，脱贫攻坚路上，教育被视为斩断穷根的治本之策。中交集团从基础设施入手，先把基础工作做实，才能保证学生学习不受影响。“学生素质教育的提高会进一步影响他们的家庭，有助于扶贫工作的推进”。教育扶贫能提升贫困家庭的脱贫能力，拓展贫困人口子女的发展空间，切断贫困的代际传递。

“连心桥”圆了150个求学梦

□黄富威

“尊敬的各位叔叔、阿姨：感谢你们在百忙中不远千里给我们送来的温暖关怀。……此时此刻，千言万语也难诉我心里的感激之情，但我要把千言万语汇成一句话：谢谢各位爱心人才的慷慨解囊，送人玫瑰，手有余香，祝愿每一位爱心的人，一生平安！”

这是一封来自怒江福贡县怒族女孩的回信。信的作者是云南省怒江州福贡县民族中学九年级学生余娜，而这封信的接收人，是中交二航局的大哥哥大姐姐们。

余娜家中墙上贴满了奖状，“平时考试总是年级前三，从小就不用操心她学习上的事，就怕家里的情况影响耽误了孩子”，父亲余雪峰看着客

□中交二航局开展了“1+1”教育结对帮扶活动

厅墙上的奖状，说到女儿的成绩，他脸上露出了自豪和些许的担忧。前段时间，余娜的母亲因为肾结石手术又住进了医院，又恰逢余娜中考，50岁的父亲余雪峰一人扛起照顾妻女二人和70岁母亲的重担，而懂事的余娜，以全校第三的中考成绩考入怒江州最好的学校。

女儿考上了好学校，父亲余雪峰心里多了些欣慰，可即将升学所需要的费用，又让他再一次担忧。在福贡县，贫困，仍然是导致孩子辍学的最主要原因。同样担心孩子没钱上学的，还有霜文轩的奶奶。

“《四年级上册同步作文》《四年级上册语文同步练习册》《四年级数学上册同步练习册》……”在书籍需求表上，福贡县石月亮完小学生霜文轩的表格里，填满功课练习册的书单。父亲去世，母亲也已经改嫁的霜文轩，从小由爷爷奶奶带大。

10岁的小文轩学习相当刻苦自觉，性格开朗活泼，举止间总是透露出超越这个年纪的成熟，家里来了客人她很懂事地招呼着，奶奶身体不好她懂事地分担，操起家务变成了小大人，在场的大人们看在眼里，这个懂事孩子既让人欣慰，又让人心疼。

求学圆梦的路上，总有数不清的困难、道不尽的辛酸，却也少不了暖心的故事。在福贡县团委及当地各乡政府的帮助下，中交二航局团委了解

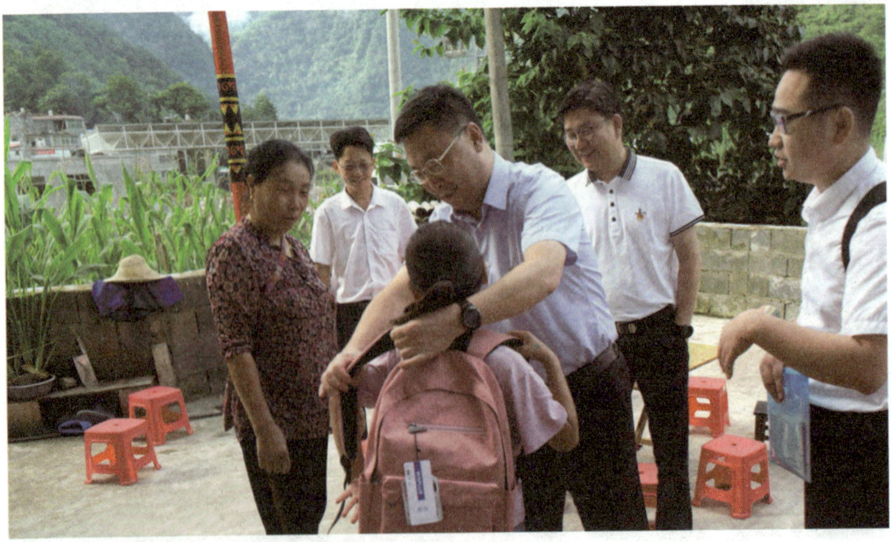

□结对帮扶贫困家庭的活动，让更多学生能安心上学

并联系到了150个困难学生家庭进行结对帮扶，余娜家和霜文轩家就是其中两户。

结对帮扶，求学之路温暖相伴。中交二航局团委在公司党委关于扶贫工作的安排部署下，开展了“1+1”教育结对帮扶活动，并承诺帮助结对学生完成他们所能完成的最高学业，让这座国企与学生之间的“连心桥”，直达梦想。

点点爱心汇成一股股暖流。中交二航局与地方搭起了桥，爱心便有了传递的渠道，在中交二航局内部，越来越多的职工了解到了贫困学生的家庭情况，纷纷主动捐款。2019年到2020年，中交二航局发放到位的教育结对帮扶资金已达到40多万元，而这仅仅是一个开始。

百年大计，教育为本，知识的传播不应留有余地，孩子们对梦想的追寻、对幸福生活的渴求，更应该持续守护。一人成才，一人学技，一家人真正脱贫才有希望，一个地区的发展才会有基础。孩子们的求学路有了指路灯，也有了陪伴。

编者手记

中交二航局开展的“1+1”教育结对帮扶活动，搭建起扶贫人与贫困学生之间的联系桥梁，充分体现了党对贫困学生的关心、关怀和关爱。这种“1+1”的结对，更能明确到责任人，实现生活、学习、心理等方面的全方位系列帮扶，进而践行教育扶贫的理念，最终实现“拔穷根”。

爱满兰坪教育　情系山区学子

□云南省怒江州兰坪县

常言道："涓滴之水成海洋，颗颗爱心变希望。"扶危济困、乐善好施是中华民族的传统美德；相互帮助、患难扶持是现代社会所倡导的时代新风；向善、为善、扬善是人类最美丽、最动人的品质之一。在中国高速发展的今天，为实现伟大的中国梦，更需要全国各族人民团结一心，互帮互助打好脱贫攻坚战。"扶贫先扶智，治穷先治愚"，多年来中交集团积极响应国家的号召，为位于北纬25.8度的云南省怒江州兰坪县教育发展不断助力。

深化问题向导，把脉教育扶贫

习近平总书记说过："教育决定着人类的今天，也决定着人类的未来。"教育是扶贫开发的重要手段和有效途径，教育的精准扶贫就是有针对性地对贫困地区进行教育设施、教育资源、教育服务的投入，以改善当地的教育环境、师资能力、设施设备、师生视野为基础，实现地区教育的"自我造血"功能。

兰坪县地处西南边陲，地理环境恶劣，离省城较远，加之基础教育模式固定，教育教学设备不齐全，对外接触较少，学生多为留守儿童，教育资源匮乏，给教育精准扶贫带来了巨大的挑战和压力。中交集团审时度势，结合兰坪县教育现状，确定了以教育扶贫为主线，以改善乡村办学条件为己任，把帮扶重点放到学校建设的需求上来的教育扶贫新模式。主要落实在：

首先，为兰坪县教育发展援建投资，建设城区九年一贯制学校，帮助解决2020年县城易地扶贫搬迁进城集中安置搬迁群众子女就学的实际需

□中交集团出资约1.5 亿元援建怒江州兰坪县九年一贯制希望学校

要，合理规划和完善学校相关建设，为学生提供良好的教育环境和优质的教育资源，使搬迁群众“搬得出，稳得住，能致富”。

其次，中交集团还主张用科技启迪创新、用知识改变命运，为兰坪县河西乡中学、营盘中学等学校捐赠了先进的中交多媒体教室和录播室，为各学校配备了崭新的课桌椅、品牌电脑、移动音箱、话筒、投影一体机等设施设备，使教学更加形象生动，与时代同步、与科技接轨。其中，营盘中学充分、合理运用中交集团捐赠的远程多媒体教室，每周开展语、数、外各一节的“好未来”希望在线教育，由本校三个学科教师带领一个班的同学与发达地区同平台、共享资源，聆听他们的课程，并互动交流课程的内容，极大地增强了学生走出大山的欲望，丰富了教师的教育方式方法。

除此之外，中交集团还将援建和劳务输出相结合，聚焦“稳就业”，落实政策，加强后续跟踪服务，保障稳定就业，坚持把农村劳动力培训、转移就业培训作为扶贫的重点工作之一，制定出台相关就业协作工作方案和措施，建立定期听取劳动力转移工作情况汇报制度，建立劳动就业服务点，为搬迁入住劳动力解决就业问题，帮助改善兰坪县留守儿童多的情况，从根源上解决问题。

从以上教育帮扶行动可看出，中交集团深刻把握兰坪县教育存在的问题，为我县教育脱贫和教育发展做了大量工作。

探索现代化路径，培育造血功能

目前，教育的精准扶贫处于历史的最好时期，不论是国家的资源投入，还是贫困地区脱贫的意愿和诉求，都有利于全面打赢脱贫攻坚这一战役，在中交集团对口帮扶兰坪县教育脱贫过程中，准确体现了“精准扶贫，教育先行；教育扶贫，育人为本”的目标导向，大大提升了我县教育脱贫的造血功能，对兰坪县的发展起到助推作用。

首先，教育扶贫是有效阻断兰坪县贫困代际传递的有效途径。习近平总书记多次强调“扶贫必扶智”，并把扶贫与“扶志”“扶智”相结合，让贫困地区的孩子接受良好的教育，是扶贫的重要任务。中交集团在兰坪县大力投资建设学校、完善学校先进教学设备、帮助解决就业问题，从贫困家庭的劳动力和发展力入手，双管齐下，增加他们脱贫增收的自主意识，避免家庭贫困的恶性循环，有助于加快贫困家庭增加收入的步伐，逐步缩小我县居民收入差距，带动全县经济发展。

其次，教育扶贫有利于学校建立信息互通机制，实现教学资源的共享，提升教学质量和水平。在网络高度发达的今天，信息传递的便捷性和高效性已经形成了共识。中交集团为我县学校建设的远程多媒体教室和录播室等教学硬件条件，各学校也进行了充分、合理、有效的运用，有助于缩短城乡差距，帮助落后地区师生了解发达地区的教育模式，加强地区间的联系与合作，实现教育教学资源的共享，推动了我县教育教学改革的有效实施。

最后，培养感恩意识，增强个人行动力。对于教育教学的主体教师和学生而言，中交集团的教育帮扶意义重大。兰坪县乡镇教师外出学习和继续教育的机会有限，存在教育信息和动态更新不及时的情况，远程多媒体教学的观摩与学习，能够帮助教师足不出户了解最新的教学方式，及时地反思和调整自己的教学方式方法，增加工作的自信心和行动力。青少年是国家的未来，是民族的希望，习近平总书记强调“帮助青少年扣好人生第一粒扣子”。兰坪县的地理位置和经济条件，一定程度上限制了学生的视野，当有机会接触到新的内容时，可以增加学生的求知欲和挑战性，帮助同学们树立正确的人生观和价值观。“羊有跪乳之恩，鸦有反哺之义”，感恩孝敬自古以来就是中华传统之美德。远程多媒体教学有利于培养学生的感恩意识，进一步加强学生的德育教育，激励学生懂得感恩、学会感恩。

编者手记

扶贫必扶智，脱贫攻坚路上，教育被视为斩断穷根的治本之策。多年来中交集团响应国家号召，为帮扶地区教育发展不断助力。为什么要扶“智”，因为“智”是内力，而扶智的最好办法就是通过教育让人们认识到造成贫困的原因，找到解决贫困的办法、途径和出路。中交集团深刻把握帮扶地区教育存在的问题，因地施策，这也正是“精准扶贫”的内在要求。

>> 火车跑得快，全靠车头带。中交人在扶贫的过程中积极发挥党建引领作用。一批批扶贫干部从“门外汉”变成了“扶贫通”，从“工程人”变身“村里人”。他们扎根深山，成为脱贫致富的领路人，更是山里孩子的筑梦人，老百姓口中的“拼命三郎”“阿克吉书记”。中交人在扶贫过程中，始终是“徽章戴胸前，初心记心底”，做群众靠得住的好书记、扶贫人。

肆·党建引领

扎根怒江的1500多个日夜

□高玉福

他来自繁华的大都市，却选择到全国最贫困、最不发达的地区之一——云南省怒江州参与扶贫攻坚工作。扎根深山的四年里，他抓教育、带队伍，把中交人的担当和情怀深深地烙印在怒江州福贡县人民心里；他引项目、筹资金，在中交集团援建的福贡木尼玛大桥、通组公路、学校、安置点等项目中忙前跑后，像照料自己的孩子一样……他就是中交集团驻福贡县扶贫干部，福贡县委常委、副县长（挂职）李常智。

扎根深山的中交人

2016年8月，在中交集团党委的号召下，中交三航局干部李常智主动请缨来到福贡县开展定点扶贫工作，从上海来到了福贡县上帕镇腊吐底村。这里山高谷深、地少坡陡，是个以傈僳族为主，少数民族聚居的深度贫困村。面对艰苦的自然条件，李常智始终保持着中交人的乐观精神。“这里比我想象的好多了，从上海来的时候，我行李箱里塞满了我能想到的一切，火柴、蜡烛、防虫药……但到了这里，不仅有电，很多生活用品都能买到。”李常智笑着说。

“在工作上，他就是个拼命三郎。有一次我和他去腊吐底最偏远的那时米村小组入户走访，那里不通公路，坡陡路滑，5公里的山路，我们手脚并用，两个多小时才走了一半路程。他累得躺在地上，全身都湿透了，我劝他回去，他休息了一会儿又爬起来继续走。傍晚的时候，我们终于到了那时米村。”上帕镇人大原主席和春东说，那一次，他们用两天时间完成了18户建档立卡贫困户的走访工作。

“一开始，我们都觉得他从大上海过来就是镀金的，干不了几天就走

□李常智（右）与村民一起拆除危房

了。”和春东聊起对李常智的初印象，“但他从来没有看不起我们，他平易近人，能吃苦，放得下身段，复印表格、填报数据、整理档案、入户摸底……件件小事都尽心尽力。”仅用三个月的时间，李常智就走遍了腊吐底七个自然村11个村民小组，遍访全村304户建档立卡贫困户。

村民们看到他一个外乡人为了大家脱贫都那么拼，更增添了信任感，“等靠要”思想在逐渐改变，他也成了大家的朋友。“我已经爬过村里最高的山，喝过村干部家最烈的酒。”李常智常开玩笑说。

山里孩子的筑梦人

偶然一次与村民聊天，李常智得知村里孩子上学的路非常难走，山势陡峭，一到下雨天，路面更加湿滑。他心想，再苦不能苦孩子，一定要帮孩子们把路修一修。当他来到腊吐底完小时，学校的景象更是让他心酸。学校是20世纪80年代修建的，五间教室有两间漏雨；桌椅高矮不齐，教室门窗早已腐烂；球场边上垃圾堆刺鼻的气味不时传到教室……但就是在这样的环境下，教室里一直传出琅琅的读书声。

李常智五味杂陈，与村干部商议后，他决定帮助腊吐底完小进行全面的修缮改造。中交集团的专项帮扶资金很快到位了，如何组织施工成为摆在他眼前的一道难题。

为了不影响正常的教学秩序，施工期只有暑假里短短的一个多月。可从村里主干道到学校有近1公里的山路，车辆和机械设备都上不去，所有的材料只能人背马驼。正当李常智为工期犯愁时，修缮学校的消息在村里传开了，许多村民自发参与腊吐底完小的修缮改造。就这样，水泥、空心砖、砂石料在村民的帮助下，一背篓一背篓地背到了山上。新学校如期竣工，教室里换了崭新的铁桌椅，还配了电风扇，修建了冲水厕所，全县第一条有安全护栏的路从村里直通学校。

开学那天，孩子们穿着新校服、新鞋子，脸上洋溢着兴奋和喜悦，村民们也换上了傈僳族盛装，他们邀请李常智一起在学校的新球场上载歌载舞，这所山村小学也有了一个响亮的名字——中国交建腊吐底希望小学。

脱贫致富的领路人

在怒江，稍有文化的村民会外出打工挣钱，但大部分村民只能在家守着几亩地过日子。李常智深深感到，一定要培养致富带头人，形成先富带后富的“头雁效应”。

胡秀花是福贡县上帕镇珠明林村一名土生土长的傈僳族女孩，刚念完小学就不得不辍学挑起家庭重担，她在路边卖过菜、摆过水果摊；在工地打过工，带过施工班组，却不幸遇到了无良老板，不仅没有赚到钱，还让她负债累累。生活的几次打击，让胡秀花伤了心。

在一次产业扶贫项目的调研中，会说普通话的胡秀花引起了李常智的注意，了解到她带过施工班组，李常智发动她带着村里富余劳动力到中交集团项目部干工程。几番奔波，李常智为胡秀花在昭通市争取到了都香高速项目一个2000米的挡墙工程。

李常智连忙把喜讯告诉胡秀花，没想到的是，秀花却打起了退堂鼓，她怕干了活拿不到工程款。在李常智多次劝说和鼓励下，胡秀花松了口。就这样，秀花带着九名乡亲第一次走出了大山，走进了中交集团。得益于之前的经验，他们把工程干得极漂亮，施工队也从最初的九人增加到40人。乡亲们跟着她，每月能稳定领取四五千元工资，实现了“一人上班，全家脱贫”。

“一代人有一代人的使命，这段经历填补了我农村工作、生活经历的空白，能参与到怒江脱贫攻坚战中，亲眼看见怒江翻天覆地的变化，作为怒江扶贫攻坚参与者，是我这辈子最自豪的事，我从不后悔自己的选择。”提及扎根怒江的1500多个日夜，李常智感慨万千。

编者手记

怒江州顺利实现脱贫攻坚，离不开中交集团的扶贫干部。李常智放弃舒适的条件，一心扎根帮扶地区，把中交人的担当和情怀深深地烙印在帮扶地区。一批批贫困地区的人民受这些扶贫人的影响选择自力更生，一个个项目落地生根改变了当地面貌。中交人用付出换来了帮扶地的脱贫，也得到了当地人的支持，共同谱写了脱贫攻坚的奇迹。

党支部的扶贫“三步走”

□张荣

树荫下一张木书桌，两个板凳，便是三航局新疆乌鲁木齐克南高架项目部员工麦麦提吾热依木学习汉语的地方。一有时间，他就会来到书桌旁，拿出笔来临摹师父教的汉字。施工员肉孜•艾山是项目党支部专门为他安排的师父，不仅指导工作，还担任维汉翻译帮他学汉语。“咱们党支部的扶贫从物质到技能再深入思想，全方位帮助麦麦提吾热依木摘掉‘贫困户’的帽子。”肉孜•艾山欣慰地说。

肉孜•艾山清楚地记得两个月前去麦麦提吾热依木家走访的场景。砂石土路、裂缝围墙、昏暗的光线……和田洛浦县是新疆22个深度贫困县之

□中交三航局新疆乌鲁木齐克南高架项目部员工麦麦提吾热依木（左）

一，地广人稀，资源匮乏，当地人靠种植农作物维持生计，缺少其他产业和技能是他们脱贫路上的拦路虎。麦麦提吾热依木是洛浦县阔纳巴扎村里出了名的贫困户，和老婆、孩子、老母亲挤住在借来的土坯房里，一家人就靠种植核桃树为生。用他自己的话说，“遇到核桃收成不好或是卖不出去的情况，吃穿都是大问题”。

为了摆脱贫穷，麦麦提吾热依木曾选择去乌鲁木齐打工，但是由于没有文化，只能找一些零星的杂活，收入无法保证，除去吃住用，最后所剩无几。2020年3月，麦麦提吾热依木被列入新疆首批南疆富余劳动力转移就业名单中，在社区的推荐下，来到了三航局新疆乌鲁木齐克南高架项目部，这成了他人生的转折点。

为了做到精准帮扶，3月中旬，项目党支部根据麦麦提吾热依木的实际情况制订扶贫计划，最终确定了“脱贫三步走”。

第一步，物质帮扶

麦麦提吾热依木初来项目部报到时，佝偻着身子，一件起球的黑毛衣、一条破洞的裤子、一双解放鞋、一个旧背包便是他所有的家当。项目党支部立即发起“爱心捐赠”，不到半天时间就为他配齐了生活用品和换洗衣服，大家的嘘寒问暖让他深受感动。

第二步，技能帮扶

项目党支部为他制定了培养方案，工作内容由简到繁，帮助他循序渐进地掌握技能。每周四，项目部为他开设通俗易懂、趣味性强、操作性强的培训课程。从最初只能从事分拣扣件工作，到现在已经能解决简单的电路和水管问题，他的工资也跟着上涨，除去日常开销还能有存款了。

第三步，思想帮扶

由于平时与其他人很少交流，麦麦提吾热依木刚到项目部时还有点腼腆。在大家的帮助下，他解决了交流上的障碍，工作也顺畅了不少。党支部还不定期组织谈心谈话，帮他树立积极自信的心态，增强依靠技能脱贫致富的内生动力。

如今，项目党支部的培养帮扶让麦麦提吾热依木逐渐有了脱贫致富的底气和信心，他经常说，“感谢你们给我工作的机会，我一定得把活干好回报企业。”

编者手记

“一人一措、一户一策”是精准扶贫的要义。针对具体的贫困户，中交三航局的扶贫可谓“点对点”发力，从物质帮扶、技能帮扶到思想帮扶，步步深入，招招着力，不仅解决了贫困户的现实困难，更激发了他们脱贫致富的内生动力。而在这一过程中，党支部发挥了不可替代的作用。也正是有了这样的主心骨，脱贫攻坚才有底气和信心。

第一书记走出扶贫创新路

□邢建广

“刚到村子的时候，贫困就在眼里，现在，满眼都是幸福。”坐在木板凳上的姚聪学眼眸里闪着光。

39岁的姚聪学，此前是一公院新疆分部的总经理。2018年10月，中交一公院选派他到云南省怒江州贡山县丙中洛镇秋那桶村，任驻村第一书记、工作队队长。“刚到村子那会儿，自己完全就是个‘门外汉’，什么都不懂，什么都不会。”姚聪学回忆说。就是这么一个“门外汉”，从一个工程人变成了一个专职驻村书记。

秋那桶村是丙中洛镇最北端的一个小村庄，绿树葱茏，田园如画。“这么美的村子，当时却连一条像样的硬化路都没有。”在驻村半年的时间里，姚聪学都是踩着泥泞的山路，挨家挨户走访调研，了解村组情况。而他也在磨砺中，逐渐从一个“门外汉”变成了“扶贫通”。“我们以党支部为战斗堡垒，确定了产业扶贫、教育扶贫、定点帮扶等多项扶贫计划。”在他和村“两委”两年的努力下，全村98%的人口实现了脱贫。

夏季的秋那桶村山花漫开，无数只蜜蜂震动着翅膀采着花粉飞到不远处的蜂箱。村民余金强正在分装蜂蜜，这是姚聪学与村“两委”为秋那桶村民选择的致富产业之一。“丙中洛日照充足，产出的蜂蜜甜度很高，利润也十分可观……”姚聪学说得头头是道，俨然专家一般，可见他背后做了多少功课。2019年10月，姚聪学与村“两委”在上级党委的帮助下，引进了蜜蜂养殖产业，经过一年的运营，村子里的蜜蜂养殖已经初具规模。“目前已经有25户加了进来，养得好的农户，一年分红能有6000元。”姚聪学说道。2020年，姚聪学与村“两委”还为养殖基地配备了专职联络员，负责在养殖过程中蜜蜂出现问题的沟通联络，为村民们的养蜂事业“保驾护航”。“现在我们组还有不少农户希望加进来哩。”一旁的养蜂

□姚聪学（左一）与当地村民交流沟通

户余金强高兴地说道。

除了养蜂，姚聪学还在村子里大力发展手工艺品、漆油、核桃等产业。同时，他与村“两委”还将各种特色产业进行整合，成立了秋那桶创福手工艺品农民专业合作社，帮助村民注册商标、网上销售，对接专业技术人才，邀请专家定期到秋那桶村开展培训工作。姚聪学还积极推行联络人制度，每个产业明确定点党员，施行网格化管理，把党员与群众紧密联系在了一起。现在的秋那桶村，各种特色产业更加专业化。

除了产业扶贫，姚聪学心里明白，做好下一代的教育扶贫工作，才是保证秋那桶村不返贫的关键。才英是秋那桶村石普组一个怒族人家的孩子，父亲因癫痫病失去劳动能力，继母以务农为生，日子过得捉襟见肘。2018年9月，才英被云南经贸外事职业学院录取，可高额的学费让她止步于大学梦。姚聪学了解到情况后，广泛发动一公院的党员干部对才英进行资助，最终才英的大学梦得以实现。

为了让更多的孩子走出大山，姚聪学把村里一些孩子的受教育情况介绍给一公院的党员同事，不少孩子与党员们形成了“一对一”的教育帮扶，这一举措也让村里的孩子看到了走出大山的希望。“正值花儿一样的年龄，能够上大学是孩子和家庭的梦想，我们要尽最大的努力帮他们实现。”姚聪学的眼神里满是坚定。

现在的秋那桶村，通往各村组的路都成了硬化路，晚上出行有了路灯，不少村户还安装了网络，村民们的生活有了翻天覆地的改变。生活水平提高了，姚聪学与村“两委”又把目光投到提高村民的业余文化生活水平上。可仅依靠村集体自身的能力，改善难度较大，于是他向中交集团申请了45万元党费，开始着手建设秋那桶村党群活动中心。“最开始筹建的时候，除了一些基础的党建设施，不知还能再增加些什么。”姚聪学有些烦恼，于是他和驻村工作队的队员向每家每户征集意见，再通过与村“两委”的研究，最终敲定了方案。现在党群活动中心已经开工建设，建成后，将极大地提升村民们的业余文化生活水平。“我们在党群活动中心设置了多功能会议厅、爱心积分兑换超市、广播室等功能区，基本满足了党群活动需求，我们开展党群活动也会更扎实。”姚聪学介绍道。

共产党员就是要到最需要的地方。回首近两年的驻村工作，姚聪学为能投身到脱贫攻坚事业而感到幸运。

编者手记

从“门外汉”变成了“扶贫通”，像姚聪学这样的扶贫第一书记，是整个扶贫事业中的一个缩影、一个代表。正是因为他们这种钉钉子的精神，才实现了千百年来的壮举。“第一书记”代表的不仅仅是扶贫的责任，更是要求广大党员干部在脱贫攻坚中践行初心使命。而像姚聪学这样的扶贫人，也正是“徽章戴胸前，初心记心底”的典型代表。

从“工程人”变身“村里人”

□张博

从上海到怒江州兰坪县通甸村的距离有2800余公里，从海拔4米的平原到海拔2400米的高原，从东部沿海到西南边陲，从繁华都市到穷乡僻壤，变的是距离和条件，不变的是梦想和初心。700余天的驻村工作和生活，让35岁的金佳炜从“工程人”变身“村里人”，从“驻村”到“驻心”，把一个陌生之地变成他心心念念的第二故乡。

金佳炜是怒江州兰坪县通甸村第一书记兼工作队队长。2018年8月，他怀揣梦想，毅然来到这片全国深度贫困地区。为尽快熟悉和投入工作，长途跋涉的他没给自己喘息机会，第二天便迫不及待地投入工作。

“7小时的跋涉，我深刻体会到扶贫攻坚的艰辛和不易。”金佳炜坦言，初次走村入户，他深受震撼。以前只听过家徒四壁，在通甸村，他是真切地见识到了。破旧的木板房、屋顶透光、墙壁透风……眼前的景象让他忍不住鼻子泛酸。与闭塞和贫穷形成强烈反差的，是村民热情的招待和质朴的脸庞。第一次尝到彝族用来招待尊贵客人的迎宾酒——鸡脚酒时，金佳炜暗下决心：“一定不辱使命，有所作为，为通甸村民干些实事。”

事情远比想象中困难。起初的时间是最难熬的，语言不通、饮食差异、高原反应、山路艰险，“白加黑、五加二”的工作节奏一度让金佳炜晕头转向。最让他难以忍受的便是皮肤过敏。入村回来后不久，他身上便突然冒出一片片红疙瘩，又痒又痛。吃药、打针均不见明显好转，晚上更是痒得难以入睡。吃了抗过敏药后脑袋昏昏沉沉，第二天人也没精神，反反复复，很受折磨。妻子偶然得知，心疼难忍，他却装作不以为意，克服身体不适后用最短的时间完成入户走访工作。

哪里有需要，哪里就会出现金佳炜的身影。2018年9月农忙时节，和桂莲、和术娘等农户因缺劳力，田里玉米无人采收。金佳炜带领工作队，

□金佳炜（右）入户走访调查农危改情况

放弃休息时间，主动帮助收玉米。“要不是金书记他们帮忙，2020年就白劳苦了！”和桂莲说起金佳炜和工作队，赞不绝口。

2020年3月，村民罗跃梅家中失火，房屋、生产设备皆付之一炬，惨重的损失对罗跃梅无疑是当头一棒。“贫困户好不容易才脱贫了，好日子刚有奔头，决不能让他们因灾返贫。”金佳炜立即发动工作队，一方面对罗跃梅家人进行心理疏导和安慰，鼓励他们从火灾的阴霾中走出来；一方面发动中交集团同事和村民捐款，为罗跃梅家送去了急需的生活用品，助她重建家园，恢复生产。罗跃梅逢人便说，要不是金书记和工作队，她都不知道怎么渡过难关。

在金佳炜看来，扎根基层，就是要用心用情为村民办实事。他帮助雀石宝家解决了多年的用电安全隐患问题；为孤儿沙映香争取到了易地搬迁进城入住的名额及助学金；帮蜂忠亮走出自卑和阴霾，重拾信心，成功考学、就业；帮助蜂小才残疾的母亲和姐姐办理了残疾等级鉴定等手续，使她们获得相关补贴；帮助春耕时受伤住院的蜂元福申请到民政救助，并发起募捐帮助他渡过难关……一桩桩一件件看起来琐碎的事，却都是关于老百姓切身利益的头等大事。

驻村近两年，金佳炜入户走访1600余次，走过通甸村78平方公里的每一处土地。他在推进实施农危改、易地搬迁、生态扶持、教育和医疗帮扶等工作中积极作为，使建档立卡贫困户在中华蜂、山地鸡、猪牛养殖及中药材、蔬菜种植等产业扶贫、易地扶贫搬迁、生态补偿脱贫和发展教育脱贫等项目中收益。

“没有比脚更长的路，没有比人更高的山。”金佳炜常重复这句话。在扶贫攻坚的路上，他一路披荆斩棘，用真心和真情践行着自己的初心和使命，在助力通甸村脱贫致富的道路上，贡献着自己的青春智慧和力量。如今通甸村贫困发生率已由2018年的10.7%降至0.52%，并于2019年底成功脱贫出列，他本人也获得“怒江州脱贫攻坚贡献奖”。

编者手记

从“工程人”变身“村里人”，是像金佳炜一样的扶贫干部的真实写照，他们在帮扶地区带领贫困群众，心往一处想，劲往一处使。亲切的关怀、温暖的牵挂不仅拉近了帮扶人员与贫困群众的感情距离，也切切实实让贫困群众的生活得到了质的提升，感受到了党和政府的温暖和关怀。这对于提升群众的满意度、营造温暖和谐的社会环境，都是极为有益的。

“党建联建”助力脱贫攻坚

□郭欣然　樊明轩

“‘党建联建’，全员出征，势必打赢脱贫攻坚收官之战！”在中交二航局沙颍河航道升级改造PPP（Public-Private-Partnership的简称，即公共—私营—合作机制）项目总承包部党支部、周口沙颍河航道建设有限公司党支部、河南省沈丘县白集镇田营村党支部三方“党建联建”主题党日活动中，党员们的誓言铿锵有力、掷地有声，展现了大家助力脱贫攻坚的坚定决心和必胜信心。

田营村是距中交二航局沙颍河航道升级改造PPP项目不足15公里的国家级贫困村，2020年是该村脱贫攻坚战的收官之年。

投我以木桃，报之以琼瑶。年初，新冠疫情暴发，田营村党支部书记、全国模范退役军人王国辉曾三次带队“逆行”，为武汉送去165吨爱心蔬菜，其中有些就被送往了中交二航局承建的武汉火眼实验室建设项目部。中交二航局项目党支部在全面复工复产后，第一时间联系了王国辉，共同制定了党建联建方案。精准扶贫种植基地是田营村经济发展和群众脱贫致富的拳头产业，如何助产助销也成了联建帮扶的核心任务。

“直播间的朋友们，大家好！看这里，咱这大棚小西瓜个个都皮薄瓤甜、水分足，这可是不打一点化学农药的有机产品。”在田营村精准扶贫种植基地的大棚里，青年党员宋彪带领支部青年党员们开始了带货直播，引来众多围观者。

在棚内大批瓜果成熟之时，疫情和连续降雨却导致部分蔬菜瓜果滞销，村民们苦于没有销路，只能在当地零售。项目党支部喜欢直播购物的宋彪灵机一动，与其他同事商议后，决定在2020年6月30日下午，以“迎七一·党建联建”主题党日活动为契机，开启青年党员线上带货直播活动。直播不到10分钟，便引来了不少网友观看，并纷纷下单。“直播高峰时有2000多人，一场下来卖了3000多公斤。”直播带货收效颇丰，蔬菜种植基地的村民们欢呼雀跃。

直播带货是手段，根本上还是要提高农作物种植的技术含量。“必须扩建，资金不够我们就自己动手！”了解到精准扶贫蔬菜种植基地因疫情影响整体经济效益，基地扩建计划搁置，党员许哲坐不住了。

许哲带领项目党员技术攻关团队发挥企业资源优势，协助村民购买低价、优质的扩建基地原材料，帮助村民们学习蔬菜大棚与分拣车间活动房搭建技术。考虑到当地“三夏”农忙时节常遇干旱，洒水保收也是近几年蔬菜种植基地遇到的最大难题。许哲组织党员们将现代农业大棚技术与现有的种植基地进行了分析对比，仔细研究了年度土壤墒情、基地灌溉情况，提出了“深井自动取水、一棚两阀”的灌溉思路。新技术取水方便、灌溉高效，还可以减轻灌水的劳动强度。“真是太好了，还是专业人有专业办法。有了新技术，我们每年旱季蔬菜收入也有保证啦！”村民们交口称赞。

“党建联建”开展以来，中交二航局的党员志愿者对老人进行重点

□中交二航局的党员志愿者对老人进行重点关照

关照，与老人们进行“结对帮扶”，大家便成了杨克运老人家中的常客。“今天来看你们老两口的，除了咱们县里有关部门的同志，还有中交二航局沙颍河航道升级改造项目的党员志愿者。”村干部张旭对杨克运说。“好好，这大热的天，真是太感谢你们啦！”幸福写在杨克运久经风霜的脸上。杨克运2020年已85岁高龄，是个有着55年党龄的老党员，因家中无劳动力、妻子长期患病，家中非常贫困。

电闸坏了帮着修，面粉没了往家里扛……2020年七一，青年志愿者何新朋还将平时给二老拍的照片洗了出来。杨爷爷捧着照片瞅了又瞅，爱不释手，然后把照片和自己的党徽一起小心翼翼地轻放在床头。

“都坐下歇会儿，尝尝俺家种的大西瓜！”杨爷爷的老伴从屋里抱出西瓜。大家围坐在小院里，吃着瓜，聊着工程通航给田营村发展带来的新变化，憧憬着今后的幸福生活。

编者手记

在扶贫领域发挥党建引领作用，是全面实现脱贫攻坚的重要组织保证。中交集团与贫困村开展“党建联建”，是创建基层党建工作新模式的典型。从运行来看，“党建联建”聚焦精准扶贫，履行央企责任，助力决战决胜脱贫攻坚战。而这种模式也能很好地实现“优势互补、注重实效”原则，推动组织基础共筑、群众急难共解、实事好事共办。

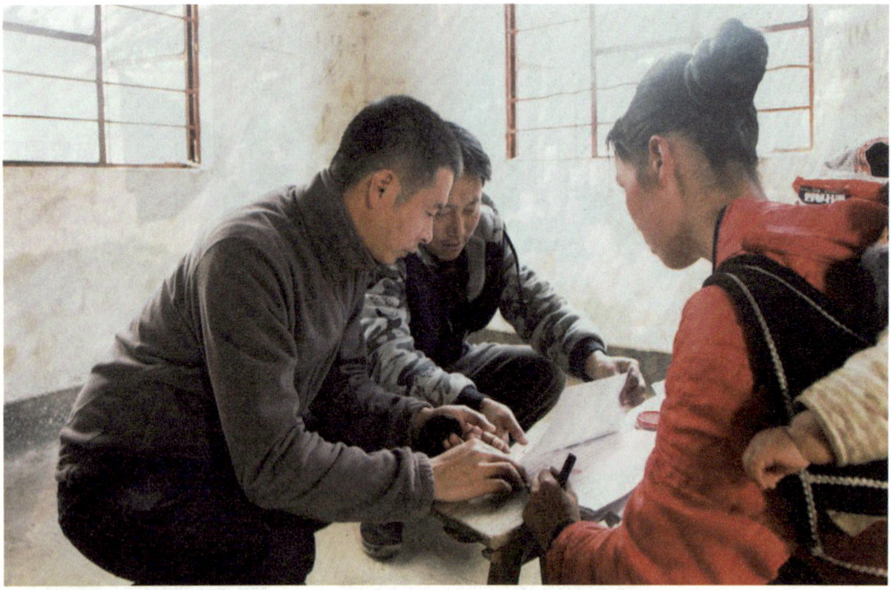

□中交集团派驻怒江州的扶贫干部傅大华（中）

而“阿克吉书记”则是当地村民们对傅大华的称呼，在傈僳族语中，“阿克吉”意为最好的，最棒的。“每次听到村民这么喊我，说不高兴那是假的，这说明大家对我的努力是认可的。”傅大华说，“但越是这样，我越不能松懈，不管有多困难，也不能辜负了村民们对我的期望。我的梦想，就是能为怒江、为贡山的脱贫多出一份力。”

编者手记

“阿克吉书记”这样的称呼是一种认可，更是一种褒奖。没有像傅大华这样的中交扶贫人扎根贫困地区，与当地百姓同吃同住，用真心真情付出，就没有当地百姓的认可。中交扶贫人用脚步丈量贫困地区，用爱心温暖困难群众，用自己的艰辛托起贫困地区的希望，托起脱贫攻坚的梦想。

“操心书记”的扶贫成果

□欧其锦

“我种了几十年地，没想过自己还能成为股东。”6月27日，在怒江州泸水市大兴地镇自扁王基村2019年度产业扶贫项目分红仪式现场，村民李义妹掩饰不住内心的喜悦，“我已经是第三次参与分红了，这要感谢永刚书记，是他和村干部扶着我们过上了好日子。”李义妹口中的“永刚书记”，就是中交集团2018年10月派驻自扁王基村的第一书记王永刚。

“永刚书记”40岁出头，给人的印象十分亲切。“思路很活，办法很多，做事很实！”提起王永刚，大兴地镇党委书记李雪花又激动又心疼，“从北京来了不到两年，永刚做了很多实实在在的事情，但人也黑了一圈，头发也白了不少，操心操的呀。”因为时刻操心着残疾村民的脱贫问题、疫情期间农产品的销路问题……自扁王基村驻村干部普琦给王永刚起了个“操心书记”的外号。

王永刚的操心是出了名的。自扁王基村是有名的贫困村，600多户村民的村子，光贫困户就有267户838人。在贫苦户摸底过程中，蔡南文一家成了王永刚的心结。

一面空心砖、一面木头柱、一块石棉瓦顶棚，三个残疾人在里面一住就是15年。第一次来到蔡南文家时，作为怒江当地人的普琦也着实惊了，“一家三口都是残疾人，这是多绝望的事情，这种情况怎么能脱贫？”普琦略感无力地望向王永刚，正好看见了他湿润的眼眶。“一定要解决，而且要让他们没有后顾之忧。”被深度贫困震撼到的王永刚一回到村委马上干了起来。讨论解决方案、筹集危房改造资金、反复做蔡南文一家的思想工作……那段时期，王永刚没日没夜地为这事四处奔波。三个月后，在政府、残联、企业等多方的努力和支持下，蔡南文一家的两层临街小楼终于建了起来。

□自扁王基村的第一书记王永刚（左）

住房有了，王永刚还为这一家人作了更长远的打算。他先是帮蔡南文把新房一楼租了出去，保障一家人有固定收入；又联系公益机构帮蔡南文装上了假肢，让他重新站了起来。现在，蔡南文见人总笑，说起话来底气也足了。

蔡南文的笑容给了王永刚工作信心。他带领驻村工作队、村党支部深入267户建档立卡贫困户家中，了解实际情况，做到“一户一策、一户一方案”的精准脱贫。对有能力、有意愿创业但缺资金、缺技术的贫困户，进行创业帮扶；对有劳动能力但没有创业意愿的，介绍他们到村就业帮扶基地务工；对劳动力弱、家中有病人的贫困户，通过合作社带领、入股分红等办法，让他们走资产收益增收的脱贫路子。如今，自扁王基村建成了怒江州最大的火龙果基地，建起了两座大型养牛场，成立了一家经营农产品的经贸公司……2019年12月，自扁王基村终于实现了整村脱贫。

“虽然全村脱贫了，但永刚书记还是在操心。”普琦说。王永刚上任后，通过土地流转、入股分红等方式，将村里的火龙果种植基地面积从86亩扩大到了230多亩，自扁王基村也因此变成了怒江州人人皆知的明星村。现在，王永刚有了更大的“野心”——让自扁王基村从脱贫明星村变成富强村。

2020年4月开始，自扁王基村的火龙果基地突然多了几位陌生人，他们常戴着大大的草帽，在地里一待就是一整天。“永刚书记提出要把火龙果种植基地面积再扩充到500多亩，他们都是书记请来的专家。”普琦解释道。

普琦口中的专家，是来自自然资源部中国地质科学院岩溶地质研究所的罗为群博士及其团队，他们在广西钻研沙漠化治理已有多年，曾因在石头缝里种出火龙果而被全国传为佳话。“我和永刚书记之前并不认识，但我们电话沟通后，我就下决心要来了。”罗为群坦言自己被王永刚的坚持打动了。

罗为群刚到自扁王基村，王永刚便带着他们一个山头一个山头地跑。经过不懈努力，仅15天，基地80亩患有溃疡病的火龙果便治好了；30天后，40多名村民学会了新的种植技术和病虫害治理技术；90天后，一个8亩的新品种育苗基地种上了新苗。新的火龙果种植技术和品种，不仅免去了人工授粉，减少了劳动力，而且产量高、口味好，储藏的时间也更长。

罗为群的到来让火龙果基地焕然一新。与此同时，中交集团援建的冷库及火龙果加工厂也基本建成，火龙果产业链正逐步形成。“我要做的便是把村民引上科学种养、科技管理的道路。这样，即使我日后卸任了，村子也会往前发展，成为富强村。”王永刚自信地说。

如今，走在自扁王基村的村道上，村民不断向王永刚打招呼。“永刚书记，吃了没？”“永刚书记，又忙去了！”“永刚书记，到家坐会儿吧。”这位自扁王基村的第一书记已成为村民们最信赖的“自家人”。

编者手记

从贫困村到脱贫明星村，印证的是“操心书记”王永刚的扶贫成果。因人施策、因户施策，找准优势、借力资源，自扁王基村的脱贫，有很多可以借鉴的成功经验。而这些经验的取得，都离不开中交扶贫人。“操心书记”成了帮扶地区的“自家人”，这种认可的背后，是千千万万像“永刚书记”这样的扶贫人——瘦了身体，白了头发，身体力行，永不停歇。

要让贡山百姓满意

□张龙

2020年5月16日，云南省人民政府同意贡山县脱贫出列。

2020年7月，全国扶贫工作普查结果公布，贡山县扶贫工作得到高度评价：为贫困地区提供了可借鉴、可复制、可推广的扶贫样板，创造了我国加快人口较少民族跨越发展的生动实践……

一个个好消息传来，中交集团扶贫干部刘锐格外兴奋："贡山高质量脱贫，我现在心情越来越好，睡觉也更踏实了！"

两年前，身为中交二公局经营管理部副总经理的刘锐赶赴怒江贡山县挂职县委常委、副县长，任职之际，正值贡山县脱贫攻坚的爬坡过坎阶段。如今，贡山县在怒江州率先实现脱贫摘帽，他自然非常高兴。

□中交集团扶贫干部刘锐（左）

让自己不白来

“不能让自己白来一趟，要让贡山百姓满意。”2018年10月，刘锐初来贡山时对自己提出这样的要求。

刚来短短三个月，他就走遍全县三乡两镇26个村委会，拿出了《贡山县扶贫开发工作调研报告》和《中交集团对口帮扶贡山县三年规划》建议报告，对准“两不愁三保障”突出问题精准施策。

“在贡山走路要有好脚力，动辄爬很高的山，去个地方得走大半天，回来就得第二天了，但他不辞辛苦，跑遍贫困户。”同事对刘锐的实干精神印象深刻。工程人出身的刘锐常跑施工现场，每次都要仔细检查，容不得半点马虎。大家伙儿都叹服：“央企来的专家就是不一样！”

贡山的冬天湿冷，当地同事要给西安来的刘锐配空调，但他坚决不要：“我是来这里扶贫的，不是享福的，大家都能住我也能住。资金宝贵，必须都用在贫困群众身上。”

让百姓富起来

来贡山时，刘锐就在思考一个问题：这里百姓的致富路究竟在哪里？

贡山全县森林覆盖率80.5%，土地面积70%属“三江并流”世界自然遗产核心区，56%属高黎贡山国家级自然保护区。刘锐看到了贡山脱贫的一条新路——养蜂，积极促成养蜂产业在贡山落地。

在产业园选址上，有村民思想没转过弯，不同意征地。他第一时间前往农户家，挨家挨户做思想工作，最终所有农户都乐呵呵地签了字。

2018年12月，贡山县总投资约1亿元，一期投资1000万元（中交集团投资500万元）的中华蜂产业园区成立了。项目总占地面积27亩，共分三期、四个部分进行建设。园区建成后，带动全县范围内430户建档立卡户实现入股分红。

“刘副县长是我们的亲人，他不远千里来到这里，为我们办实事，让我们有了自己的蜂蜜园，我们特别感谢你。我们收入越来越高，生活越过越好。”蜂农张玉龙一边给刘锐递上沥好的蜂蜜，一边说道。

园区建好，刘锐又当起了“蜂蜜推销员”，亲戚朋友都被动员起来，把蜂蜜销往全国乃至海外，销售蜂蜜10多万元。

让孩子有未来

“扶贫先扶智，治穷先治愚。”刘锐把孩子教育当作扶贫工作的重点来抓。

调研中，刘锐深深感受到这里教学设施太落后，根本留不住人才。全县只有一所高中，桌椅都是10年前的，年轻人不愿留在贡山发展，千方百计想调出去。工作5年的老师，已经算这里的老教师了。为了给孩子们改善学习环境，刘锐争取中交集团的帮扶资金，共投资48万元援建多媒体阶梯电教室，捐赠25万元购买300余件教学办公设施、学生宿舍用品，为学校捐赠1000余册图书。

2019年冬天，当刘锐看到一些孩子穿着单薄，衣服被洗得发白时，立即和车辆公司沟通，一次性给孩子们发放了1007套校服、11台电脑。

“看到孩子们穿暖了，我感觉自己也浑身都是暖的。”刘锐说。

让乡村美起来

易地扶贫搬迁、美丽宜居建设以及农危改项目是脱贫攻坚战“重头戏”。农危改项目能否如期清零，直接关系到贡山县能否如期脱贫摘帽。

但改造资金、建房基地、施工质量、百姓配合、新增人口以及通水、通电、通网等因素，使每项工作都不好干。千头万绪之中，刘锐不慌不乱。看到住建局的方案拟将新房建成水泥平房，他提出自己的意见：“怒族的建筑样式独一无二，建新房一定要保留特色，留住这里的乡愁。”

保护传统居住文化，刘锐还有一个重要考量。贡山风景优美，少数民族众多，发展旅游业有得天独厚的优势。“有特色，才能吸引人。跟全国其他地方一样，人家还来你这里看什么？”

经过争取，中交集团援建普拉底乡腊咱村易地扶贫搬迁工程投入400万元，建立了4栋怒族风格的美丽新房，解决了16户48人住房问题。贡山县农危改项目率先在全怒江州完成清零任务，全县农危改1701户全部竣工并贴牌认定。

现在，贡山县已脱贫摘帽。但刘锐脑子里的弦儿还不松：“接下来还要做防返贫工作，脱贫不返贫才是真脱贫！”

编者手记

百姓富起来自己才不白来，中交集团扶贫干部刘锐用行动和成绩兑现了“没白来”的承诺。搞规划、跑资金、落项目、抓配套，作为脱贫攻坚第一线的中坚力量，中交集团在怒江州的扶贫中，既立足当前帮助贫困群众渡过难关，又着眼长远增加贫困地区发展后劲。用自己的好脚力，丈量出心系人民、胸怀民生的拳拳深情。

“更好的日子还在后头”

□毛鼎福

“作为中交集团派驻扶贫一线的‘新兵’，我深感自豪，也感受到了肩上沉甸甸的责任和使命。”潘卫康这样描述自己的扶贫工作体会。

2020年6月初，中交集团扶贫干部潘卫康奔赴怒江州，担任州委常委、州政府副州长。为了尽快熟悉怒江州情，更好地助力脱贫工作开展，他刚一到任便深入基层，先后六次驻村调研，详细了解易地搬迁、劳务输出、人居环境、产业发展等情况，主动融入怒江，尽快进入角色。

在深度贫困“百日歼灭战”中，潘卫康带头督战实战到村到点，动员贫困群众全部“搬出大山，迁入新居”，组织开展“大走访大排查”，全覆盖查找问题、解决问题，着力补齐“两不愁三保障”短板弱项。同时，他组织全面落实怒江州易地扶贫搬迁“稳得住”18项重点工作，加快绿色香料产业、扶贫车间建设，加强劳动力转移就业，确保搬迁群众融得进、稳得住、能发展。

2020年，一场突如其来的疫情使怒江籍高校毕业生就业成了难题。“辛辛苦苦供孩子读书，结果工作却没了着落。”老乡们的无奈被潘卫康看在眼里，记在心上。为了帮助怒江籍毕业生尽快就业，他多次与中交集团沟通协调。8月27日，2020—2021届怒江籍高校毕业生专场招聘会在怒江州成功举办，20家中交集团下属企业为70名怒江籍高校毕业生解决了就业问题。

看病难、医疗水平差，一直是困扰当地的难题。“提升医疗水平，还得从设备引进着手。”潘卫康方向明确。为此，他奔走多方协调，在中交集团大力协助下，他积极对接北京莲心慈善基金会，先后向怒江州中医院、妇女儿童保健中心捐赠价值320万元的彩超、B超等医疗器械，很大程度上解决了当地医院设备短缺的问题。“这还不够，现在第二批设备也有了着落，很快就能到位。”老百姓看病有了保障，潘卫康比谁都开心。

随着一系列帮扶工作的推进，当地人的生活水平有了一定程度的提升，但可增收致富渠道少、劳动力素质较低、就业渠道窄等问题依然存在。如何才能更好地帮助当地群众致富？帮扶工作的模式和方法该如何创新？这是潘卫康一直在思考的问题。

为此，潘卫康多次召集相关部门研究制定《关于引进建筑业企业的实施意见》，拟通过出台相关优惠政策，吸引更多基础设施专业分包单位、劳务分包企业入驻怒江。“我们正在尝试通过市场手段，培养劳务致富带头人，来带动农村劳动力向外转移，实现贫困群众持续增收致富。”潘卫康说。

当然，这还不够。针对怒江产业发展现状和乡村振兴阶段对产业发展的需求，潘卫康把目光聚焦在了如何壮大现有的火龙果种植、肉牛养殖场等产业扶贫项目上。为此，他不断优化合作模式，通过扶持龙头企业和致富带头人，加速推进怒江产业发展和示范新农村建设。针对怒江专业大户、家庭农场、农民专业合作社、农业产业化龙头企业贷款融资难的问题，他建议怒江州政府及相关银行合作成立“产业发展风险贷款补偿基金”，加快助力当地产业发展。

“推进怒江绿色香料产业园规划建设，帮助怒江交运集团推进市场化改革，成立‘大学生互助基金’，提升道路通行保障水平……更多的举措还在推进当中，怒江百姓更好的日子还在后头。”潘卫康笑着说。

编者手记

群众利益无小事。作为扶贫人，只有多接地气，工作才有底气；只有掌握村情民意，才能找准发展的路子；只有用心用情来做扶贫工作，精准帮扶才能帮到点上。中交扶贫干部潘卫康正是做到了这几点，他充分考虑了贫困地区群众的现实困难，有针对性地跟进落实举措，为贫困群众的生产生活提供有力保障，更为贫困地区群众未来生活提供了想象空间和美好期待。

“拼命三郎”的扶贫故事

□段国春

在云南省怒江州泸水市，有这样一位“拼命三郎”——刘伟。

2018年10月，中交一航局干部刘伟积极响应中交集团号召，主动请缨来到怒江州这片深度贫困地区成为一名扶贫干部。初到怒江，刘伟就马不停蹄开展了调研工作。他说：“这里的贫困程度远远超出我的想象。”坡陡弯急的破旧公路，四面通风的“千脚落地房”，村民们“看山愁遇水难”的黯淡神情，一次次刺痛刘伟的心。“一定要尽自己最大的能力帮助他们。”刘伟暗下决心。

那时，正值怒江美丽公路泸水段路域环境整治提升“大会战”攻坚期。泸水市委、市政府根据刘伟的专业特长，委任他为市委常委、副市长，分管怒江美丽公路泸水段路域环境整治提升和农村危房改造工作。

上任后，刘伟组织制定了《怒江美丽公路泸水段路域环境整治提升“大会战”实施方案》，明确了“大会战”的总体目标、重点任务、计划步骤以及工作措施，成立了怒江美丽公路泸水段路域环境整治提升“大会战”指挥部，形成了“市级统筹、乡（镇）主体、部门负责、上下联动”的工作格局。“工作中的刘副市长，不但是个‘拼命三郎’，还是个十足的‘黑脸包公’，铁面无私，一丝不苟。”泸水市交通局副局长任安贵这样说。刘伟对工作的严格要求，促使相关部门形成了求真、务实、高效的工作作风，有力推进了泸水市路域环境整治提升“大会战”各项工作。

百姓安居，始终是刘伟心头的大事。由于缺乏优势产业，泸水市经济仍以农业为主，可当地多山地陡坡，耕地面积极少，许多村民温饱问题都不能解决。“村里不仅没产业挣不到钱，就连百姓的居住环境也很差。”刘伟说着，拿出一张照片：一个高脚双层木屋，上层有门，门上贴着旧年画；下层堆满柴火，柴火中间隐约能看到一头酣睡的家猪。“这叫‘千脚

□中交集团扶贫干部刘伟（左四）

落地’房，属于农村危房，既不安全又不环保，上层住人，下层养猪，一到雨季，村子臭气熏天、污水横流。”刘伟义无反顾，担起了危房改造清零工作的重担。

大兴地镇的王保红是个钉子户，刘伟连续十几天带着住建局、镇政府的同事与他沟通，可无论怎么讲道理、磨嘴皮，王保红始终不肯松口。一段日子下来，王保红也感受到了刘伟的诚意，终于讲出了心里话：“领导，你们要拆改我的危房，可把房子拆了我们一家老小住哪儿啊？我心里没根没底。”“拆改期间的安置问题，我们一定为您解决好。”刘伟斩钉截铁地承诺。随即，刘伟与当地镇政府沟通协调，让村民在房屋拆改期间可以入住山下安置点的空房子。王保红家的危房改造终于开工了，刘伟的脸上露出了笑容。

在秤杆乡腊门里有11户村民同样是拆改工作的老大难，无论工作人员怎样说服动员就是不愿搬离，甚至看到工作人员来做工作就直喊“土匪来了”，有人还拿起棍棒试图威吓。刘伟再次挺身而出，向村民们动之以情晓之以理。了解到他们不愿搬迁的原因是担心安置点有地质安全隐患，于是刘伟请来了相关部门人员和专家，带着搬迁村民到安置点实地观看，用数据和事实说服了村民。“现在这11户村民都已经高兴地搬进了新家，前不久我下乡遇到了其中的两个人，他们还特意跑过来跟我握手问好。”刘伟的脸上洋溢着幸福的微笑。

目前，刘伟分管的路域环境整治提升工作已进入收官阶段，危房改造清零工作也已进入到回头看巩固提升阶段。“我相信，有了所有中交扶贫人的智慧和汗水，怒江州的明天将更美好，怒江人民一定会更幸福。”刘伟对未来充满信心。

编者手记

扶贫事业的成功在很大程度上离不开广大扶贫干部的努力。尤其是扶贫工作里有很多“硬骨头”要啃，更需要一大批有着奉献精神和忘我精神的优秀扶贫干部。像中交一航局的刘伟，扎根在扶贫工作的第一线，面对难题，挨家挨户讲政策、做工作，将全部的精力都放在带领贫困户脱贫致富上，在扶贫事业中不忘初心，践行初心，砥砺初心。

百姓心中的“王干部”

□郭加春

“咱们英吉沙县离乌鲁木齐有1540公里。”2018年11月的一天，王安一边听着介绍，一边在笔记本上记录，沿途入眼的沙漠和坡地让他对新疆喀什地区英吉沙县这个曾经的丝绸之路必经之地有了初步认识。

也就是这一天，王安主动请缨成为中交集团挂职英吉沙的一名扶贫干部，走马赴任英吉沙县副县长。来到英吉沙后，王安始终心系群众，把群众的事当成自己的事，把群众的难事当成大事，受到了当地群众的称赞。

心系水利助发展

为确保英吉沙县2019年农村饮水安全工程顺利推进，保障群众饮水安全，分管水利工作的王安成了施工现场的“常客”。查看工程质量和进度，对施工问题提出整改要求并跟踪落实，协调解决项目实施过程中征地、伐树、管道改线等相关事宜，为项目顺利实施提供了有效保障。工程如期完工，英吉沙县南部五个乡镇68个行政村共计12.93万人受益，饮水安全问题得到了圆满解决。

由于当地水利设施年代久远，农业减产、水患风险成了王安的心头大事。“我们既要把水用好，又要把水用活。”王安思路明确。他致力完善乡镇水利基础设施条件，通过实施一系列防渗渠建设项目，乡镇农田用水灌溉条件得到明显改善，水的利用效率显著提高。在英吉沙县两个多月的汛期中，王安始终冲在防汛第一线，组织做好机械、人力、物力的统筹协调，坚持每天对英吉沙县各大水库、流域站所、水毁地段等险工险段进行隐患摸底排查，及时补齐漏洞短板，确保平稳安全度汛。

王安与当地村民合影

心有群众做实事

“脚底板下才能干出真成绩！”王安坚信，只有了解每一户的情况才能做到真正的精准扶贫。不到一年的时间里，英吉沙县一镇十三乡，哪一户的居住环境急须改善，哪一户有残疾病痛、无经济来源，桩桩件件他都记在心头。短短几个月，他已经磨破了四双鞋，膝盖半月板也因长时间行走落下病根，每天夜里酸痛的膝盖和双脚让他难以入睡。忙前忙后，换来的是村民们淳朴的感谢，孩子们围着他笑逐颜开，他成了村民最愿意见到的“王干部”“王爸爸”。

图尔贡•阿卜杜克热木是英吉沙县乌恰镇重点贫困户，身体残疾，年龄较大，无劳动能力，孩子在上大学，仅靠每月600多元的低保金维持生活。王安到该乡调研期间了解到他的情况后，主动将其纳入自己的对口帮扶户当中，多次走访，帮助其解决生活问题。2019年，图尔贡•阿卜杜克热木享受到了政府的优惠政策，分到富民安居房指标，但由于家中没有劳动力，一直无法动工。王安积极与村“两委”沟通，动员干部群众帮他修建房屋，还自己掏腰包购买建材。“有了大家的帮助，我家的房子很快就能盖好，到时候一定要请王县长来做客。”图尔贡•阿卜杜克热木感动地说。

情系教育送真情

扶贫先要扶智，为当地孩子营造良好的教育环境是王安众多扶贫工作中最为关心的一项工作。他到任后，积极争取帮扶资金，为孩子们建立多媒体教室，让孩子们在了解书本知识之余，更能感受和认知到外面广阔的世界。“我们这里的学生多数家境贫寒，很多孩子连校服都买不起。”座谈会上，这段讲话让王安辗转反侧，他将这件事记在了心里，也提上了日程。

经过多方协调，由中交集团捐助资金1800万元，为英吉沙县10万余名学生每人提供春夏季两套校服，且校服均安排在英吉沙县本地40余个卫星工厂加工，不仅提升了全县学生的精神面貌，更助推了本地服装产业发展，解决了部分贫困人口就业问题。“谢谢叔叔，我一定刻苦学习，用优异的成绩回报大家的关心。”九岁的艾力江•阿不都热西提敬上少先队礼，双手接过校服，笑着露出浅浅的小酒窝。

2018年底，在中交集团的大力支持下，王安争取到农村党组织阵地建设资金用于改善村委办公环境。“多亏了王县长，现在村里环境好了，老百姓和村班子的心近了，村委会人气旺了，工作开展也顺了。”依格孜牙乡党委书记吴宗志的话里满是感激。

编者手记

“脚底板下才能干出真成绩！”王安的话，就是扶贫干部的工作缩影。奔走在项目一线、帮助贫困群众解决生活难题、情系教育，将全部的精力都放在带领贫困户脱贫致富上，把群众的事当成自己的事，把群众的难事当成大事，终究会成就一分耕耘，一分收获。

扶贫路上的“红泥”皮鞋

□刘明

一种滇西北高原特有的红泥常年出现在中交集团扶贫干部刘凤义的皮鞋上，他的皮鞋因此被笑称为“红泥”牌皮鞋。就是穿着这双皮鞋，刘凤义在国家级贫困县云南省怒江州兰坪县走村串户，与村民促膝长谈，帮助村民搬迁进城，同乡村干部一起研讨脱贫致富的新道路。

“路宽了，房新了，孩子上学方便了，我们也有时间找工作了。”搬进城里的新房后，村民余仕勇满脸笑容。

余仕勇所在的兔峨乡吾马普村是兰坪县的一个深度贫困村，村民以务农为主，交通滞后，晴天一身灰，雨天一身泥，大雨时山上落石是常态。每次周末学校放假，余仕勇的妻子都要到学校去接两个孩子，不仅耽误农活，来回的路费都是一笔负担。

□中交集团扶贫干部刘凤义（中）

“第一次见到刘副县长，我正从离村300多米远的地方背水回来。”回忆见到刘凤义的第一面，余仕勇印象深刻，“我们因为干农活身上脏一点很正常，可是我看到刘副县长也是一脚红泥，如果只看鞋，和我们没有差别。”见到余仕勇背着水罐，刘凤义急忙上前帮忙卸下来，向他询问了解村里吃水情况。因为山高路远，村里的水管不知哪里断了，也没人去修，久而久之原来的供水管道就这样废弃在土层下面，吃水自然成了难事儿。

下山之后，刘凤义第一时间与兔峨乡政府取得联系，经过多方沟通，没过多久，吾马普村吃水难的问题就得到解决。也是这一脚的红泥和解决问题的雷厉风行，余仕勇看到了刘凤义的真诚，在开展易地扶贫搬迁进城集中安置项目时，余仕勇积极响应号召主动搬迁进城，“现在国家的政策好了，政府让我们搬离高寒山区去城里住，这是好事，得支持”。

但搬迁进城却不是人人都能接受。家住营盘镇黄梅村的李老汉原本在搬迁动员时答应得好好的，得知马上要搬迁却开始反悔，任谁来动员都不肯签协议。刘凤义得知后向村民了解情况，原来李老汉家生活条件不是很好，老伴儿有严重的风湿病，加之他担心两个孙儿到城里上学学费太贵，家里负担不起，坚决不肯搬迁。了解原因后，刘凤义到李老汉家劝说，却不料李老汉气汹汹地往院坝里泼了一盆冷水，阻止了刘凤义等人的劝说。刘凤义转变思路，从李老汉爱下棋的喜好入手，在他常去的村头小卖铺门口设下“埋伏”，与李老汉展开了“棋盘博弈”。

几番你来我往后，李老汉败下阵来，于是，“红泥”牌皮鞋再一次踏进了李老汉家。刘凤义详细向李老汉讲解了兰坪县的易地扶贫搬迁政策，以及搬迁点永安社区的交通、教育、医疗等情况，他还与中交集团援建的九年一贯制学校兰坪新时代希望学校项目部取得联系，介绍李老汉的小儿子到项目务工。李老汉感动地流下眼泪，在搬迁协议书上按下了红手印。

随着兰坪县易地扶贫搬迁进城集中安置工作顺利推进，2020年县城新增中小学生约5000人，而城区现有的教育资源无法满足新增学生就学需要。兰坪新时代希望学校，正好破解了兰坪县易地扶贫搬迁群众子女就学难的问题。刘凤义作为中交扶贫干部，一直为学校建设奔走。久而久之，鞋上的红泥更多了。

除此之外，刘凤义还将援建项目和劳务输出相结合，聚焦“稳就业”，加强后续跟踪服务保障持续就业。在他的主导下，农村劳动力培训转移就业工作被列入兰坪县委、县政府的重要议事日程。经过他的多次建议，中交集团制定出台了一系列就业扶贫措施，建立劳动就业服务点，定期了解劳动力转移工作情况，积极配备、充实县乡村劳动力转移就业工作专职人员，为搬迁入住劳动力解决就业问题。

随着兰坪县脱贫攻坚工作的不断深入，兰坪县各乡镇的绿水青山间，一个个扶贫项目、一所所崭新的学校，凝结着中交扶贫干部和兰坪各族人民共同的心。“我们坚信，在中交集团的真情帮扶下，兰坪的明天会更加美好。”刘凤义信心十足。

编者手记

扶贫工作的顺利推进，要讲究方法。刘凤义面对棘手难题，能从百姓的爱好入手，去探求问题棘手的原因，从而提出针对性的解决办法，这一过程是充满智慧的。安居乐业是百姓的期盼，但在搬迁过程中总会有这样那样的问题出现，这就需要扶贫干部多走村入户，一双“红泥”皮鞋，让百姓看在眼里、记在心里，也自愿行动起来。

滚滚怒江水　绵绵中交情

□肖风霞

走进怒江大峡谷，这条世界上最长、最神秘、最美丽险奇和最原始古朴的东方大峡谷就呈现在大家眼前。自西向东的怒江奔流不息，溅起的水花不时地拍打着两岸的河堤，周边的城镇村落沿着怒江两岸分布。

怒江的风景虽然很美丽，但贫困却是制约怒江州发展的重要难题，脱贫成了这块美丽土地上亟待解决的事情。于是一群有志之士怀揣“消除贫困、改善民生、逐步实现共同富裕”的理念，来到这里帮助本地人民早日脱贫致富，他们披荆斩棘、风雨无阻地走在这片美丽的大地上，用他们的实际行动描绘美好蓝图。

中交集团派驻怒江州泸水市大兴地镇自扁王基村担任第一书记的王永刚就是他们中的一员。

肩负使命，用青春书写华美篇章

2018年10月22日，王永刚受中交集团党委组织部委派到怒江州泸水市大兴地镇自扁王基村担任第一书记，从此自扁王基村的发展与他息息相关。

由于自扁王基村地处边远山区，山高坡陡，交通不便，土地资源匮乏；且处于少数民族直过区，社会发育程度低，群众整体文化水平不高等原因，导致农户都以传统的种养殖业为主，产品单一，增收瓶颈难以突破；村民受教年限不足五年，思想意识落后，缺乏劳动技能，接受外界的影响力小。鉴于种种因素，自扁王基村扶贫工作开展难度较大。

“万事开头难”，面对如此多的难题，对于一个从文明都市跨越到人文环境落后的地域的人来讲，王永刚顿感压力倍增。但困惑之余，王永刚并没有气馁，他积极与村镇干部沟通，在村镇干部的引导下一起深入实地进行考察。上山下河，摸爬滚打，经过不断研究探察，王永刚的心也逐渐平稳下来，为后续工作的开展奠定了良好基础。

入驻自扁王基村以来，王永刚一直急村民所急，想村民所想，把自己与村民紧紧地联系在一起。在这19个月的时间里，王永刚带领自扁王基村扶贫工作队因地制宜，对症下药，积极帮助贫困户寻求脱贫致富路，促进自扁王基村焕发新的面貌。

栉风沐雨，用汗水浇灌每寸土地

“为了准确把握自扁王基村的实际情况，有针对性地开展扶贫工作，王永刚书记克服语言不通、习俗不同的困难，每天吃住行都在村里，白天和村镇干部一起走街串巷，深入贫困户家中，了解他们的生产生活情况，并认真听取当地老干部老党员对扶贫工作的建议和意见；晚上梳理走访情况，整理出难点、焦点，分门别类制定相对应的措施。”泸水市委统战部副部长桑娜妞说道。“从任职自扁王基村第一书记以来，王永刚书记每天几乎都要走上两万多步，强大的运动量使他的膝盖出现积水问题；工作上的压力也使正值壮年的他头发花白，随之而来的还有脊柱炎等疾病困扰着他，王永刚书记是真心为自扁王基村付出了全部心血。”说到这里的时候桑娜妞不禁红了眼眶。

自扁王基村里发生的每件事情王永刚都记在心里，并经常组织村镇干部开会，共同商讨研究脱贫致富的新路子，积极争取社会各界扶贫建设资金，有力拓宽自扁王基村发展的道路。通过对基础设施建设、产业发展、劳务输出、教育保障、医疗保障、住房保障、人居环境提升、饮水安全等方面进行深入调查研究，王永刚很快就掌握了第一手扶贫资料，结合实际情况制定了到户的实施方案，使农户更好地了解、支持、配合、享受到脱贫攻坚惠农政策的实施，为进一步谋划中交帮扶自扁王基村脱贫攻坚的工作思路奠定了扎实基础。

胸怀大爱，用真情彰显中交风采

村民蔡南文一家属于三人残疾家庭，因残致贫的蔡南文是自扁王基村的建档立卡贫困户，一家三口在父辈留下的一面空心砖、一面木头柱、石棉瓦顶棚的危房里住了15年。

危房改造成了蔡南文家急须解决的事情，但危房改造工程浩大，需要足够的资金支撑，而蔡南文家一贫如洗，根本拿不出那么多钱用来房屋改造。王永刚经过多次走访蔡南文家，了解到蔡南文一家不愿进行改造的原因后，根据“一户一”方案的原则，及时为蔡南文家危房改造制定了具体方案。方案虽有，但需要当事人接受还是费了很大工夫：最初蔡南文一家不接受王永刚提出的方案，王永刚就不厌其烦地向蔡南文一家详细地解释危房改造方案，告诉他们危房改造后既可以居住还可以用来赚钱；同时还大力宣传了国家脱贫政策以及中交集团支持力度。功夫不负有心人，在王永刚用了近一个月的时间，做了六次思想工作后，终于说服蔡南文拆除危房重建新楼。

在蔡南文家危房改造过程中，中交房地产集团为他家提供了4万元危房改造资金，州政府项目办也通过多种渠道为他家协调到价值1万元的钢筋水泥，王永刚还替蔡南文家向当地残联办申请了5000元的贫困基金，至此55 000元的危房改造金已全部到位。经过三个月的共同努力，蔡南文家的两层楼房终于建好了。

蔡南文家的新房位于灯笼坝临街处，交通便利，地理位置优越。考虑到这些优势条件，王永刚为蔡南文家的新房作了规划，建议一楼可以用于出租，每月至少可收租金1200元，既可用来补贴家用也可以解决后顾之忧；二楼南北通透，采光条件好，作为卧室再合适不过。

“王永刚书记不仅让我家住上新房，还对我以后的人生进行了规划，让我未来的生活一片光明。现在我媳妇也在火龙果种植园工作，每月可以领取3000元的工资，一楼出租后还可以有一笔收入，所以我对目前的生活状况非常满意。下一步我打算向王永刚书记‘取经’，搞一些养殖业，增加我家的收入，而且王永刚书记已经为我儿子联系到了北京医院的专家，我儿子的病也有希望了。现在我特别感谢共产党，感谢中交集团，感谢王永刚书记，是他们让我拥有了今天的幸福生活。”蔡南文语气哽咽，不时用手擦拭着眼角的泪水。

作为一名驻村扶贫干部，王永刚始终坚信，只有带着真情实感去扶贫，带着办实事、解难题的态度去扶贫，才能做到扶真贫、真扶贫。

雄关漫道真如铁，而今迈步从头越。2020年是扶贫攻坚战收官之年，对于国家来讲是重要的一年，对肩负着扶贫使命的王永刚亦是重要的一年。王永刚带领着他的扶贫工作队继续不停歇地奔波在精准扶贫的道路上，为如期完成脱贫攻坚的任务，坚定地走好扶贫攻坚之路。

编者手记

带着真情实感去扶贫，王永刚让我们切实地看到群众脸上真心的笑容：生活上得到了质的飞跃，吃得饱、穿得暖、精神奋进，幸福感噌噌往上涨；我们能真切听得见群众对未来的生活充满期待，言语中透露出干劲儿十足的底气。像王永刚这样“扎根一线，情留一线”的扶贫干部，他们留下的不仅是工作痕迹，更多的是肩上的责任、脚下的泥土和群众的幸福。

怒江畔的“青松”

□周建成　甄彤

松树，“岁寒三友”之一，具有阳刚之美，其枝干更是具有柔中有刚的特征。在中华民族的悠久历史中，松树代表着不畏逆境、战胜困难的坚韧精神。陈毅元帅的《青松》一诗，更是将共产党人宁折不弯的刚直与豪迈和不畏艰难、英气勃发、愈挫弥坚的坚强精神表现得淋漓尽致。

而在地处中国西北边陲的怒江傈僳族自治州，在脱贫攻坚战的最前线，也有一棵青松。他就是中交三公局中交怒江连心桥项目经理胡青松。

走进胡青松的办公室，最醒目的就是那两张挂在墙上的施工进度图，上面被人用各种颜色的笔涂写得密密麻麻，像极了一幅涂鸦。走近才发现，看似杂乱的图纸，已被颜色区分得清晰明了，橘色代表完成，红色代表重点，黑色用来标记……“记在本子上翻起来太麻烦，为了能第一时间掌握施工进度，我就自创了这么个方法，时间久了倒觉得挺方便。”胡青松的语气平静，就像在说一件微不足道的小事。

工作17年，从普通的测量员到项目经理，胡青松的足迹遍布大江南北，也让他养成了事无巨细、亲力亲为的工作习惯。“测量是个必须用心、必须耐心、必须细心的工作，对我们连心桥来说，更是如此，所以我不仅要求自己要做到，对项目上每一个人我都这么要求。”胡青松坦言。

作为项目负责人，胡青松每天都会到施工现场去看一看，上午下午各一次，风雨无阻。有时就算已经去过了，他也会站在楼梯拐角的露台，注视着不远处的大桥。“好几次我上楼的时候，都看见他站在那里，一副若有所思的样子，连我从他后面过都不知道。”就在胡青松隔壁办公的项目总经济师李艳锋回忆道。

围堰填筑时，胡青松就站在那，牵挂着已经放入江中的石笼和砂砾石填筑料，担心它们被汹涌的怒江冲散；大桥主体钢结构拼装时，胡青松也站在那，注视着由6800块钢板组成的250个构件，经过4000次吊装作业，最终以不超过2毫米的误差顺利合龙；顶推施工时，胡青松依然站在那，一直关注着顶推的速度与精度，一遍又一遍地梳理安全管控的要点与重点，直到大桥稳稳地与西岸桥墩精准对接。

走出项目部，沿着正在摊铺沥青的连接路往连心桥去，胡青松忽然停下了脚步，拿出手机对着一处并不明显的凹陷拍照，然后用微信把照片发给项目工程部部长乔伟。“你看这里怎么凹下去了，是不是有杂石混进去了？赶紧来检查一下，检查好了让压路机再压一遍，不要怕麻烦。”胡青松边走边给乔伟发语音说。

这样的情况，乔伟已经不是第一次遇见了。“只要在现场发现问题，胡经理就会第一时间联系我们，现在我们经常开玩笑说，我们的标准是，来电显示不是胡经理。”乔伟笑着说，“胡经理可以说是我们所有人的师父，是他教会了我们什么是认真，什么是细心。”

作为目前亚洲单跨顶推跨径最大的钢构拱桥，中交怒江连心桥的施工难度是可想而知的，从来到怒江州的第一天起，胡青松就明白，自己肩上的担子有多重。他开始深入钻研设计施工图纸，虚心向业内专家学习请教，并根据现场勘查得出的实际数据，持续跟踪构件加工情况。“胡经理的笔记本已经写了两本了，每次项目开会讨论的时候，都是满满的干货。很多我们没想到的问题，都是胡经理先提出来的。”乔伟说。

站在已经安装好护栏的连心桥人行道上，胡青松本就严肃的表情变得更加专注，他开始用审视的目光检查每一处施工作业点。“项目已经接近尾声，越是这种时候越不能松懈，所有的细节我们都要做到最好。”说着话，胡青松像是发现了什么，快步走向不远处的一道护栏，并开始询问起现场的作业人员。

再回到项目部的时候，已经是晚上六点了，坐下的一瞬间，胡青松的脸上流露出了一丝疲惫，但又很快隐去。两年的时间里，胡青松能好好休息的时间并不算多，回家看看家人孩子的次数更是屈指可数。“这两年，我在家待的时间大概还不到一个月，小女儿出生没多久我就来项目了，她现在已经两岁多了。”谈及家人，胡青松的眼神变得有些温柔，“不能讲这些，讲多了我怕我忍不住。”

大雪压青松，青松挺且直。两年来，胡青松听从党的召唤，以饱满的工作热情、扎实的工作作风，发挥着共产党员的先锋模范作用；他扎根一线，以央企的责任感和忘我的拼搏奉献精神，用卓越的劳动创造，诠释了中国交建变“输血”为“造血”，“志智双扶”的扶贫理念。他，就是一棵扎根在怒江畔的坚韧之松！

编者手记

精准扶贫是重大民生问题和社会问题，在扶贫项目上，更要精益求精。胡青松在扶贫干部中就是杰出代表。干工作要脚踏实地“不打折”，实事求是。扶贫一线的干部，也应该像胡青松这样，坚持原则，克服重重困难，以饱满的工作热情、扎实的工作作风成就脱贫攻坚的伟大事业。

刘锐的贡山竹拐杖

□张龙

“刘县长，今天下雨，您的拐杖可别忘了。”一早还没出门，贡山住建局的同事就在电话里提醒刘锐。

其实，刘锐前一天看了天气预报，知道贡山要下雨，睡前就备好了扶贫工作的三件行头——一双网购的黄底胶鞋，一条破了口子的裤子，还有最重要的一件就是同事说的竹拐杖，一根1米多长的竹竿儿。

要说起来，这是一根有故事的拐杖。

在贡山县7月的扶贫调度会上，县长郑重地给刘锐安排了一个艰巨任务——三个乡镇人居环境“两污”项目的推进工作，让他核查全县人居环境提升中“两污”项目还有哪些没完成，资金缺口多大，剩下的怎么实施，重点是怎样用有限的资金把这件事情做好。当地的同事们都知道，主管扶贫的副县长刘锐是中交二公局派驻贡山的扶贫干部，他以前在单位从事预算经营工作，出了名的会算账，又有中交这样一个大集团在背后，他拿出的一定是最佳方案，资金的问题他最有办法，因此，他来了贡山以后，重大的成本预算和施工方案的事宜，都要他把把关。

对刘锐来说，扶贫工作是自己的分内之事，成本核算又是自己的专长所在，这件工作自然不在话下。眼下，贡山离脱贫的目标距离还不小，扶贫工作还很多很重，一分钟都不能耽误。当他了解到，捧当乡资金缺口跟不上，便立马和乡长高凌峰约好去山坡下考察已建好的化粪池。

当天，正赶上了一场滂沱大雨。等了半天，眼看着雨没一点变小的意思，刘锐决定冒雨前行。可不巧，由于现场坡度比较大，没走几步，他一脚踩在了有雨水的草地上，猛地摔倒，顺着坡往下滑，差点摔入深沟。放眼望去，下面就是万丈深渊，怒江波涛汹涌。要知道，贡山小城就建在怒江边上，不慎掉入江中的事故时有发生。刘锐自己倒镇定，把同行的同事们吓得不轻，大家伙儿赶紧过来扶。可没几步，他又重重地摔了一跤。这回，膝盖磕破，开始流血，裤子扯开了个口子。同事们都觉得自己工作没做到位，又是拉又是扶。他却风轻云淡地跟大家伙儿说：“我们修路架桥，工地上跑得多了，啥路没走过。”抹了一把伤口，继续赶路。

第二天，刘锐的门前多了一根竹竿。问了半天，也不知道谁送的。刘锐心里一阵子温暖：“还能说啥呢？只有把活儿干好，才能给贡山的老乡一个交代。”这根竹竿儿，在他心里也不只是一根竹竿儿了。

自此，凡是下雨，他就带着这根竹拐杖，穿着防滑胶鞋，和自己那条破裤子爬山下坡，也再没摔过跤。在贡山的雨季里，一脚泥，一脚水，用20多天时间，走完了三个乡镇，完成了这趟惊心动魄的考察之路，提交了一份调研报告，拿出两套方案。最终，县委、县政府对刘锐的方案很满意，一次性通过。

同事们夸刘锐的方案好，可是他觉得还得感谢那把竹拐杖和送拐杖的老乡，并写下一句：万丈深渊魂皆冒，团结互助暖心窝。

编者手记

“会算账”的扶贫干部挂职负责资金使用的项目，充分实现“人尽其才”的目标。像刘锐这样的扶贫干部，害怕耽误工作，宁愿带着竹拐杖，一心扑在扶贫上，而他们在原单位积累的智慧和力量，足以确保扶贫实效。贡山县也努力做到精准用人，为扶贫干部充分发挥“领头雁”的作用提供了便利。

当好人民的公仆

□毛鼎福

“脱贫只是第一步，更好的日子还在后头。”2019年4月10日，习近平总书记再次给云南省怒江州贡山县独龙江乡群众回信，祝贺独龙族实现整族脱贫，勉励乡亲们为过上更加幸福美好的生活继续团结奋斗。

在这则鼓舞人心的消息的发生地云南怒江，就有来自中交集团的扶贫干部黄紫跃在这里扎根奉献、为人民服务的故事。

从祖国建设者到人民公仆

2018年4月，中央组织部聚焦脱贫攻坚，以事择人、人事相宜，立足科学精准，选派政治素质好、年富力强的283名业务骨干干部到西部地区、老工业基地和革命老区挂职锻炼，作为其中的一员，来自中交集团的扶贫干部黄紫跃奔赴“天险”怒江。

怒江作为全国深度贫困地区的“三区三州”之一，全州55万人口，93.6%是少数民族；29个乡镇中，有26个乡镇是直接从原始社会末期过渡到社会主义社会的直过区；2018年末，全州建档立卡贫困人口为14.3万人，贫困发生率32.52%，是全国最贫困的地区之一。

在怒江州人民政府网站州领导干部简历中可以看到，黄紫跃作为一名党员，在从技术员到项目总工、项目经理的近20年基层一线工作成长历程当中，从华北到安徽片区、从京塘港高速公路到安庆长江大桥修造建设，近20年扎根一线。从一名国有企业生产经营管理者，到赴祖国西部挂职锻炼聚力脱贫攻坚的中共怒江州委常委、州政府副州长，两个不同角色间的变化与转换，是对黄紫跃个人的一次考验，更是组织交付的神圣使命。

挂职出任新的岗位，面对新的环境，摆在黄紫跃眼前的工作量大繁

□中交集团扶贫干部黄紫跃（中）在贫困户家中了解需求

杂。在黄紫跃的心头，掌握情况摸清底数是当务之急，必须深入开展调查研究。在他看来，只有坚持眼睛向下看、身子往下沉，深入基层、深入群众开展调查研究，及时了解在上面难以听到、不易看到和意想不到的新情况新问题，掌握第一手资料，向群众问计问策，才能真正做到一切从实际出发、理论联系实际、实事求是，真正保持党同人民群众的密切联系，真正有利于不断推进和深化各项工作的落实，从根本上保证党的路线方针政策和各项决策的正确制定与贯彻执行；同时也是一个提高个人认识能力、判断能力和工作能力的过程。

道路不通不畅、部分地区不宜人居、产业发展受限……仅四年里就有九名扶贫干部牺牲在这片扶贫一线。条件艰苦，环境恶劣，但任何艰难险阻也挡不住黄紫跃迈出的脚步。

中排乡是黄紫跃的定点帮扶乡，在每次走访调研中，黄紫跃都要在坡陡路险、随时可能滚石的山路上行走6小时，每次他都坚持住在村里，而且每次至少要住两晚以上，在他看来只有这样才能有效深入融入基层群众，发现掌握最真实的情况。在最短时间里，他走完中排乡所有村组，对各个村组情况了如指掌。

基层是一切工作的落脚点。工作落实了没有、落实得好不好，基层群众最有实际感受。中排乡知克卓村干谷箐小组老组长、老党员余双宝同志对黄紫跃的评价是“真好，党的干部真好”。大家见到这样一位真抓实干、尽忠尽职的好干部，自然也由陌生变成熟悉，由拘谨变成融洽，只要他一到中排乡，晚饭后，村干部、驻村工作队队员及附近的群众都主动找他开“茶话会”，交心互动，他也在谈话聊天中了解农民脱贫过程中的实际困难和问题。

通过走访，黄紫跃完成了对29个乡镇和分管联系部门的实地调研，迅速掌握了实际情况，聚焦扶贫攻坚，收集到扶贫工作的第一手资料，为系统全面开展扶贫攻坚工作打好坚实基础。

与此同时，每次到各县下乡，黄紫跃无论多忙都要与当地的中交扶贫干部见上一面，了解他们工作和生活中的问题和情况，为他们加油打气，不断提升中交集团扶贫干部团队士气。

扶贫工作发生翻天覆地的变化

身为中交集团扶贫干部的黄紫跃时刻谨记，扶贫攻坚是当地人民追求美好幸福生活的有力保障，更是党和国家交予的神圣使命。

既是来自中交集团的扶贫干部，又在怒江州挂职工作，身兼双重身份的黄紫跃要把扶贫攻坚这项工作干好干扎实，真正做到“1+1＞2”，就要将中交和怒江形成有效合力。

黄紫跃根据怒江州的实际情况，积极沟通协调中交集团与地方间的联络与协作。在他的参与协助下，中交集团领导多次到怒江研究脱贫攻坚工作，召开现场推进会议，立足怒江州实际所需和中交集团禀赋优势，制定《中交集团帮扶怒江州脱贫攻坚三年行动计划》，从基础设施、教育、医疗卫生、产业发展和农民技能培训等方面进行全方位的帮扶。

为了让中交集团帮扶项目尽早落地，黄紫跃积极牵头组织，多次召开现场推进会，就前期工作、征地拆迁等方面，与当地党委、政府讨论研究；经过努力协调，中交集团援建中交怒江连心桥、福贡县木尼玛大桥、中交兰坪新时代希望学校等一批重点帮扶项目加快实施。加快增强当地自身发展造血能力是扶贫攻坚因地制宜、切实有效的措施路径。怒江地处偏远，产业、交通、人才等成为制约当地发展最为重要的几项因素。破解这一难题就要解放思想、实事求是，而且要一茬接着一茬干。

为落实当地帮扶新模式，切实确保扶贫效应长效可持续，黄紫跃积极推动组建成立中交怒江产业扶贫开发有限公司，为怒江发展提供融资平台；立足产业发展，重点打造怒江香料产业，为产业带动龙头。

为破解怒江交运集团改革发展难题，黄紫跃深入调研对症施策，推进企业改革转型发展；关注技术帮扶，组织协调中交集团选派10名专业技术人员赴州内各县（市）、各单位开展帮扶怒江交通项目监管工作。

针对怒江州区域位置特殊、区域空间和交通布局需要大幅提升和优化这一问题，黄紫跃协调编制《怒江州国省干道国土空间控制规划、怒江州“十四五”综合交通规划》，推动六库至片马高速公路纳入国家“十四五”综合交通规划；主持召开脱贫攻坚期间计划建设道路项目建设前期工作推进会，研讨公路项目建设模式，加快前期推进工作。

为妥善解决怒江10万人易地搬迁涉及的农村劳动力转移问题，黄紫跃大力促进怒江农村贫困劳动力就业，深度拓宽怒江籍本科及本科以上学历毕业生就业渠道，目前已实现1500人左右劳动力转移就业，录取怒江籍应届和往届大学生71人……

就这样，黄紫跃靠着饱满的热情、扎实的作风、务实的举措，切实把组织交予他的各项工作抓实抓细，抓出了成效。

“自从紫跃同志来了以后，怒江的扶贫工作发生了翻天覆地的变化。”怒江州州长李文辉评价道。

在2020年怒江州人民政府工作报告中这样总结道：“聚焦精准扶贫，脱贫攻坚取得决定性进展。着力补齐‘两不愁三保障’短板，落实和整合各类扶贫资金76.7亿元，大力实施易地扶贫搬迁、产业就业扶贫等项目。10万贫困群众基本实现搬迁入住，农村危房改造锁定任务全部完成……独龙江乡脱贫成果巩固和乡村振兴工作取得新成效。贡山县将如期实现脱贫摘帽，全州126个贫困村退出，减少贫困人口10.02万人，建档立卡贫困人口基本达到‘两不愁三保障’标准。”

如今，在像黄紫跃这样众多扎根一线、敢于担当的扶贫干部与怒江州人民的共同努力下，凭借着“怒江缺条件，但不缺精神、不缺斗志”的脱贫攻坚精神和“苦干实干亲自干”的脱贫攻坚作风，怒江州每天都有新变化，每时都有新进步。

更好的日子还在后头！

编者手记

扶贫干部是脱贫攻坚的“关键力量”，帮扶百姓脱贫，这是一种责任与担当。黄紫跃用成绩诠释了什么是真抓实干、尽忠尽职的好干部。作为打赢脱贫攻坚战、实现全面小康的中流砥柱，扶贫干部担当精神强不强，很大程度决定着扶贫工作面貌的好坏。中交扶贫人，有着“不破楼兰终不还”的坚定决心和坚强意志，带头深入扶贫攻坚主战场，聚力打赢脱贫攻坚战。

“俯下身子”的330多天

□王东芳

2016年8月，中交一航院李继广积极响应国家扶贫政策的号召，主动请缨，被中交集团派驻到云南省怒江州参加扶贫攻坚工作，担任怒江州兰坪县通甸镇通甸村驻村工作队队长和第一书记的职务。

从2000多公里外的天津来到怒江的兰坪县，李继广没有被生活环境的差异难倒，没有被艰苦的生活吓倒。他主动放弃扶贫办挂职分配在县城的周转住房，与驻村工作队队员同吃同住在村里。他坚持以习近平总书记“四种人”的要求为标准，紧紧围绕村第一书记工作职责，立足所驻村实际，坚持目标导向和问题导向，主动践行“三严三实”，“俯下身子”，深入调研，积极谋划，推动落实，带领村“两委”成员真抓实干，驻村帮扶工作取得可喜成效。

驻村后，为快速适应角色，摸清所驻村的基本情况，李继广及时对村干部、村民小组长、致富带头人和重点贫困户开展入户调研。他积极了解家庭成员构成、主要收支情况、致富经验或致贫原因、发展期望和脱贫需求、对国家政策和扶贫项目实施的意见、对村“两委”管理的意见和建议等。

在日常的扶贫工作中，李继广还经常入户开展随机访谈。两年多来的扶贫路上，他已经走遍了通甸村的山山水水，村民们亲切地称呼他是“说普通话的书记”“北京来的书记”。通过调研获取第一手村情民意资料，李继广为做好党建和扶贫工作奠定了基础。

李继广看到群众有困难就主动伸出援助之手。通甸村村民张正明开办了一个马铃薯加工作坊，由于资金短缺发展缓慢，他就自己掏腰包，借给张正明8万元用于企业发展；为了帮助他推销产品，李继广带着他去南京、上海联系客商；村民和庭仕家房子年久失修，李继广就借给他1万元进行翻修；为了帮扶村内贫困大学生，他帮助联系资助单位，自己带头捐

李继广（中）在怒江州兰坪县通甸村走访农户

款……这样的事情还有很多。

为了帮助大山里的彝族同胞改善生活条件，他多次带领队员翻山越岭去做易地搬迁动员工作。清水江的小组长曾经这样说："李队长，你来了没多久就能把我们小组的人员和家庭信息记清楚，你是一位工作上有责任心、耐心、细心的扶贫干部，生活中更是一位热心、阳光、有爱心的好人。"

李继广热情与务实的作风深受群众的欢迎，扎根基层的真情帮扶赢得了村民的赞誉。为了更好地完成扶贫任务，他基本放弃了节假日，一年驻村扶贫330多天，通常都是"白+黑""5+2"。

2018年李继广爱人和孩子来云南看他，他也就只请了五天假，刚把她们送到飞机上，又转身回到村里继续工作。他以脚踏实地、兢兢业业的工作，得到了当地干部群众的一致认可，2017年、2018年连续两年获得"兰坪县扶贫先进个人"荣誉称号。

李继广经常说："扶贫既是上级的任务，也是我自己的心愿，在帮助别人的同时也成长自己。我很荣幸，也很骄傲能为贫困地区群众做一点事情，我将依托中交集团、公司的行业优势，用心、用情、用力在怒江脱贫攻坚一线，践行自己作为一名共产党员的责任与担当。"

这就是通甸村的第一书记，一位在扶贫路上默默奉献的扶贫干部。

编者手记

扶贫工作开展至今已经有几十年，我国在扶贫工作上创造出很多显著的成果，也为世界各国提供了许多扶贫经验。这些成果和经验，离不开像李继广这样的扶贫干部的默默奉献。他们深入贫困山区了解当地环境、了解贫困户的家庭和经济情况，到处奔波动员贫困户参与政府开发的扶贫项目，积极帮助贫困户解决各种问题，他们用最积极的态度面对最艰难的情况。虽然扶贫之路又苦又难，但是他们从不喊苦喊累，只是闷头做好自己的工作，在扶贫一线默默付出。

群众靠得住的好书记

□崔伟

快过年了，一天比一天冷，云南省怒江州贡山县秋那桶村里放寒假回来的孩子也越来越多，不论天气多么寒冷，总有那么几个孩子在村委会的球场上打球。球场上的欢声笑语、秋那桶村欣欣向荣的情景，是姚聪学初到秋那桶村时不可能想象的到的。

2018年10月，第一天到村之后，首先映入姚聪学眼帘的是堆满了建筑垃圾的球场和漆黑老旧的厨房。在和其他驻村工作队队员见面认识之后，姚聪学便和他们一起在这昏暗的厨房里吃了第一顿饭。当时姚聪学心里就想，如果解决不了这些队员的生活问题，更谈不上什么工作了。当晚，回想起村委会的老旧厨房、昏暗的光线、多年烧柴火熏得暗黑的墙，加上经常堵塞发霉腐烂的排水槽发出的臭味，厨房内的电器、线路也因为油烟常年侵蚀老化，存在极大的安全隐患，姚聪学心里就不是滋味。再三考虑后，姚聪学向派出单位中交一公院提出了改造厨房的申请，单位领导很重视工作队的生活问题，拨付2万元用于村委会厨房的装修改造和厨具添置，改善了秋那桶村驻村工作队队员的生活条件。

“姚书记来了，我们村子的变化很大。”“有事找姚书记，他都会帮忙。”“姚书记想法很多……”。

在秋那桶村，只要提起第一书记姚聪学，群众都会露出笑容，竖起大拇指。

倾听群众心声——真心帮扶困难群众

姚书记为72岁的白素芳老人申请了贡山县城乡贫困居民临时救助申请5000元；为残疾老人余秀英申请临时救助金5000元；为扫腊题患重度癫

痫病的儿子申请临时救助2000元；为身患癫痫性神经病的李卫明申请临时救助3000元；为患脑积水的张华申请临时救助金3000元……这些都是姚聪学驻村以来为困难群众排忧解难的实例。“既然来扶贫，我们就要真心帮助群众，把自己的关怀传递给群众，让群众体会到温暖、感觉到希望。”姚聪学说，“扶贫是良心活，只有用心用情多帮群众办实事，群众才会真正认可你。”在驻村期间，他充分发挥帮扶责任，立足群众想问题，通过帮助申请救助金和联系爱心人士，先后为村中16户特殊困难家庭解决了难题。2020年73岁的尼达当组和志就是受益人之一。和志身患慢性病，爱人无劳动力，儿子因脑梗中风瘫痪，孙女正在读大学，孙子为学龄前儿童，生活极其困难。姚聪学得知情况后，第一时间和其他工作队队员为他申请到3000元临时救助金，同时联系爱心人士帮扶6000元，用于每个月的生活日常开销，工作队员丰丽英更是认其孙子为干儿子，关注孩子的身心健康发展，平日里由工作队员照顾和志瘫痪的儿子，经常推着他出去聊天散步，帮助其恢复健康。“姚书记给我解决了实实在在的困难，我真的不知道要怎么感谢他们才好！”说起驻村工作队对他的帮助，老人的感激之情溢于言表。

“你们就大刀阔斧地干，思路要清、措施要实，不见成效决不收兵，

□姚聪学（左三）在手工艺品农民专业合作社分红仪式上为老百姓分红

扶贫路上不能落下一个贫困户。”第一书记姚聪学的底气来自中交集团领导的嘱托。作为央企定点帮扶怒江单位，中交集团党政负责人和全体职工拧成一股绳，倾力帮扶解决秋那桶村群众的实际困难。

姚聪学为家庭经济困难的大学生李丽莎申请了4000元“中交用心浇筑峡谷求学路”希望工程助学金；中交一公局四公司丙中洛镇项目每月500元帮扶患骨髓炎的石普组老组长张玉新；中交一公院职工冯杰每月资助500元用于13岁的贫困体育特长生和丽雅在学校的生活费用；中交一公局职工齐昌军每月资助500元用于云南经贸外事职业学院贫困学生才英在校生活费用；中交集团华中区域总部山西省部总经理个人资助贫困生马文生本科两年每个月500元生活费用；中交一公院张先生每月500元对贫困户张雄进行一年生活费资助；中交一公院职工孔祥兴每月帮扶贫困户李铁军500元生活费……中交集团工作人员的爱心举动，使这些贫困学生和贫困户有了更多勇气与能力去对抗生活的压力或专心学习，减轻了他们的生活和心理负担。

调动群众积极性——初步实现双手创造幸福

“村子要致富，贫困户要脱贫，还要依靠产业发展。”从一开始确立这一扶贫思路，姚聪学和他的驻村工作队就向着这个目标坚持不懈地努力着。他向贡山县文化和旅游局申请20万元，成立了秋那桶创福手工艺品农民专业合作社，该合作社由24户建档立卡户57人组成，通过致富带头人模式带动群众致富，既让群众通过生产手工艺品增加收入实现脱贫，同时又使怒族文化和传统手工艺得以传承。为做强做实合作社，姚聪学积极组织合作社参加丙中洛镇“仙女节”、贡山县“文化和自然遗产日”、南亚东南亚国家商品展暨投资贸易洽谈会（商洽会）等活动，同时对外拓宽销售渠道，使合作社销售额实现新高。在他的带动下，2019年合作社实现销售额11万元，建档立卡户人均分红600元。值得一提的是，他还带领老百姓成立了秋那桶村乡村旅游合作社，开发村周边户外线路，国庆4天收入1万元，游客购买农副产品8000元。

此外，他还重视群众各项技能培训，组织群众参加酒店服务员、乡村旅游讲解员、中华蜂养殖技术、厨师、摩托车修理、电工、计算机、电子商务、新村文明及卫生提升、户外旅游知识等培训共计540人次，提高了群众各项技能水平，为秋那桶村旅游发展和外出务工夯实了基础。

为村里搭建助学平台——助力共建长远发展

扶贫先扶智，扶智靠教育，要阻断贫困的代际传递，必须重点发展教育，让更多的孩子有机会接受教育，从而改变个人甚至家庭的命运；鼓励更多的孩子考大学，走出去谋发展，以此来影响带动身边的群众，使群众的意识观念通过一代人发生大的变化。姚聪学告诉记者，目前秋那桶村与长安大学建立共建发展机制，发挥学校科学研究、人才培养职能，依托学校教育教学优势，与秋那桶村在推广普通话助力脱贫攻坚、多民族整合地区民族团结创建、教育扶贫结对帮扶等方面开展深入合作。2019年7月20日，秋那桶村与长安大学共建的“暑期社会实践基地”正式在秋那桶村挂牌落地，长安大学每年将派出团队到秋那桶村进行社会实践活动。姚聪学也希望秋那桶村中这些进入大学校门的学子，多一份珍惜、多一份感恩，努力学习，将来回报国家、回报社会，在学有所成后回来建设秋那桶。

加强党的基层建设——筑牢党组织战斗堡垒

在经过深入的走访后，姚聪学了解到，秋那桶村的老百姓业余生活单调，爱在火塘边喝酒。姚聪学知道少数民族群众大都能歌善舞，于是就去动员老百姓少喝酒，走出火塘到村委会球场上跳舞，可是老百姓微醉地质问姚聪学：球场上都是建筑垃圾怎么跳舞？清理球场上的施工垃圾一天都不能再等了，于是姚聪学组织与村集体经济承包方订立了承包合同，不仅很快清理出了球场，还为村集体经济增收5万元。同时，姚聪学又组织开展了丙中洛全镇的篮球邀请赛，全面铺开民族团结进步创建暨“少喝酒多唱歌多跳舞”文明新风创建活动。

秋那桶村民族团结杯篮球赛、老年协会文艺汇演、学生暑期打卡、人居环境大提升……2019年以来，姚聪学以“党建+”的模式，先后组织开展了一批群众喜闻乐见的重大活动。他始终以抓党建促脱贫攻坚为指引，对村“两委”及工作队队员持续开展“不忘初心、牢记使命”主题教育活动，并巩固党组织活动阵地，为凝聚党员、服务群众提供了有力保障。同时，姚聪学加强政治理论学习，提高村“两委”及工作队队员思想政治素质；并就党总支和党支部日常工作开展的要求、流程和发展党员工作等方面，进行有针对性的培训，提高基层干部的党务业务能力，切实增强基层党组织的战斗堡垒作用。

此外，根据驻村工作队员的行业优势，姚聪学还明确村“两委”及工作队员分工，落实到每个村民小组，层层压实责任，事事有人抓，件件有落实。他自己身先士卒，亲力亲为，2019年已完成三次贫困群众集中遍访工作，从贫困户台账入手，走村入户了解每一户贫情，逐个解决贫困户存在的问题，梳理“两不愁三保障”和村退出七条标准存在的短板问题，一一制定解决方案。经过一年多的努力，截至目前，秋那桶村贫困综合发生率由原来的15.3%下降至0.99%，村退出七条标准也已基本达标。

就这样靠着一步步坚实的攻坚步伐，姚聪学成为当地群众靠得住的好书记。

编者手记

习近平总书记提出“要把扶贫开发同基层组织建设有机结合起来”，姚聪学在秋那桶村的扶贫完全遵照了这个根本遵循。“火车跑得快，全靠车头带”，基层党组织是农村各项工作的组织者、实践者和推动者。秋那桶村以抓党建促脱贫攻坚为指引，提升村“两委”人员的思想政治素质，以此带动党务业务能力，让基层党组织的战斗堡垒作用得到了更好的发挥，脱贫攻坚也更有保障。

做扶贫人的“知心大哥”

□王晓辉

“谢谢项目部，谢谢宋书记。”一句句感谢的话语，在中交一航局昆明巫家坝项目部回响。摸着崭新的换季棉被，和方金笑得合不拢嘴，作为此次云南怒江扶贫劳务队伍的领头人，他的感谢发自肺腑。“宋书记真是我们的知心大哥啊！我们想要的他都知道。”

为了响应中交集团和中交一航局扶贫号召，中交一航局昆明巫家坝项目部作为局先遣军，接收了先后两批次共40名怒江籍劳务队伍进场。“把大家接出来，就是让大家过上好日子。”项目书记宋涛握着和方金的手说。作为项目扶贫小组组长，宋涛深感“知心大哥”不好当，要从“衣食住行”上为大家营造家的感觉，要了解大家的需求。

“白纸黑字”才会放心

“书记，我们能挣多少钱？”在扶贫工作座谈会上听到大家对自己的提问，宋涛不慌不忙拿出早已准备好的《怒江扶贫人员管理办法》以及《怒江扶贫人员收入分配办法》，仿佛早就知道大家最关心什么，一点点为大家答疑解惑。这都是超前谋划的好处。宋涛多次组织扶贫小组会议，带着大家从头讨论管理制度。“怒江兄弟来这边，就是关心挣得多不多，收入分配要白纸黑字，大家才会放心。”宋涛说道。作为先遣军，可借鉴的经验不多，大家对照着材料，逐字逐句讨论。深夜的工地已经陷入寂静，可项目部会议室还是灯火通明。打印机缓缓打出了管理办法和收入分配办法，“两法”在手，宋涛解答得更起劲。

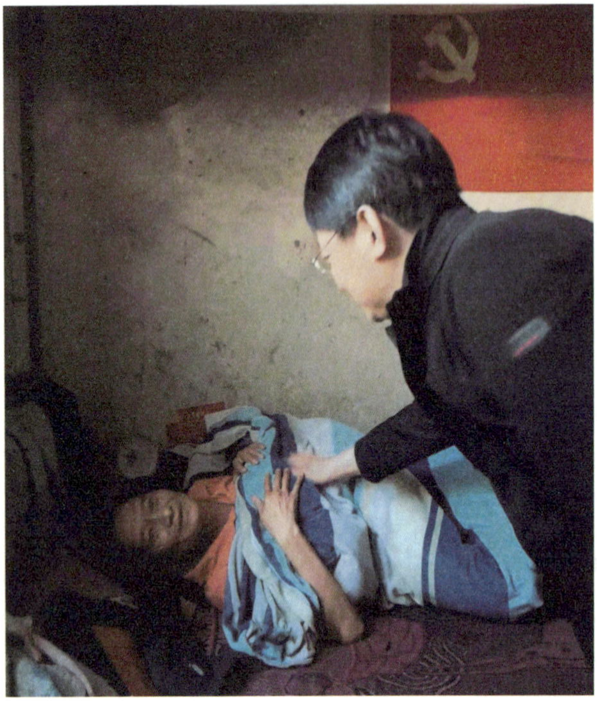

宋涛（右）实地走访当地农户

"量体裁衣"才最舒心

25名怒江劳务人员有男有女，有青年有老年，如何消化安排也是宋涛急须解决的问题。在与和方金夫妇接触过程中，宋涛了解到，和方金的妻子曾在镇上饭店打过工，于是安排他妻子到项目部食堂帮工。受此启发，他与项目扶贫小组将扶贫劳务人员按年龄以及性别划分为卫生组、安保组以及劳力组，"量体裁衣"让大家干活舒心。

可是还是有意外情况发生。在完成某些技术活时，施工队觉得扶贫劳务人员技术不过关，也会偶尔向宋涛发牢骚。"宋书记，你们派过来的小伙有劲但不会使啊。"协作队伍负责人老王笑道。了解这些情况后，宋涛认为必须让大家学技术，才能人尽其才。于是在前期入场教育、安全教育的基础上，保安专项培训、房建技术专项培训列入了扶贫劳务人员的日程单，宋涛鼓励项目部员工积极做老师，为怒江兄弟"授业解惑"。很多个周末，项目部会议室总是座无虚席，大家专心听课，还有人一边录音，一边记笔记。“我们都一块学学，将来回去也能造房子。”劳务人员和金寿举着手机录音说道。

“嘘寒问暖”最知心

自从扶贫劳务人员进场后，宋涛的身影便时常出现在劳务队伍中，这家缺啥，那家少啥，大家有什么问题，他总是第一个知道。熊九金不小心被钢钉扎到脚，害怕花钱，萌生了回家的念头。宋涛知道后，“堵”在熊九金宿舍前，将他送到了昆明骨科医院：“项目部掏钱，你放心住着。”一句话让熊九金泪流满面：“项目部对我太好了。”和方金夫妇过年在项目部值班，女儿也来到项目部，宋涛贴心地为老和一家安排了住宿，得知老和女儿过完年要去大学报到，又帮老和买了票。“不嘘寒问暖，大家怎么跟你掏心窝子？”宋涛笑道。在他主导下，项目部形成了“主动谈心”的常态，扶贫劳务人员把困难说出来，项目部就解决困难。前段日子，听说有人家中蜂蜜卖不动，宋涛又当了一次销售员，天天帮着卖蜂蜜，大家都说这位宋书记成了蜂蜜大户。

凭着自己的“知心”，宋涛也赢得了怒江扶贫劳务人员的“民心”，大家都称呼他为“知心大哥”，因为他总是能第一时间知道困难、解决困难。“这声大哥，是大家对我的信任，只希望在我们努力下，大家早日奔小康。”宋涛笑道，“老和，这次休完假，大哥可等你回来啊。”

编者手记

在衣食住行上为大家营造家的感觉，中交扶贫人宋涛可谓煞费苦心办实事，从白纸黑字写好收入分配、量体裁衣消化劳务人员、嘘寒问暖听需求、解需求，宋涛用真心赢得了民心。

>> “天地之大，黎元为先”。扶贫扶的就是民心，民心顺了，脱贫才有底气。无论是在新疆，还是在怒江，中交人在帮扶中都能与当地人一起，同心奋进，患难真情。无论是以讲习所“蓄能”新时代，还是更多的“华丽”故事在上演，中交人都与帮扶地心手相连，守望相助，以“功成不必在我、功成必定有我”的境界和担当，不怕“长征”难，勇向“虎山”行，带领贫困地区群众迈上新生活、新奋斗的起点。

伍·乘势而上

返乡村民喜看家乡换新颜

□程凯　欧其锦

“我们能进园区里参观一下吗？变化太大了，都快认不出来了。”怒江州泸水市古龙坝村村民桑长林在中交一公局集团四公司怒江绿色香料产业园项目门口徘徊了好一会，终于鼓起勇气上前询问。2020年双节期间，已有两年多没回家乡的桑长林，同几名在外务工打拼的老乡从外地返家探亲，听家人说怒江绿色香料产业园建起来了，就迫不及待地想来看一看。

产业活了，生活有奔头

“不仅是沥青路，还有座能通车的桥，真是不敢想！”看到曾经的碎石

□怒江州泸水市古龙坝村村民参观怒江绿色香料产业园

□中交一公局集团四公司怒江绿色香料产业园

羊肠小道如今变成了平坦宽阔的沥青路，桑长林欣喜不已。园区道路的修建是怒江绿色香料产业园的主要工程之一，而沥青路的铺设不仅便捷了产业园的建设，更解决了村民们因路不好走，难以享受便捷生产生活的困扰。

更让村民欣喜的是，怒江绿色香料产业园的首个生产线也完工投产。“以前种草果产量小，销路难，利润低。现在产业园直接收购我们种植的草果、花椒，解决了我们销不出去的难处，我们一门心思搞种植就行了！”古龙坝村的村民华南生说，产业有托底，很多村民干起活来更有干劲了。

中交一公局集团四公司怒江绿色香料产业园项目负责人杨欢园介绍，随着产业园的建成以及多家香料加工企业的进驻，村民们看到了希望。很多外出务工的年轻人开始返乡创业，有的在家建了养猪场，有养羊的专业户，这个曾有大批外出务工者的村庄正在以新姿态欢迎游子回家。

环境好了，生活更舒坦

“这两棵木棉树没想到还在这里，我都以为已经被砍掉了。”村民华

□项目对流经村庄的河流进行了疏通治理

南生说，虽然他外出打工多年，但对村里的一草一木一直铭记在心。项目部建设不忘保护生态，让他十分感动。

杨欢园说，为了守护两棵年代悠久的木棉古树，项目部在建设过程中推翻了原本的设计方案，重新研究建路方案。最后大家一致决定在原本设计的修建路线上，绕过两棵古树，完好地保留了古龙坝村的乡土记忆，也践行着守护生态环境的责任担当。

华南生还发现，项目还对流经村庄的河流进行了疏通治理，曾经被生活垃圾等堆积淤塞的河道，如今是涧水潺潺、清澈见底。“以前觉得四面都是山，没什么可看的，经过这么一治理，走进来一看，整个人都舒坦了。”华南生说。环境好了，怒江会吸引更多的人来旅游，他打算自己也开一家农家乐。

就业有着落，终于脱贫了

沿着新修的沥青路，走过新建成的湾桥，村民们眼前是一栋栋现代化的标准厂房、热火朝天的施工场面。很多乡亲们更是新建了房子，门口还停着小轿车……几十年来，他们在这个小村庄里从未见过这样热闹的景象。

“听说这里招收了很多贫困户，是真的吗？”桑长林小声地向产业园的管理人员打听，得到肯定的答复后，他顿时好像明白了什么，“怪不得家里让我也回乡试试找份工作，说很多村民都脱贫了”。杨欢园说，项目不仅破例大量招收当地农民工，还对他们进行了专业的技能培训，让村民们掌握更多实用技术。截至2020年9月，项目部累计为140多名村民提供就业岗位，待项目建成投产后，预计直接为近3000人提供就业岗位，包括生产加工、销售、科研、服务、绿化等工作，到时很多易地搬迁群众的就业问题就能得到有效解决。

“中交的建设者了不起！”在产业园里走了一圈，桑长林向陪同参观的怒江绿色香料产业园项目建设者竖起了大拇指。

编者手记

精准扶贫以来，农村地区基础设施有了翻天覆地的变化，像怒江州泸水市古龙坝村村民桑长林这样——外出几年回家感觉家乡变得都快认不出来的情景，正在多地上演。中交集团的扶贫建设者们，不仅在努力改善贫困地区的基础面貌，也在想方设法吸引“人”的回归。在全面进入乡村振兴之际，“人”依旧是实现乡村振兴的“金种子”。中交建设者们通过扶贫吸引乡民的回归，将进一步盘活地方活力，推动地方加快实现乡村振兴。

助力“丝路明珠”重放光彩

□新疆维吾尔自治区英吉沙县

从2013年至2019年，中交集团援助新疆维吾尔自治区英吉沙县，历时7年时间，集团领导高度重视援助工作，先后投入资金9114.7万元，从人才、资金、项目、技术、管理等各个方面给予了大力支持和无私帮助，为英吉沙县稳定发展、脱贫攻坚注入了强大动力，取得了良好的社会效益，得到了全县30万各族群众的广泛赞誉。

产业扶持帮民富

2013年，中交集团帮扶英吉沙县100万元，扶持带动了英也尔乡十村、芒辛乡六村、依格孜牙乡四村、艾古斯乡五村等四个养殖合作社，辐射带动了周边50余户贫困户脱贫致富。

2015—2017年，帮扶500万元，先后为英吉沙县建设日光温室25座，每座建设及配套资金20万元。日光温室用于解决全县5万座拱棚集中育苗和林果业育苗问题，在推动农业稳健、高效和可持续发展方面发挥了积极的作用。

民生建设系民心

2014年，中交集团帮扶英吉沙县100万元，用于英吉沙县色提力畜牧养殖园区道路建设，建设了6公里沙石路。该畜牧养殖园区占地9000亩，建设了10个养殖场区，每个厂区建设棚圈60栋。道路的建设完善了现代畜牧园区基础设施，提高了畜牧养殖园道路通行能力。

□中交集团援建英吉沙县村级阵地项目

2016年，中交集团帮扶英吉沙县6321.2万元，建设乡村道路21.3公里，改善了芒辛乡、乌恰镇的交通面貌，解决了5万群众出行难的问题。该项目道路建设连接了英吉沙县五座水库，为带动旅游业发展奠定了坚实的基础。

依托自身模式和资源优势，积极响应国家“十三五”脱贫任务目标，弘扬企业精神，履行社会责任，回馈社会、造福人民，中交集团所属单位中国城乡承担了新疆英吉沙县团结大桥设计任务，免去200万元设计费用，为英吉沙人民设计了一座符合当地文化特色的标志性桥梁。

民心工程解民忧

2017年，中交集团帮扶英吉沙县50万元，对91户因重大疾病致使生活陷入困难的贫困户及时给予救助，在医院报销、医疗救助、大病保险等报销的基础上，由中交集团的“救急难”项目给予补助，原则上个人自付在3万元以上的“救急难”给予1万元补助，个人自付2万—3万元的“救急难”项目给予7000元补助，个人自付在2万元以下的“救急难”项目给予4000元补助，极大地解决了群众的实际困难。

扶智助教育新人

中交集团心系边疆，着眼教育扶贫，为了一个没有贫困的明天，从根本上阻断贫困代际传递，大力实施“扶贫扶智·爱心助学”工程，支持英吉沙县教育事业发展。2019年先后为英吉沙县教育事业援助资金2000余万元，解决农村学校教学设备缺少、教育质量落后、贫困学生生活困难等实际问题。

2019年5月，中交四公局为英吉沙县乌恰镇中心小学、乔勒潘乡中心小学、色提乡六村小学各捐赠机房一套，每个机房配备50台电脑及电脑桌椅，共计70余万元，9700名农村贫困小学生受益。

2019年8月，中交集团组织的以爱国行、历史行、科技行为主题的“大手拉小手，交融丝路情”游学活动在首都北京举行。活动安排了英吉沙县实验中学、鲁英中学、育才中学的六名优秀学生参加游学活动，让从

□中交集团为英吉沙县捐赠校服仪式现场

未走出英吉沙的孩子开拓视野，切身感受美丽的首都北京，在实地参观中感受伟大祖国的发展变化，进一步将爱党、爱国之情转化为努力学习、报效祖国的动力，在未来为建设美丽家乡贡献自己的力量！

2019年9月，中交路桥建设有限公司为英吉沙县萨罕镇、克孜勒乡、艾古斯乡三个乡镇的小学捐赠了价值80余万元的多媒体电脑机房设施设备和体育用品，使1.2万名农村贫困小学生受益。

2019年9月，中交集团援助1800万元，为10.1万在校生解决了购买校服的困难，使超过全县总人口三分之一的群众享受到爱心援助。校服穿在身上，微笑挂在脸上，温暖传在心里，感恩之情永记心田。中交集团的“爱心之歌”，在南疆广袤的大地上广为传唱，新疆多家媒体和网络进行了广泛宣传报道。

七年来，中交集团以高度的政治责任和崇高的社会责任，援助新疆英吉沙县，在产业扶贫、民生建设、教育扶贫、医疗健康扶贫等方面给予了大力支持和无私援助，极大地改善了当地贫困落后面貌，为打赢脱贫攻坚战，促进当地社会稳定、经济发展、人民安居乐业作出巨大贡献。

编者手记

脱贫是一笔经济账，要精打细算，让群众腰包鼓起来；脱贫更是一笔民心账，即便万难在前，也要敢于迎难而上，直抵人心。中交集团在新疆英吉沙县扶贫过程中，围绕着民心事业提供无私帮助，得到了当地的广泛赞誉。扶贫扶的就是民心，扶贫事业得到民心，脱贫才有底气。

讲述怒江脱贫攻坚不朽传奇

□云南省怒江州

怒江州新时代农民讲习所——这一汇聚着中交集团和怒江州委、州政府心血，三方合力推建的旨在进一步激发怒江贫困群众内生动力的有力举措和平台，在中交集团的倾情倾力支持下，逐渐成为撬动怒江贫困群众脱贫致富的一个新支点。它是中交集团帮扶怒江取得显著成效的一个缩影、一个典型案例，正讲述着怒江脱贫攻坚的不朽传奇。

把脉怒江对症处方

怒江州四个县（市）均为深度贫困县，255个行政村中有230个贫困村，总人口54.4万人，其中农业人口43万人，建档立卡贫困人口17.9万人。怒江贫困面大、贫困程度深，是一个集边疆、民族、宗教、直过、贫困、峡谷于一体的民族自治州，也是全国“三区三州”深度贫困地区之一。自然条件和历史原因造成了怒江的先天“软骨病”，恶劣的生存条件、薄弱的基础设施、孱弱的经济支撑、较低的文化素养等问题，一直困扰着怒江的发展，阻挠着怒江贫困群众的脱贫致富道路。随着精准扶贫工作的深入推进，怒江州基础设施逐步得到了完善，但如何进一步扭转贫困群众思想认识？如何让贫困群众掌握一门谋生致富技艺从而实现稳定脱贫？这些问题考量着怒江扶贫工作的精准施策。

找穷因、拔穷根。怒江州委、州政府和中交集团通过认真分析，认为制约怒江发展的因素很多，而群众内生动力不足则是怒江打赢深度贫困脱贫攻坚战的第一个拦路虎。基于此，2017年底，怒江州高位推动，以有机构、有阵地、有讲师、有计划、有成效和有示范带动作用“六有”为规范创建了州、县（市）、乡（镇）、村、组五级新时代农民讲习所1921所，同时组建了囊括机关干部、行业名家、技术人员、学校教师、乡镇骨干、村组干部、致富能手、乡土人才，共计3269名的五级讲师库，培养了各级新时代农民讲习员426人。

讲习春风燃遍怒江

全州各级新时代农民讲习所依托行业扶贫部门、各职业技能培训学校，发动各农科院所、林科所种养殖专家及致富能手到田间地头、生产一线，手把手开展怒江草果、土砂仁、花椒、茶叶、蔬菜、中药材、林产业、特色养殖、中蜂养殖技术等培训；开展缝纫、家政服务、建筑砌筑、挖掘机驾驶、烹饪、电商等实用操作技能培训；开展直过民族“普通话”、非遗传承人培训，使怒江峡谷各少数民族会说普通话、说好普通话，加快脱贫致富的步伐，通过非遗传承人培训更好地弘扬和传承了各民族传统文化；开展农村劳务经纪人和“三区科技人才”“乡村能人”等培训。同时，讲习所还联合工青妇等各方力量深入到建档立卡贫困农户家

中交集团资助怒江州新时代农民讲习所政策宣讲

中，教群众折衣叠被、整治家居环境、做好环境卫生保洁等，从实处着手，细处着眼，引导贫困群众从改变自己的生活习惯入手，在全州积极营造讲文明、懂礼仪，学常识、学技能，拓视野、长见识，增智慧、“比学赶超”的良好氛围，全面提振决战决胜脱贫攻坚的精气神。

全州五级新时代农民讲习所累计开展宣讲培训11 223场，宣讲人数达759 651人次，其中政策理论宣讲7841场，文明道德宣讲1110场，技术技能培训1068场，其他类别培训1204场。其中，州级新时代农民讲习所与全州22家行业扶贫部门协同举办了讲习员、保安员、保洁员、农药经营人员、砌筑工、电焊工、电工、生态护林员、乡村能人、易地搬迁“尖刀班”、摩托车维修、烹饪、竹编（工艺）、电商等各类培训累计达41期，共计培训了3193人（其中建档立卡户1890人），2634名学员获得了相关资质证书。1000多名建档立卡贫困人口在州内外的保安公司、保洁公司、建筑工地上找到了工作，开启了依靠自己双手脱贫致富的新征程。

回眸沧桑，镌刻永恒

正所谓“吃水不忘挖井人”，在怒江坚决打赢深度贫困攻坚战全线发力之际，中交集团始终以怒江的脱贫攻坚任务为己任，走村入户、解析评估、精准施策、巨资支援，援建怒江的一所所学校拔地而起，一座座大桥横跨天堑南北，一条条宽阔的柏油路伸向远方，而这一切融入了中交集团太多的心血和汗水。

怒江州新时代农民讲习所作为中交集团援建怒江项目之一，讲习培训活动赢得怒江民心的同时，受到《人民日报》《中国民族报》《农民日报》《云南日报》《怒江报》和新华网、云南纪检监察网、怒江大峡谷网、怒江广播电视等多家媒体的关注和宣传报道，扩大了宣传效应，营造了良好舆论氛围。先后有数百位中央、省、州领导多次到讲习所检查工作或作批示，并给予了鼓励和好评。怒江州新时代农民讲习所州级所获得“云南省2018年脱贫攻坚扶贫先进集体”“怒江州2018年脱贫攻坚扶贫先进单位”“2019年云南青年五四奖章集体”等荣誉表彰。

怒江州各级新时代农民讲习所通过讲习培训活动把习近平新时代中国特色社会主义思想深植于群众脑中，“讲”“习”并举，“智”“志”双扶，进一步激发群众的内生动力，并取得了丰硕成果，不仅助力怒江脱贫攻坚，也将在怒江今后实现稳步脱贫、乡村振兴中发挥更大、更深远的作用！

怒江州新时代农民讲习所正在讲述着怒江脱贫攻坚的不朽传奇，这一传奇里有中交集团！

传奇的演绎还在怒江继续……

编者手记

群众内生动力不足是怒江打赢深度贫困脱贫攻坚战的第一个拦路虎。如何激发群众内生动力？在中交集团的帮助下，怒江州创建了州、县（市）、乡（镇）、村、组五级新时代农民讲习所。讲技能培训、讲民族文化、讲文明氛围，这些都是在全面提振决战决胜脱贫攻坚的精气神。中交集团协助搭建起群众身边的讲习平台，以讲习所“蓄能”新时代，有效激发了群众的内生动力，为助推精准脱贫、助力区域发展发挥了重要作用。

以心为桥：精准帮扶“尽开颜”

□云南省怒江州福贡县

中交集团的帮扶项目在哪里？在福贡县的六乡一镇中。

中交集团的帮扶情在哪里？在福贡县干部肯定的话语里，在贫困群众的笑脸上。

六乡一镇融真情

“中交集团1995年就开始帮扶我们福贡县，2016年精准扶贫以来先后在福贡投入了资金，项目资金投入估计在1.6亿元左右，在交通基础设施、劳务输出、产业发展、人才培养方面给予了大力的支持，也为福贡的脱贫攻坚添砖加瓦。中交人战斗在我们福贡的脱贫攻坚的一线，鼓舞了志气，也是我们的榜样。”说起中交集团对福贡县的帮扶，福贡县委常委、常务副县长李迎雨充满感情地说。中交集团24年以来对福贡县的真金白银的帮扶，大家有目共睹。正是这些帮扶，助推了福贡县的社会发展。

福贡县共辖六乡一镇，分别为匹河乡、子里甲乡、架科底乡、鹿马登乡、石月亮乡、马吉乡和上帕镇。在这七个乡镇中，中交集团分别投入资金和人力，进行结对帮扶。

2019年，中交集团帮扶石月亮乡资古朵村村民议事中心、资古朵村亚见底村卫生室等建设项目八个，帮扶资金共计50万元，直接受益人口1056人。石月亮乡党委书记余莉表示，2019年中交集团帮扶石月亮乡项目建设前期工作的经费，有效解决了建设前期经费问题，为补齐贫困村退出方面存在的短板问题奠定了坚实基础。

在马吉乡，中交集团帮扶人员多次到该乡进行调研。“他们到建档立卡户家中走访，询问他们的身体状况、家庭情况、孩子上学和就业等情

□中交集团援建怒江州福贡县腊吐底希望小学

况，给他们送去了米、油以及慰问金。”马吉乡党委书记和文红介绍。中交集团针对马吉乡的农业经济发展状况，支持对群众进行培训，捐赠的100万元帮扶资金助推全乡的脱贫攻坚工作，为提高全乡群众技术技能和文化素质奠定了坚实基础。

除此之外，中交集团在全县其他乡镇融入真情，结合集团的业务优势，在教育、医疗、技术、就业等方面实施了一系列帮扶措施，以高度的社会担当助推福贡县脱贫攻坚各项工作。

帮扶教育补短板

教育是阻断贫困代际传递的治本之策，也是精准脱贫“三保障”的重要部分。在福贡县，中交集团为定点帮扶的上帕镇腊吐底村完小捐资46万元，对学校进行了全方位修缮，并命名为“中国交建腊吐底希望小学”。

除了腊吐底完小，中交集团还捐赠给架科底乡公房完小667套校服；为子里甲乡亚谷完小捐赠空气能热水器共计16.8万元，帮助改善校园卫生设施，解决学校师生洗澡难的问题；为贫困大学生资助50万元；资助福贡县民族中学、石月亮中学、架科底中学的26名七年级学生，按每人每年2000元的标准一直资助到他们大学毕业。

接下来，中交集团将援助资金3540万元，用于建设子里甲完小综合楼及配套设施、福贡县公房完小学生宿舍楼及运动场、福贡县架科底完小教师周转房及运动球场、架科底中学教学楼、架科底中学学生宿舍楼等。

福贡县教育体育局党组书记、局长肯四堆表示，中交集团帮扶福贡以来，努力做到真扶贫，扶真贫，针对福贡“两不愁三保障”中的教育保障短板，紧盯脱贫目标，针对办学学位不够的现状，为我们解了燃眉之急，也为如期实现脱贫摘帽、促进教育事业快速发展、阻断贫困代际传递、助力脱贫攻坚起到了积极的作用。在中交集团给架科底乡公房完小捐赠校服的过程中，福贡县公房完小校长余福元激动地说：“感谢中交集团为学校667名学生捐赠的爱心民族服装，中交集团全体员工都有一颗博大的爱心，为孩子们奉献爱，你们的爱是星星之火，尚可燎原。我们一定不会辜负你们的期望，将中交集团的爱心精神发扬，争取为社会作更大的贡献。”

木尼玛桥助发展

2018年12月28日，时任福贡县副县长张奇武宣布中交福贡木尼玛大桥项目正式开工。大桥桥身长252米，桥面宽20.5米，为双向四车道，总概算约1.4亿元。

木尼玛大桥项目的设计施工均由中交集团无偿援助，是中交集团发挥主业优势，助力福贡县打造“三桥一路”县域交通经济辐射网的首个项目。为了解决县内技术和前期经费紧张问题，中交集团还为三江源大桥、布拉底大桥和福源大桥提供前期工程无偿技术咨询，并提供工程可行性研究成果，真正实现技术精准扶贫。桥的一端是中交集团的帮扶，另一端连接着福贡县城区最大的易地扶贫搬迁安置点——江西片区易地扶贫搬迁安置点。该安置点共有33栋住宅楼，可安置搬迁群众11 197人。中交木尼玛大桥的建成，极大地解决了搬迁老百姓的出行问题，完善了整个区域的交通网络，打通了福贡县的环城路，打造旅游景点，助推县域经济发展。

□中交集团援建的怒江州福贡县木尼玛大桥

福贡当地媒体评价道，中交木尼玛大桥是致富桥，更是连心桥，连起的不仅仅是江东、江西两片土地，更是中交集团作为中央单位定点帮扶怒江的情和老百姓自力更生、脱贫致富的梦。中交福贡木尼玛大桥的修建，为江西易地搬迁安置点群众的出行便利提供了坚实保障，对助推怒江州脱贫攻坚，促进当地综合经济发展和民族文化宣传具有十分重要的意义。

在精准帮扶中，中交情润福贡大地，补短板、解难题、促脱贫，全力支持福贡县脱贫攻坚工作，为深度贫困地区贫困群众脱贫出列画上了浓墨重彩的一笔。

编者手记

资金投入为贫困村脱贫攻坚奠定了坚实的基础。中交集团以资金投入为抓手，结合集团的业务优势，在教育、医疗、技术、就业等方面实施了一系列帮扶措施，彰显了国企担当。特别是在贫困地区补短板，精准投入，为按时高质量打赢脱贫攻坚战、与全国同步全面建成小康社会作出了巨大贡献，为决战决胜脱贫攻坚发挥了重要的国企作用。

千万里同心奋进 扶贫路峡谷真情

□云南省怒江州贡山县

按照国务院扶贫领导小组和国务院国资委的统一部署，中交集团帮扶云南省怒江州贡山县以来，在人才支援、产业项目、教育扶贫和易地搬迁扶贫等方面给予了大力帮扶，驻贡山县挂职扶贫干部，贡山县委常委、县人民政府副县长刘锐在其中发挥着桥梁纽带和助推的作用。

扶贫重托，千里无悔

“看到狭窄的街道，低矮的木楞房，眼泪不停往外流。我用自己眼睛记录下了的一切，永远不会忘记。我决不会悄悄地来，悄悄地走”，刘锐回忆起2018年刚来到贡山时的情景，不禁眼眶湿润。

贡山县大多数房屋沿江而建，县内没有高速公路、没有铁路、没有机场，很多地方的运输靠的是肩扛背驮。

为改变现状，刘锐聚焦“两不愁三保障”脱贫标准，用百分之百的精力持之以恒，一以贯之，毫不含糊，发扬了“怒江缺条件，但不缺精神，不缺斗志”的脱贫攻坚精神，积极投身到脱贫攻坚这场战役当中，精准贯彻扶贫方针，跋山涉水、翻山越岭，克服了语言不通、高原反应、晕车等障碍，在短短的三个月里，走遍全县三乡两镇26个村委会，结合中交集团的行业优势和扶贫经验，完成了《贡山县扶贫开发工作调研报告》和《中交集团对口帮扶贡山县三年规划》，根据全县脱贫攻坚短板，制定帮扶方案。

一句问候，是扶贫路上的甜蜜真情

贡山县所处的地理位置独具优势，是两山夹一江，一侧是碧罗雪山，另一侧是高黎贡山，中间是奔腾的怒江，全县森林覆盖率80.5%，国土面积70%属“三江并流”世界自然遗产核心区，56%属高黎贡山国家级自然保护区，是养蜂的最佳场所。

2018年12月，位于贡山县，项目总投资约1亿元（一期投资1000万元，其中中交集团投资500万元）的中华蜂产业园区诞生了，该项目总占地面积27亩，共分三期、四个部分进行建设。园区建成后，带动了全县范围内430户建档立卡户实现入股分红，使老百姓感受到收益带来的喜悦。

“刘常委，您来了，快来家里坐。正好今天我们把蜂蜜沥好，您来尝尝这个，这是我们刚刚采集的蜂蜜，原生态蜜浆。”在蜂蜜园区走访中，养蜂村民满怀喜悦，脸上尽是笑容，他们看到刘锐后高兴极了。

“刘常委是我们的亲人，他不远千里来到这里，为我们办实事，真心帮助我们，让我们有了自己的蜂蜜园。现在，我们的经济收入越来越多，生活越过越好，不愁吃，也不愁穿，我们都非常感谢他。我们坚信，脱贫只是第一步，更好的日子还在后头。”一位养蜂的村民这样说道。

为让百姓富起来，刘锐通过中交集团牵线搭桥，帮助蜂民销售蜂蜜10多万元，并为他们找到了长期合作的消费人群。而把贡山的蜂蜜销往全国乃至全世界，带动百姓脱贫致富则成为刘锐的扶贫征途中的一个重要目标。

一个眼神，是教育帮扶中的春风暖融

扶贫先扶智，治穷先治愚。刘锐一直坚信，少年儿童是祖国的未来、祖国的希望，孩子们全面发展，祖国就充满美好希望。所以他把“孩子教育”的扶贫工作作为重点来抓。

在各乡镇调研的过程中，他深深感受到全县教学设施落后，教学质量差，桌椅破旧，教师流失，学生辍学、厌学现象严重。他深知只有留住师生，才能根本实现脱贫出列。

为让贡山县的孩子们早日享受到现代化教育模式，开阔眼界，实现从根本上脱贫，他争取中交集团48万元帮扶资金，用于援建多媒体阶梯电教室，此外，中交集团还捐赠了25万元购买300余件教学办公设施、学生宿

舍用品，为学校捐赠1000余册图书，让孩子们踏上进步的阶梯。

2019年10月9日，在普拉底乡九年一贯制中心校举办“我与祖国共奋进”主题团日活动时，学生们一直目光炯炯地望着站在台上的刘锐，眼神从未偏移过。孩子们的举动让刘锐深受感动，同时也感到肩上的责任更重了，扶贫路没有捷径，也不能有丝毫放松，要继续向前走，为孩子们谋幸福、谋希望。阳光洒落在孩子们的身上，他们的喜悦和感激都印在了小小的脸庞上。“我开阔了眼界，读到更多书籍，见识到了很多以往没有见识过的东西。感谢老师们给我们带来的这些，我们很开心，很高兴。”一位普拉底九年一贯制中心校学生动情地说。普拉底乡九年一贯制中心校校长徐有贵在总结发言中说道：“学校有现在的规模、众多的设备和中交集团的帮扶是离不开的，感谢中交为我们建立文化交流基地和图书阅览室，让孩子们有一个安心学习的场所。在我校发展的关键时期，各级领导带着支持我校发展的深情厚意，带着对孩子们的拳拳爱心，为我校捐赠书籍、建设阅览室，正如一场及时雨洒在我们每个人的心田。现在，我们的教学水平提高了，教育设施完善了，孩子们学到知识了，感谢你们对贡山县教育事业的关心关怀。”

一个拥抱，是遮风避雨下的款款谢意

实施易地扶贫搬迁、美丽宜居建设以及农危改项目等是脱贫攻坚战中

□怒江州贡山县独龙江新貌

的“重头戏”，是打好打赢脱贫攻坚战的重大政治任务。农危改项目能否如期清零，直接关系到贡山县在2019年能否如期脱贫摘帽。刘锐时刻谨记习近平总书记在给独龙族群众回信中说的“希望乡亲们再接再厉、奋发图强，同心协力建设好家乡、守护好边疆，努力创造独龙族更加美好的明天！”认真解决改造资金、建房基地、施工质量、百姓配合、新增人口以及通水、通电、通网络等农危改面临的问题。

在实施农危改的过程中，他争取中交集团帮扶资金400万元，全部投入在普拉底乡腊咱村易地扶贫搬迁工程中，建立了四栋新房，解决16户48人（全是建档立卡人口）住房问题；解决丙中洛镇比毕利二组易地搬迁资金25万元。目前，贡山县农危改项目率先在全州完成清零任务，全县农危改1701户全部竣工并贴牌认定。

2019年7月，刘锐按照习近平总书记“实事求是、因地制宜、分类指导、精准扶贫”的工作战略部署，行走在脱贫一线，深入农户家中，了解农危改建设实施情况。

“这是我们自己种植的黄瓜，领导快来家里坐，吃点黄瓜解解暑，感谢你们给我们盖房子”，还没有走到农户家里，农户就拿着刚摘好的黄瓜跑到刘锐面前，面带微笑地递过夏日的清凉。在解决危房问题后，临别之际，农户激动地给了刘锐一个拥抱，深表心中的无尽谢意。

编者手记

在全国脱贫攻坚总结表彰大会上的讲话中，习近平总书记提到“广大扶贫干部舍小家为大家，同贫困群众结对子、认亲戚，常年加班加点、任劳任怨，困难面前豁得出，关键时候顶得上，把心血和汗水洒遍千山万水、千家万户。”以刘锐为代表的中交扶贫人，正是这些扶贫干部中的杰出代表。他们以脱贫功成、务必有我的决心，扎根贫困地区，用实干创实绩，以实绩换民心，构筑起扶贫一线的强大力量。

三封来自2000公里外的感谢信

□廖雪琳

2019年9月25日至10月17日，在不到一个月的时间里，中交一公局集团六公司新疆G575土建四标项目先后收到了三封特殊的感谢信，这三封信来自2000公里外的新疆英吉沙县的依格孜牙乡。这三封感谢信，牵出了中交一公局集团六公司新疆G575土建四标项目在英吉沙县结对帮扶的三个小故事。

小改造：神奇盘活小商街

依格孜牙乡建成的扶贫小商铺是整个乡唯一的商业街，建成后因没有出行道路、没有卫生厕所等基础设施，自开业以来基本处于停业状态，小商铺的村民们人均月收入不到200元，这成了石宝乡长心里的一块心病。后来英吉沙县扶贫办向中交集团发出求助函后，与中交一公局集团六公司的新疆G575土建四标项目对接，派专人立即前往2000公里外的依格孜牙乡开展项目实地调研，组织设计规划后，迅速启动小商街配套的道路、厕所的施工，总投入扶贫资金近30万元，并派扶贫技术员前往监工，在短短的一个月内，完成了所有的施工。

小商街配套设施完善后，小商铺已正常开始营业。因为配套设施的完善，此地成了周边村民们购物、休闲的中心公园，商铺、夜市餐饮等商业的兴起，使40个商铺的人均月收入从200元增加到现在的2000元。通过改造，这里还成了周围村牧民开展业余文化活动的阵地，牧民们在傍晚都纷纷集合在这里，舞蹈、唱歌、健身等丰富的活动有效传递了乡村邻里友善的正能量。当地干部群众为中交一公局集团挂牌表示感谢，商铺铺主艾山•海力怕跟石宝乡长说：“商业街的路通了真好，大家都愿意来转转了，下雨也不会担心水泥潭子带裤腿儿了，现在我们晚上下班时间都推迟到了

□中交一公局集团六公司助力当地消费扶贫

10点，生意从天亮做到天黑也不停，我们期盼的好日子终于来了！”

苏光辉在深入乌恰乡扶贫走访调研时，走到村里，全村每家每户都在家门口打出了折扣出售的提示牌。苏光辉觉得很奇怪，便走进一位农户家里询问，进入院子后，发现满院子的巴旦木堆放在了地坪上、晒架上，看到了坐在门口吧嗒吧嗒抽烟的吐尔浑·买买提，询问后得知，近几年这里的巴旦木的产量越来越好，每年每户农民最多收成能达到400多公斤，因为产量大，收购方少，导致大量的巴旦木屯仓卖不出去，一部分被迫低价出售，其他自家无法消化的都只能丢掉，辛苦种植一年的巴旦木，农民每年盈利连3000元都不到，很难维持家用。吐尔浑·买买提很不情愿地说完后，又抱怨道：“一波又一波来调研，就是不见你们掏钱来买，哎……”苏光辉对他说：“你把这些巴旦木都收拾起来，过几天一定会有人来收购的！你要有什么疑问，可以打电话咨询我。”苏光辉书记递给他一张纸条后，便起身离开。

过了几天，项目部在英吉沙县扶贫办公室的协调与帮助下，共采购堆积在村民家的2吨巴旦木，共计金额93 240元。吐尔浑·买买提家里的400公斤巴旦木也全部被采购，在县供销社，他拉着工作人员的手，激动地说：“你们中交没有食言，真的来帮我忙解决了大问题！”

后来，收到巴旦木的货款以后，他给纸条上的那个电话号码发了一条短信："领导您好，巴旦木全卖掉了，一万多的货款也收到了，今天还去县城给家里添置了新冰箱，感谢你们，2020年我们一家终于好起来喽！"

修危房：村民乡舍展新颜

自新疆G575土建四标与依格孜牙乡采用以党建"共建结对"助力脱贫攻坚的工作启动后，2019年9月13日，项目部了解到依格孜牙乡部分农民住房因为没任何粉刷，外墙砖裸露，房屋的外墙已严重风化，漏风漏雨严重；再加上年初该地区发生的3.6级地震，10余户村民的乡舍成了名副其实的危房。

项目部了解这一情况后，立即派人前往2000公里外的依格孜牙乡塔格里克艾日克村实地调研，经核算需要帮助解决35吨施工用水泥，共计18 900元。为了赶在10月寒流前将整个修缮工程完工，工作组的张晓、陈俊年留了下来，与村民们一起投入到修缮工程中去，不到10天的时间，有问题的乡舍全部修缮完毕。工作组两位人员还提出了庭院美化和厨卫改造等意见，村民们采纳后将各自庭院进行规整设计，并按照建议改装了卫生间和厨房，整个乡舍面貌焕然一新。

工作组人员临走时，村里的老党员可热木•苏来曼特意过来感谢道："我老伴身体不好，操不了翻盖房子的心，靠我自己更不行。这不，多亏了中交单位的操持，把我这旧房子翻新加固了，还有了小花园，我住着安心！感谢你们。"

编者手记

简单朴素的感谢信，却能读出最真情的扶贫故事，也反映出赢得了最大的"民心"。扶贫人的努力，不仅拉近了贫困地区群众与帮扶人的距离，更是拉近了贫困家庭与政府的距离。正是扶贫干部、扶贫单位无私的奉献，才赢得了帮扶地区群众的认可。

扶贫路上的“华丽”故事

□刘宏民

亲爱的叔叔阿姨、哥哥姐姐们：

你们好，感谢你们为祖国建设出力流汗、为我家乡建设万里奔波。在这里我向你们报喜了，上学期我的学习成绩是全校第一，没有你们就没有我今天的良好成绩，再次向你们表示感谢……

这是在2019年9月开学季，中国交建云南华丽高速公路机电交安项目收到的一封报喜信，来自云南省丽江市玉龙县第一中学一个叫李江珊的白族小姑娘。故事究竟是怎样的？且听我给你讲述中国交建云南华丽高速公路项目在精准扶贫路上的“华丽”故事。

一封报喜信

在2019年“3•5雷锋日”活动中，华丽高速公路机电交安项目部全体职工经过商讨，决定在玉龙县第一中学高一年级中帮扶两名家庭经济困难且品学兼优的同学。当项目经理邹海峰跟学校校长提出意愿后，校长高兴地说：“正好我们这里有两个高一年级的学生，品学兼优，但是家庭困难，有辍学的可能。”

“一个叫李江珊，自身患有先天性近视，眼镜度数高达1600度，家有五口人，奶奶患有高血压需要用药物维持，父亲患有胃病，母亲患有腰椎间盘突出，弟弟刚刚上小学一年级，家庭以种植烤烟为经济来源。另一个叫和舟，家在大山中，父母在家务农，妹妹在读小学五年级，家庭以种植玉米和白豆为经济来源。”

项目经理邹海峰立即表示，决不能让这么品学兼优的学生上不起学，

中交云南华丽高速公路机电交安项目部与当地困难家庭开展结对帮扶

这两个学生以后两年半的生活费由项目职工捐助。项目职工积极响应捐款助学活动，你300元、他500元的，短短一上午就捐款19 200元。项目经理邹海峰将这些钱分别交到两个同学的家长手中，并叮嘱他们一定要让孩子上学，有什么困难直接找项目，只要项目在，孩子就不会辍学。随后项目部还安排专人对接两名学生，解决他们在学习方面遇到的困难。

功夫不负有心人，他们在高一年级期末考试中取得了良好的成绩。

技能铸就致富梦

“连焊速度太快，要压住！”在华丽高速公路项目第一项目经理部负责施工的罗打拉隧道钢筋加工场，焊花飞舞，弧光闪烁，师父张云正在手把手教徒弟阿南大进行工字钢对接焊。阿南大来自云南省怒江傈僳族自治州福贡县，是云南华丽高速公路项目接纳的第一批怒江贫困地区务工人员。

2019年4月30日，他第一次走出大山，来到华丽高速施工现场，最初在砂石料场做勤杂工，逐渐适应工地生活后就萌发了想学电焊的念头。

当华丽高速公路项目总经理部总经理彭强、党工委书记史马祥在各项目经理部调研扶贫工作时，得知不少来自怒江的务工人员不满足于干勤杂工，有学一门技术的想法，立即召开会议专题研究定点扶贫地区务工人员学习技能事宜。彭强说："中国有句古话叫'授人以鱼，不如授人以渔'，扶贫先扶智，既然他们有这么强烈的求知欲和上进心，我们就应该满足他们的要求，为他们提供学习环境和学习条件。"

各项目经理部纷纷开办工人夜校，教他们识字、学习语言表达，开展电焊作业、钢筋加工及绑扎、模板暗转、混凝土振捣作业等技能培训，以理论加实操的教学模式培养他们专业技能。

经过一段时间的培训，来自定点扶贫地区的工人"智"和"志"不断提升。仅第五项目经理部就培养出6名钢筋工、5名电焊工、8名模板工、5名混凝土振捣工、6名油漆工和4名架子工。中交华丽项目全线接收的来自怒江等贫困地区的192名工人有121人成为技能工人，剩余的71人目前边学习技能边干勤杂工。项目总经理部党工委书记史马祥说："在项目全面通车前，我们一定把剩余的71人也培养成技能工人。"

阿南大在师父的帮助下，已经成为一名合格的电焊工。他说："我刚来的时候，想着挣点钱赶紧回家，现在来了半年，反而不想走了。工地管吃管住，还能学技术、挣钱，多好呀！前段时间我老婆也来到项目帮厨了，我现在想的就是如何圆我的致富梦。"华丽项目路面项目经理部工人和吉华高兴地说："我家里四口人均务农，过去没有固定收入来源，自从来到中交云南华丽项目工地，年收入达到 5 万元，不仅脱了贫，还正在致富奔小康呢！"

扶强班子奔小康

如何扶、怎样帮、怎样才能不返贫……这些问题一直是中国交建华丽高速公路项目总经理部领导思索的问题。党工委书记史马祥带领人员深入定点扶贫地区怒江州贡山县丙中洛镇和茨开镇展开为期半月的调研，经过走访农户，了解村情民情，得出了走出去就业和留下来发展两条腿走路的模式。年轻人走出去就业已经收到明显成效，但是留下来发展却是个老大难。为了探索出华丽项目的扶贫模式，华丽项目一班人纷纷献计献策，决定从班子建设入手，在特色农业发展上下功夫，让留下来的村民收入快速提高，有长久的收入。

说干就干，华丽项目党工委在公司党委的指导与要求下，迅速与茨开镇双拉娃村党总支下属的黑娃底支部和珠利当支部签订党支部共建协议，深入开展“双联系一共建双推进”活动，实现共建一个坚强有力的基层党组织，共建一套务实管用的管理制度，共建一批有特色受欢迎的载体，共建一份脱贫规划措施，完善一个村民活动场所，创新形成共建特色项目，实现基层党建和扶贫工作双推进目标。

华丽项目党工委为联建的两个支部党群活动室配备了电视、广播、旗杆、办公桌、文件柜等设施，并帮助他们制定完善各项管理制度，还制订了一份符合村情民情的脱贫计划，使两个支部的凝聚力和号召力进一步增强。两个支部也依托贡山县供销合作社营销平台，进一步做活“山”字文章，大力种植食用菌、中药材、草果等特色农业，走出了一条产业脱贫之路。不少农民种植羊肚菌亩收入可达万元，还有的种植草果家庭收入突破2万元，两个自然村也基本实现整体脱贫。

华丽项目总经理部还在农产品收获季节发动项目员工踊跃购买农产品4万余元，通过网络等平台帮助农民销售农产品6万元，茨开镇党委书记李世荣激动地说：“你们中交集团可是真扶贫、扶真贫，帮了农民朋友的大忙了，这条产业扶贫路确实是走对了！”

面对村民和干部的肯定，中交华丽项目人没有骄傲，没有满足于现有的成绩，他们正在帮助特色农业种植户建立网上销售平台，届时贡山县的华丽公路通车，物流网络打通，村民依托网上销售收入将会更高！

编者手记

精准扶贫路上的“华丽”故事，有两个明显的特点：一个是关注教育，一个是培训技能，这两点归根到底都是在扶贫扶智。扶贫扶智，既富口袋也富脑袋，引导贫困群众依靠勤劳双手和顽强意志摆脱贫困、改变命运。华丽的故事，就是把人民群众对美好生活的向往转化成脱贫攻坚的强大动能。

心手相连　守望相助

□范靖靖

为响应国家和中国交建关于精准扶贫工作的战略部署，践行“责任央企，志愿先行”的要求，中交融资租赁有限公司（简称“中交租赁”）从2018年起开展了以“暖心行动——爱心助学志愿者公益服务”为主题的扶贫帮困活动。

2018年3月，中交租赁与中交集团委派到云南省兰坪县挂职第一书记的扶贫干部李继广取得联系，了解了当地扶贫工作的进展情况，确定将当地大学生和进全与来自云南泸西县三户贫困家庭的中学生丁春丽、苏春丽、赵艳作为助学帮扶对象。

在确定帮扶对象后，中交租赁专门成立了由六人组成的志愿者服务队，建立了志愿服务长效机制。志愿者服务队主要由公司青年员工组成，参与的小伙伴们积极性都很高，以受助学生的大哥哥大姐姐的身份，坚持定期与受助学生联系，进行心贴心帮扶，深入了解贫困山区孩子们的想法和需求，关心他们的学习和生活情况。

帮扶对象之一的和进全就读于云南农业大学计算机系。小和的妈妈已经60多岁了，全家只靠着和进全姐姐的打工收入来勉强维系，生活压力很大。出身贫困家庭的小和有着比同龄人更加成熟的心智和更强的责任感，他说：“现在读大学的开销很大，仅仅伙食费一个月就要1000多元，一顿早饭要吃饱就得10元，我不能再给姐姐增加压力了，我要自己多打份工。”据了解，小和从大学一年级起就利用课余时间在校外勤工俭学。

2018年起，公司资助和进全每年近6000元的学费，以及丁春丽、苏春丽和赵艳每人每年近3000元的生活补贴。在公司2018年举行的道德讲堂的“行善举”环节中，中交租赁全体员工为四名帮扶学生进行“一日捐”，共筹得善款17 000余元、衣物100余套。

□中交租赁志愿者服务团队与帮扶农户合影

脚下沾有多少泥土，心中便沉淀多少真情。2019年，志愿者服务队决定更进一步，深入当地，与这些平时经常在电话中联络的“最熟悉的陌生人”见上一面。

在泸西中学，丁春丽、苏春丽和赵艳安静而羞涩，话语不多却能感受到她们对生活的热爱和追求。交谈中，志愿者们得知赵艳的父亲已经中风在床，只能靠聋哑的妈妈照顾，并且她还有一个上大学的姐姐和正读小学的弟弟，她目前寄宿在姨妈家。谈到家里的情况，她忍不住流下眼泪，表示会好好学习，将来一定会改善家里的情况。

和进全是个腼腆的大男孩，但是熟悉了之后就显得格外热络，抢着帮我们拿东西、扛设备，还小声地跟我们讲“这件衣服就是你们给我的，穿着刚合适”。考虑到小和是计算机系的学生，我们资助了一台笔记本电脑给他，他得知后非常感激，爱不释手，连声说“谢谢！谢谢！”因为班级里只有他没有笔记本电脑了。在与姐弟俩的交谈过程，姐姐提到最多的就是小和的学习，虽然目前全家的经济压力都在她身上，但是志愿者可以从她的眼中看到希望，感受到她的积极和正能量。“小和很懂事，在学校不仅勤工俭学分担我的压力，学习也不耽误，始终保持在班级前三名，他将来还想做数据分析师！”每次提到小和的学习，姐姐都显得很自豪。

当小和得知公司有“为您朗读”这个系列的活动后，就主动表示要积极参与，讲述自己的成长故事。“在这个屋漏偏逢连夜雨的时刻，你们的帮助犹如雪中送炭，解决了我们家的燃眉之急，是你们使我看到了生活的曙光。你们的资助不只圆了我这个农村孩子的求学梦，温暖了贫困生的心，还给了我们贫困生前进的动力。我一定刻苦学习，改变现状，让家人过上幸福的生活，我也希望通过自己的努力为家乡作一点贡献。滴水之恩当涌泉相报，通过自己的努力与拼搏，若有所成就，定当回报社会，回报祖国。”小和用他坚定的声音向我们表示了感谢、送来了祝福，更坚定了要通过自身努力，报效祖国的信心和决心。

能打动人的不是华丽的语言，而是真切的情感，当期的“为您朗读”也成了近期点击率最高的一期。正如小和所说，志愿者的资助温暖了他的心，但是他的进步也让扶贫工作有了更大的动力。

实干担当履使命，扶贫路上践初心。打好精准脱贫攻坚战体现的是大局，反映的是党性，是对增强“四个意识”、坚定“四个自信”、做到“两个维护”的具体检验。在扶贫路上，中交租赁将进一步践行“央企责任”，秉承“中华传统”，让“暖心行动”永远在路上，朝着公司更美好的明天和人们对美好生活的向往，勠力同心，勤勉工作，不负年华。

编者手记

中交集团的“暖心行动——爱心助学志愿者公益服务”扶贫帮困活动，紧扣教育扶贫的主题，改善帮扶地区贫困学生的学习和生活。他们不仅在金钱上给予支持，更关注孩子的内心状况。中交集团通过践行初心和使命，帮助贫困孩子继续求学，同时也温暖了贫困生的心，给予他们前进的动力，更是通过自身的行动，在孩子们心中埋下了感恩的种子。

跨越山海，携手同行小康路

□爱艺　祝林华

3200多公里的漫漫长路，一头连着怒江，一头连着北京。

“怒江不脱贫，中交不脱钩。”1995年，中交集团积极响应党中央、国务院号召，立下这个掷地有声的承诺，让穷在深山的怒江与千里之外的中交集团认了亲。山青了又黄，黄了又青，25年转瞬即逝，可当年的承诺一天也未断过，让怒江各族群众过上幸福生活的初心从未改变。25年来，以关注民生为重点，在交通扶贫、教育扶贫、健康扶贫、产业扶贫、就业立体式帮扶等方面出实招、投真金，将一片扶贫帮困的真情洒向怒江，在峡谷大地谱写了一曲央企定点帮扶的赞歌。

打好“组合拳”，构建精准扶贫“中交模式”

每天清晨，58岁的麻友祥妈总会准时站在窗口，遥望正在美丽的中交怒江连心桥。

“看着桥一天天‘长’到对岸，说不出的喜悦。”麻友祥妈说。

2018年8月8日，投资1.04亿元的中交怒江连心桥破土动工。2020年6月18日试通车，对优化和完善六库区域交通网络、缓解交通压力、改善当地群众生产生活条件起到举足轻重的作用。这是中交集团充分发挥自身优势特点，帮助怒江打赢深度贫困脱贫攻坚战的一个缩影。

怒江傈僳族自治州是全国唯一的傈僳族自治州，是党中央、国务院明确的“三区三州”深度贫困地区之一，是习近平总书记一直牵挂和关怀的深度贫困地区，长期以来凝聚了党中央、国务院的深切关怀和殷切期盼，汇合了各级各方的心力智慧和深情厚谊。

“脱贫攻坚，是重大政治任务、头等民生工程，必须以坐不住的责任感、等不起的危机感、慢不得的紧迫感全力推进，夺取脱贫攻坚的全面胜利。”中交集团党委决心如铁，意志如钢。

“脱贫工作，讲的是政治，干的是民生，体现的是大局，反映的是党性。”中交集团党政领导把脱贫攻坚作为最大政治任务和第一民生工程，每次专题会议上的表态都激情有力，站位坚定。

开展脱贫攻坚以来，中交集团深入学习习近平总书记关于扶贫工作的重要论述，全面落实党中央、国务院《关于打赢脱贫攻坚战三年行动的指导意见》，按照国务院国资委安排部署，坚持精准扶贫精准脱贫基本方略，提高政治站位，落实帮扶责任，认真推进怒江州定点帮扶工作，举全集团之力打好“组合拳”，为打赢怒江脱贫攻坚贡献了“中交力量”。

集团党委中心组开展三次“脱贫攻坚”主题集中学习，召开了十几次党委常委会议、总裁办公会议和集团脱贫攻坚工作会议，专题研究怒江脱贫攻坚事项。中交集团党委书记、董事长刘起涛，党委副书记、总经理宋海良分别于2019年5月8日至10日、10月15日至17日，对怒江州开展定点帮扶工作深度调研，与怒江州委、州政府召开座谈会，探讨脱贫攻坚新思路。集团党委常委、副总经理文岗赴怒江州各县开展调研考察，推动落实扶贫工作。2019年9月25日，集团召开了脱贫攻坚工作会议，认真总结脱贫攻坚取得的成效，分析存在的困难和问题，部署超常规举措和过硬办法，确保定点扶贫地区如期高质量打赢脱贫攻坚战。

集团结合脱贫攻坚形势及集团《帮扶定点扶贫县脱贫攻坚三年行动计划（2018—2020年）》，制定下发了《中交集团帮扶怒江州脱贫攻坚三年行动计划》《2019年扶贫工作要点》，围绕定点扶贫地区经济社会发展，制定长期帮扶目标，精准施策，统筹推进。

2018年，集团选派9名干部到怒江州挂职、1名干部到英吉沙县挂职。2019年，集团继续选派这10名干部赴定点扶贫地区协助开展扶贫工作。长期以来，他们扎根边疆、主动作为，带领当地群众脱贫致富，受到了央视《攻坚日记》栏目和《人民日报》、今日中国、中国网等多家媒体的大力宣传，得到了当地政府和百姓的广泛赞誉。

25年精心耕耘，集团办公厅按照怒江所需、中交所能，制定了“强化思想意识、强化干部担当、强化资源投入、强化工作作风”的“四个强化”和扶贫模式创新和工作保障创新“两个创新”扶贫工作、管理方法，构建了横纵结合的责任体系、远近结合的目标体系、点面结合的工作体系、前后贯穿的互动体系、广度和深度结合的宣传体系和奖罚结合的考评体系等“六大体系”，形成全员参与、齐抓共管的大扶贫格局。

“聚力交通、搬迁、产业、教育、就业、党建脱贫。采取超常规举措，打好‘组合拳’，帮助怒江打赢脱贫攻坚战。”中交集团党委书记、董事长刘起涛说。

“中交集团发挥自身优势，贯彻‘脱贫+’理念，着眼于高质量完成脱贫攻坚帮扶任务和怒江乡村振兴战略，积极探索助推怒江经济社会长远发展的合作项目，为怒江开发式扶贫注入持久强劲的动力。”中共怒江州委书记纳云德说。

打好主动战，贡献脱贫攻坚“中交力量”

泸水市大兴地镇自扁王基村灯笼坝荣新火龙果基地是中交在当地产业扶贫中的一大亮点。一期工程投入100多万元，以“专业合作社（致富带头人）＋贫困户＋村委会”的方式开展，收入将无偿给入社的30户建档立卡贫困户分享。

“社员除了分红，还参与基地建设、种植养护及运输，每人每天可得到100多元劳务收入。”合作社负责人祝荣新说。

2019年5月9日，中交集团董事长刘起涛到火龙果基地考察，给予高度肯定。2019年10月16日，中交集团总裁宋海良到怒江调研脱贫工作，要求做大做强火龙果产业，向深加工延伸，提高经济效益，惠及更多老百姓。未来，基地将免费提供种苗、技术的方式，带动大兴地镇发展上千亩火龙果产业。

集团以党中央、国务院提出的脱贫攻坚战略为目标导向，以定点扶贫地区脱贫攻坚存在的重点难点为问题导向，锚定2020年脱贫和“两不愁三保障”目标，找准帮扶切入口，开展有针对性的帮扶。截至目前，已投入5亿余元扶贫资金，着力解决定点扶贫地区“两不愁三保障”突出问题。

怒江基础设施相对较弱，交通瓶颈是怒江人民脱贫攻坚的最大障碍。对此，中交集团提供交通基础设施建设“中交方案”，推动打造“致富路”，援建中交怒江渡口大桥、中交福贡木尼玛大桥，两座大桥总造价共计5亿余元，大桥建成后，将切实解决3万多易地搬迁安置人员的出行问题，助推当地经济社会发展。

中交集团按照“搬得出、稳得住、有事做、能致富”要求，投入1400万元援助安置点建设，解决了741户3000多名易地搬迁安置人员住房问题，实现了贫困群众既“挪穷窝”更“断穷根”。

制定产业扶贫项目合作社运行办法，明确多元化混合制股权奖励分配机制。中交集团出资1000多万元优选实施火龙果种植、饲草加工及肉牛养殖、中华蜜蜂、移动温室暖棚等产业扶贫项目。三年投入1000万元支持怒江持续举办皮划艇野水国际公开赛，提升怒江知名度、美誉度，加快体育、旅游产业发展。近年来，中交集团共投入近1956万元，在怒江各地实施了火龙果种植和黄牛、生猪、山地鸡、中华蜂养殖，中药材、饲料加工等一批产业扶贫项目，帮扶404户建档立卡贫困户。

中交集团帮扶怒江以来，对教育帮扶高看一眼、厚爱一分。加大教育扶贫力度，坚持扶贫与扶志、扶智相结合。中交集团出资790万元实施教育扶贫项目，用于怒江州部分校舍改造和建设，改善学习生活环境。投入830万元设立助学基金，帮扶1600多名困难学生。设立“中交情系怒江•农村教师专业成长计划”，2019年投入300万元，帮助怒江农村中小学教师学习专业知识，提高农村学校管理水平和教育教学质量。与共青团怒江州委设立了“用心浇铸峡谷求学路助学金”，在福贡县设立职业教育扶持基金，帮助贫困“两后生”入学等一系列教育精准扶贫，有力推进了怒江民族教育健康发展，有效阻断了贫困代际传递，为怒江贫困学子撑起了一片蓝天。

就业是最直接、最有效的脱贫途径。中交集团依托在怒江建设项目，有针对性地开展劳务输出，2018年定点帮扶667名贫困人口就业，2019

年计划实现超过1000名困难群众转移就业，推动实现“就业一人 脱贫一户”的目标。对口帮扶怒江州新时代农民讲习所，让直过民族贫困群众在讲习所学技能、转观念，提升素质，实现创业、就业梦想，是中交在怒江智技扶贫的又一有力抓手。为此，中交集团提供经费200万元举办农民讲习所，累计培训1387人，农民讲习所获评“云南省学习宣传贯彻习近平新时代中国特色社会主义思想基地”“云南省2018年脱贫攻坚先进集体”等称号。

争当参与者，树立脱贫攻坚“中交情怀”

再有两个月，中交集团从2000多公里外的上海派到兰坪县通甸村的80后工作队队长金佳炜驻村帮扶满两年了，600多天的驻村生活让这位年轻队长多了几分稳重与成熟，从沿海一线走进脱贫攻坚一线山区，他克服身体上的不适，用最短的时间完成了从一名工程建设者到扶贫战士的转变。他用自己的一腔热血努力践行中交人“让生活更美好”的美丽愿景，为通甸村群众早日脱贫奔小康燃烧青春。

“怒江的各族干部在险恶的自然环境下，仍以饱满的工作热情投入到脱贫攻坚战中，他们这种战天斗地的精神感染激励着我。”“我很珍惜这次集团派我到怒江的机会，也很荣幸成为怒江脱贫攻坚队伍中的一员，我将继续与他们并肩作战，一同为怒江脱贫攻坚战役的胜利、为践行央企的社会责任而全力以赴、竭尽所能。”日晒雨淋、跋山涉水，走村寨、访贫寒，在田间地头，在山野乡村……一茬接着一茬干，中交集团驻村扶贫干部主动担当，真抓实干，奔走奋战在脱贫攻坚一线，他们累并快乐着、苦并幸福着，走遍村村寨寨、角角落落、千家万户，访民情、解民忧、脱民贫、帮民富。“把脱贫攻坚刻在心上、拿在手上、扛在肩上。”“不脱贫决不脱钩，不获全胜决不收兵。”铿锵誓言，激励着中交集团扶贫干部干部默默践行。

集团按照习近平总书记“摘帽不摘责任、摘帽不摘帮扶”的要求，与怒江州结成命运共同体，于2019年5月出资5亿元人民币共同组建了中交怒江产业扶贫开发有限公司，构建在怒江州属地化投资、建设、运营的一体化平台，着力以“计划+市场”“政府+企业”“短期+长期”的全新模式，推进“扶贫+开发”“扶贫+产业”“扶贫+教育”等精准扶贫举措，将优质资源转化为优势产业，通过产业运营带动脱贫攻坚，助力怒江州实现脱贫攻坚与乡村振兴有效衔接。目前，扶贫产业开发公司正在重点推进香料产业园、旅游特色小镇、交通基础设施等相关重点项目，初步投资概算达22亿元，为扶贫开发、经济发展、产业引进等贡献力量，形成企地合作的“怒江模式”。

仅2018年，中交就派出170多人次赴定点扶贫县调研指导，选派15名优秀干部开展定点挂职扶贫，涌现出以自扁王基村第一书记王慧奇等为代表的一批优秀扶贫干部，形成了可推广、可复制、可借鉴的帮扶经验和模式。

中交集团切实履行好第一责任人的职责，与36家全资子公司100%签署定点扶贫责任书，主要领导亲自挂帅、亲自出征、亲自督战，构建了中交总部、二级单位和驻怒江扶贫工作队组成的三级立体攻坚模式。下发《脱贫攻坚工作任务分工》《扶贫开发工作考核办法》等规章制度，明确各部门、各单位工作职责，建立考核机制，树典型立标杆，以先进促后进。2019年，集团总部及各单位共计300余人次赴对口的帮扶县（市）、乡镇开展脱贫攻坚调研工作，精准施策，对症下药，切实构建起了高效务实、合力攻坚的大扶贫格局。

为加强党的领导，凝聚攻坚合力，打造清晰、立体、科学的管理模式，集团构建了横纵结合的责任体系、远近结合的目标体系、点面结合的工作体系、前后贯穿的互动体系、广度和深度结合的宣传体系、奖罚结合的考评体系等“六大体系”，为脱贫攻坚提供了“中交方案”、贡献了“中交智慧”。

领导苦抓、部门苦帮、干部苦干，进农家、说农话、干农活、晓农事、暖农心，下“绣花”功夫，“滴灌式”帮扶，“一锤一锤钉钉子”……历经脱贫攻坚大决战的洗礼，幸福之花在峡谷大地悄然绽放，迈向脱贫致富奔小康的富强之路。

脱贫工作务实、脱贫过程扎实、脱贫结果真实。2019年，中交集团助力怒江州总体实现“两不愁三保障”目标，高质量完成12.7万人脱贫，助推贡山县摘帽。截至目前，中交集团全面超额完成2019年扶贫责任书签订的各项任务指标。其中，对定点扶贫地区投入帮扶资金25 436.56万元，完成定点扶贫责任书15 000万元的169.57%；引进帮扶资金63万元，完成定点扶贫责任书50万元的126.00%；培训基层干部508人，完成定点扶贫责任书15名的3386.66%；培训技术人员574人，完成定点扶贫责任书100名的574.00%；购买贫困地区农产品432.01万元，完成定点扶贫责任书150万元的288.00%；帮助销售贫困地区农产品1362万元，完成定点扶贫责任书100万元的136.62%。

由于在脱贫攻坚方面取得的一系列成绩，中交集团被分别授予云南省和怒江州脱贫攻坚"扶贫明星企业"荣誉称号。"25年同舟共济，中交集团与怒江是发展共同体、利益共同体和命运共同体关系。对怒江的帮扶，不仅要聚焦高质量完成脱贫攻坚帮扶任务，更要着眼于未来乡村振兴战略，规划好、开展好50年结对帮扶工作，让怒江各族人民走在希望的峡谷里，生活在幸福的田野上。"刘起涛说。距离实现2020年脱贫攻坚目标任务已经到了啃硬骨头、攻坚拔寨的冲刺阶段。

"决不能落下一个贫困地区、一个贫困群众；务必一鼓作气、顽强作战，不获全胜决不收兵。"中交集团将以更大的决心、更明确的思路、更精准的举措实现脱贫攻坚目标，确保摘帽"不摘责任""不摘政策""不摘帮扶""不摘监管"，主动担当、自觉履行社会责任，咬定目标加油干，全面决胜利深度贫困脱贫攻坚战！

编者手记

在脱贫攻坚过程中，中交集团出台工作制度，制订工作计划，高频率地召开扶贫会议，高密度地推进扶贫举措，这在央企扶贫中并不多见。帮扶地区作为"三区三州"深度贫困地区之一，使中交人以高度的政治责任感和浓厚的为民情怀，咬定目标加油干，为贫困群众迈向脱贫致富奔小康的富强之路贡献自身力量。

云南省怒江州独龙江乡直过民族再越贫困大山

□陆培法

滇西的高黎贡山常年云雾缭绕，横断峡谷的独龙江千曲百回。

一个秋日的清晨，记者从云南省怒江州贡山县城出发，翻越连绵陡峻的高黎贡山，中午时分，抵达“原始秘境”——独龙江乡。

独龙江湍急清澈，两旁对峙的山峰气势非凡。山脚下是富有民族特色的米黄色村寨。眼前的景色如同一幅浑然天成的水彩画。

独龙江乡是全国唯一的独龙族聚居区。独龙族是一个直过民族，新中国成立初期从原始社会末期直接过渡到社会主义社会。独龙江乡地处滇缅藏交界处的深山峡谷，自然条件恶劣，一直是云南乃至全国最为贫穷的地区之一。如今，这个深度贫困地区发生了巨大变化。

大山深处通公路

刘锐，两年前受中交集团委托，前往贡山县挂职扶贫，担任贡山县委常委、副县长一职。一谈起独龙江乡的交通变化，刘锐有说不完的话。

刘锐介绍说，独龙族世代生活在崇山峻岭之中。20世纪60年代，全长65公里、人工开凿的人马驿道成为独龙族人与外界联系的生命线，生产生活物资全靠人背马驮。

每年11月到次年5月，暴雪会封闭进出山的路。11月封山之前，独龙江乡六个村的干部带领本村二三百人，要步行三天到贡山县领取免费的化肥、粮种、洋芋、塑料薄膜等。成年人背100多斤物资，小孩背20斤。驿道上挤满了来回的人。

□独龙江乡巴坡村村民在自家门前合影

熬过冬天，盼到6月开山解封的季节，村民赶紧把粮食、盐巴、药品和生产资料运进来。6月到10月是雨季，许多村民用塑料薄膜蒙住头，打着手电筒冒雨赶路，天黑了就睡在路边的树下。有时泥石流冲毁了道路，他们不得不等待交通恢复，身上带的炒面和苞谷吃完了，就挖野菜充饥。那时，国营马帮有500多匹骡马、40多名赶马工，每年的运输量不低于110万斤。

为了改变闭塞、贫穷的局面，20世纪末，一条耗资超过1亿元的公路动工了。

1999年9月9日，独龙江公路竣工通车，这意味着人背马驮的历史终结了。独龙族也成为我国最后一个通公路的民族。

2011年，独龙江公路改建工程开工。2015年11月，独龙江公路高黎贡山隧道完工，独龙江乡彻底告别了每年有一半时间大雪封山不通公路的历史。隧道贯通后，从独龙江乡到贡山县，正常情况下开车只需要三个多小时，而20年前需要走整整三天。

独龙江公路要穿越气候变化莫测、高海拔的高黎贡山，公路的维护成本很高。独龙江乡党委书记余金成告诉记者，今年，独龙江流域连续下了半年的雨。记者在从贡山县城到独龙江乡的路途中看到，有数处路基被泥石流冲毁，有近10支工程队在抢修。

怒江州交通局局长罗增贤告诉记者，怒江州政府已经多方筹集近3亿元资金，准备对独龙江公路进行彻底改造，计划重新规划选址，增加桥梁和隧道，彻底改变目前时通时断的被动局面。

“放炮传信”变成“互联网+政务”

“看天一条缝，看地一条沟”，“岩羊无路走，猴子也发愁”……这些都是独龙江乡的真实写照。特殊的地理环境和恶劣的天气，严重阻碍了独龙江乡的发展。

在独龙江乡巴坡村采访时，记者听到了“放炮传信”的说法。巴坡村有430多平方公里，斯拉洛村民小组100多户，有些在江以东，有些在江以西，通知开会要用很长时间。当时的老县长发明了“放炮传信”，约定：重要会议和紧急会议放两炮，一般会议放一炮，头天晚上放炮，第二天下午开会。

在巴坡村麻必当电站，我们见到了一部手动调试的老机组，它见证了独龙江乡电力发展史。

“那是1989年翻越高黎贡山，从雪山垭口背进来的。”今年54岁的王国光对这段记忆印象非常深刻。

那时王国光23岁，听说有大型水力发电机要进来，他非常激动，主动申请去接运。“机器又大又重，人马驿道路又窄又陡，弯道多，马帮没法托运，只能靠人力去背。”接运小组20人左右，跋山涉水、翻山越岭。天多雨，路湿滑，每人负重100多斤，一天走不了多少路程，65公里的人马驿道，发电机加高压线前后背了一个多月。

2006年，独龙江乡第一座真正意义的水电站——孔目电站建成投产。但由于独龙江乡山高坡陡，人们居住分散，乡内仍有大量人家不通电。

2018年，独龙江乡建成了400千瓦柴油发电及200千瓦储能系统，实现水电、柴发、储能多能互补的微型智能电网，为独龙江的经济社会发展提供了强大的动力支撑。

与此同时，现代通信技术也悄然走进独龙江乡。

2014年，中国移动工作人员来到独龙江乡，架光缆、爬铁塔、装设备、测信号。经过几个月奋战，4G基站建成开通，一条信息高速公路穿过高黎贡山、跨越独龙江。

通网后，当地加大推进“互联网+电商”，“彩云优品”电商平台应运而生。“养在深闺人未识”的草果、重楼、当归、坚果、独龙毯、蜂蜜等独龙江乡的特色优质经济作物和特产得以通过互联网营销的模式销售出去。为了让乡亲熟悉并用好“彩云优品”，独龙江乡的六个行政村开展了一系列培训，手把手教乡亲使用电商平台。

谈到家乡的变化，村民自豪地说：“现在独龙江人对外面的世界了解更多了。以前到乡里办个事，经常一天还办不完，现在有了‘互联网+政务’，在村里分分钟就办妥了。得了病要做手术，可以在乡里连线省城的专家诊治。”

从“输血扶贫”到“造血扶贫”，从“授人以鱼”到“授人以渔”，独龙江通过移动“互联网+”闯出了一条脱贫致富、跨越发展的新路径。

“共产党的政策，真没得说”

千百年来，独龙族群众与世隔绝，庄稼靠点种，过江靠溜索，穿衣靠纺麻，看病靠占卜，过着结绳计数、刻木记事、衣不蔽体、食不果腹的艰难生活。

新中国成立前，独龙江乡没有一所学校。1952年，独龙江乡开办了第一所小学——孔目小学，从此独龙族有了自己的教育事业。独龙江乡整乡推进独龙族整族帮扶项目启动之后，独龙江乡构建起了从学前到初中的教育体系。截至目前，全乡六个村委会教学点实现全覆盖，适龄儿童入学率达100%，初中阶段毛入学率达100%，巩固率达100%。

2019年9月18日，献九当村委会小学建成投入使用。崭新亮丽的楼房，宽敞明亮的教室，30多名独龙族学生琅琅的读书声，让已经退休的老县长高德荣有感而发：“现在的孩子真幸福，走几步就能在家门口读书。共产党的政策，真没得说。”

巴坡村的老校长木文忠至今还在讲台上教课。他曾经历过茅草屋教室，如今在崭新的乡九年一贯制学校里教数学和科学。“再也没有逃学的孩子了，他们相互比谁更用功，有些孩子跟我说，一定要考到北京去！”木文忠说。

2006年，独龙族女孩高琼仙考入中央民族大学，她曾做过一次问卷调查，村民大多认为孩子“读到初中就够了”。如今，情况变了，越来越多的人意识到了读书的重要性。据统计，独龙族目前已经有3名博士生、2名硕士研究生、29名本科生。

独龙江乡的医疗条件也有了很大改善。走进独龙江乡卫生院，记者见到怒江人民医院儿科主任、副主任医师赵燕。她来这里进行医疗扶贫已经快两年了，她对记者说，“刚来扶贫时，我经常要帮助来看病的孩子洗手、洗脚，甚至还要洗澡。现在独龙族人的健康意识提升了很多。”

该院院长黎强一见到记者，就说起了独龙江乡医疗方面的巨大变化。

在黎强的儿时记忆中，他所在的龙元村每年都有人意外去世。有的被毒蛇咬伤，有的外出采药、打猎摔下悬崖，有的妇女生完孩子大出血死亡。大雪封山的半年，人们有了病只能挨着。独龙江乡每个村都有巫师，却没有医生。当时，独龙江乡人均寿命仅30多岁。

黎强刚参加工作，就负责整个乡的防疫。他翻山越岭，上藤桥、过溜索，走遍了村村寨寨，宣讲常见病预防和传染病防治法，每接种完一轮疫苗，需要三个月时间。

如今，独龙江乡卫生院已经有了心脑血管救治站、自动洗胃机、B超机等。2015年，卫生院开始使用远程医疗系统，可以与昆明、珠海等地的医生会诊病人。

更好的日子还在后头

2007年，老县长高德荣试种草果，2011年实现部分挂果。在此基础上，2012年初，独龙江乡大面积推广草果种植，林业、农业等部门组合发力，通过免费发放草果苗、送技到家门等方式帮扶独龙族群众种植草果。

从一户到几户，从一个小组到几个小组，从一个村到几个村，独龙江乡草果种植面积目前已发展到6.8万亩。红彤彤的小草果，成了独龙族同胞脱贫致富的“金果果”。

除了草果种植，独龙江乡还通过“林+菌”“林+畜禽”“林+蜂”等模式，带动独龙族同胞发展羊肚菌、独龙牛、独龙鸡、独龙蜂等林下种养殖业，极大提高了林地利用率和产出率。

2019年国庆节，封闭改造两年的独龙江向游客限流开放。颇有头脑的独龙江人王战荣从中看到了商机，和妻子开办起了农家乐。“交通条件好了，来独龙江的游客越来越多，很多游客都在询问有没有吃住的地方。”王战荣说。

从农家乐的改造装修，再到自己亲自下厨，王战荣的农家乐慢慢步入正轨。为了吸引客流，他还在农家乐里设置了一个特产售卖点，推介草果、蜂蜜等独龙江原生态特产。

中午时分，记者来到孔当村“亚纳农家乐”，老板娘肯秀泉和丈夫梁向保正忙得不可开交。这家占地约1000平方米的农家乐，是夫妻俩通过小额贷款及县里扶持建成的，与之配套的还有一栋24个床位的“亚纳客栈”。肯秀泉说：“疫情得到有效控制后，游客一天比一天多起来了。”

余金成书记介绍说，近年来，独龙江乡注重生态保护与旅游开发，在巩固草果、中蜂、独龙牛养殖等传统优势产业的同时，着力发展羊肚菌、黄精、重楼等种植项目，加快发展民宿、农家乐、客栈等旅游服务产业。2019年，群众人均纯收入达到9000元以上。

随着独龙江3A级景区的创建成功，旅游业成为独龙江乡新的经济增长点。在距乡政府不远的山坡上，一个四星级的独龙江天境酒店已基本建成。“年内即可投入运营，可有效带动当地的旅游、餐饮、种养殖等相关产业。”余金成说。

在几个民宿景区，一些村民在河滩捡枯树枝，背回去当柴火。余金成说：“保护生态嘛！不能随便砍树、打猎、捕鱼。”看得出来，独龙族人环保意识越来越强。从前，独龙江乡路边能吃到野味，现在这些都不见了。

2018年底，独龙江乡实现了整乡和独龙族整族脱贫。

脱贫只是第一步，更好的日子还在后头。青山巍巍，绿水潺潺。如今，独龙江干部群众正在奋发图强，让山更青、水更绿，让未来的日子更美好。

编者手记

作为直过民族，独龙族的变化，是新中国成立以来少数民族跨越式发展的一个缩影。在国家的扶贫政策下，在像中交集团这样的帮扶单位的倾力相助下，从交通先行到居住、医疗、卫生再到产业发展，以及现在兴起的“互联网+”，独龙族实现了从“输血扶贫”到“造血扶贫”，从“授人以鱼”到“授人以渔”的转变，如今的整族脱贫，也是与国家发展同频，共享改革发展的成果。

>> 二十余年来，中交集团在扶贫中，留下了许多动人的故事。媒体作为时代的记录者，在他们的笔下，通过他们的镜头，让更多的人知道了中交集团，多年来在绿水青山中打一场没有硝烟的战争。在这些扶贫故事里，我们看到了中交人“逢山开路、遇水搭桥”的拼劲，感受到了他们“不破楼兰终不还”的决心和意志。二十余年的慎终如始、久久为功，终于有了今天的善作善成。如今脱贫攻坚任务已经全面收官，但是中交没有收兵，因为每一次抵达，都昭示着新的出发。期待会有更多的感人故事在中交人的帮扶中上演，中交也定能争取更大的胜利。

陆·媒体关注

中交集团构筑“脱贫攻坚”大格局

□《经济参考报》 李新民

2018年11月2日

“路险、地险、房险”，是云南省怒江傈僳族自治州“送”给当地人的“三险”称号。这里集边疆、民族、宗教、直过、贫困、高山峡谷于一体，是云南乃至全国脱贫攻坚的“上甘岭”，2017年贫困发生率达38.14%，远远高于全国贫困发生率。

“贫困面大，贫困程度深，贫困发生率远高于全省、全国水平。”怒江州委常委、副州长黄紫跃告诉记者，怒江州的贫困主要是因为怒江发展起点低、发展空间受限、交通瓶颈制约以及优势资源没得到开发。

在贫困程度深、贫困面广的基础条件下，如何在有限的时间里如期建成全面小康社会？中央企业如何在脱贫攻坚工作中展现央企担当？通过走进中交集团帮扶的云南怒江州扶贫点，我们一起探访脱贫攻坚的“中交模式”。

按照国务院扶贫领导小组和国资委的统一部署，由中交集团助力云南怒江州泸水、兰坪、福贡、贡山县和新疆英吉沙县脱贫摘帽，推动这五个县(市)与全国同步实现小康。在开展对口扶贫工作20多年来，公司实施帮扶项目25个，累计经济效益影响达3000多万元，直接受益人口2万余人。

发挥主业优势 聚力交通脱贫

“看天一条缝，看地一道沟，出门靠溜索，种地像攀岩”是怒江自然条件的真实写照。从怒江州府六库镇沿江而上到贡山县城，只有一条路，是泸水县、福贡县、贡山县通往外界的唯一主干道，同时也是怒江州唯一的交通大动脉。但这条大动脉却经常通而不畅，塌方、滚石、泥石流、路基塌陷……在怒江州的行走过程中，有一半在高黎贡山，一半在咆哮的怒江边上。

如今，交通仍是制约怒江州与全国同步建成小康社会的主要瓶颈，这一点，泸水市委副书记李迎雨深有体会。

作为云南目前唯一一个“三无”（无高速、无机场、无铁路）州市，基础设施尤其是交通基础设施严重滞后，是制约怒江地区经济社会发展的最大短板。李迎雨表示，在怒江修路有“三高”：建设成本高，投资数额高，技术难度高。而在怒江州建设资金筹措极其困难，当地财政自给率低，项目建设资金短缺，融资渠道少。又因村寨分散，一条路往往只能解决上百人甚至几十人出行，建设费用平均到每个人身上高得惊人。

中交集团驻怒江扶贫工作组组长、泸水市委常委、大兴地镇党委副书记王慧奇说，落后的交通条件，是制约怒江州发展最主要的因素。早在2014年，怒江州政府就计划在怒江上修建一座连通东、西两岸的现代化大桥，但因为资金短缺等问题迟迟未能实现。

为解决当地出行难题，中交集团结合怒江脱贫攻坚和经济发展的需要，成立“怒江州项目前期工作小组”，多次针对高速公路、轻轨等13个项目开展考察调研，提供项目规划“中交方案”。2018年8月8日，由中交集团投资1.04亿元，公规院设计、三公局承建的中交怒江连心桥项目正式开工。

中交怒江连心桥连接六库镇江东、江西两个片区，东岸与人民路及穿城路相连接，桥面设计为双向两车道，建成后将对优化和完善区域交通网络、缓解交通压力、改善当地群众生产生活条件起到举足轻重的作用。

“连心桥是中交集团在怒江州最大的援建项目，建设工期为30个月，项目的建成将对提升泸水城市品位、完善城市功能、构建城市交通、助力脱贫攻坚起着巨大的助推作用。”项目经理胡青松说。

俗话说：“路通民便。”缓解交通不畅，不仅要打造“大动脉”，更要疏通“毛细血管”。怒江州地处峡谷，各个村寨道路不便，“行路难，难行路”是怒江各族儿女生活环境的真实写照。

从泸水市六库镇至福贡县，我们一路驱车颠簸近半天时间才到达上帕镇腊吐底村，这里是福贡县计划建设的117个易地搬迁定居点之一，项目规划新建安居房50套，惠及50户202人（其中建档立卡贫困户44户178人）。然而，建设这样一条村级道路一开始就面临困境——由于地方财政吃紧，有40万元的资金缺口无法补齐，村民出行困难，维修房屋只能靠人力、马帮来驮运物料。中交集团挂职福贡县政府扶贫开发办公室副主任李常智在调研中获悉这一情况后，立即决定向公司打报告，提供40万元资金来弥补缺口，好让当地百姓尽早搬迁致富。短短四个月内，“环城路”便修通，将村里唯一一条上山不足1米宽的石板路变成了4米宽的水泥道，实现了“家家通”。

福贡县上帕镇腊吐底村俄夺底自然村第二书记阿南肯感慨道：“没有中交集团，也就没有这条‘环城路’。”

中交集团全力支持泸水规划交通，目前，正在帮助推进六片高速、六兰高速、丙腮大桥等重大项目前期工作，为今后泸水大交通格局打下至关重要的基础。

立足区域特色　拓展产业脱贫

离2020年脱贫摘帽只剩三年不到的时间，怒江实现林业生态建设与脱

□中交集团帮扶火龙果种植项目

□中交集团援建的饲草加工及肉牛养殖项目

贫攻坚的互促双赢，刻不容缓。记者在当地调研中了解到，当地贫困群众经济收入仍主要靠传统的种植业、养殖业，增收来源渠道单一，60%的贫困群众没有稳定的增收产业。村级集体经济薄弱，龙头企业、合作社带动脱贫作用不明显。当前，怒江的很多林特产品只能打“原”字牌，附加值较低。王慧奇表示，虽然全州核桃种植面积达上百万亩，但目前年产核桃却不足以撑起一个上规模的核桃深加工企业，怒江的核桃等其他农作物基本上只能作为原料外销。

农业基础薄弱，如何开展产业扶贫？中交集团以“产业帮扶”为龙头，以“分类实施”为路径，通过参股专业合作社、培育种养大户等方式，积极拓展产业扶贫思路，提高定点扶贫地区农户可持续发展能力。

在中交集团扶贫项目大兴地镇荣新火龙果种植基地，将近80亩的火龙果已经开始挂果。“我想在家乡做些产业，可是一没机会二没钱，中交集团一下把这两个大问题都解决了。”大兴地镇荣新火龙果种植基地致富带头人祝荣新说道。2020年第一次挂果，头茬收了700多斤，两天就卖光了。到现在已收了六茬果子，卖了4万多元。此外，合作社社员参与火龙果种植基地建设、火龙果种植养护及运输，每人每天也可获取最低100元工资。

祝荣新所在的火龙果种植基地正是中交集团在当地开展的产业扶贫中的一大亮点。王慧奇介绍说，火龙果种植基地总投入100多万元，其中20%由本村的牵头人投资，其余部分由中交集团无偿投入，预计2020年总收入达17万元左右，将给无偿入社的30户建档立卡贫困户每户带来1700元左右的收入。

除了火龙果种植，中交集团在自扁王基村又成立了肉牛养殖合作社，模式与火龙果种植合作社一样，培养一名村里致富带头人，出资20%担任合作社理事长，中交集团捐资80%，让20户建档立卡户成为股民，30%的经济效益归入村级集体经济，以结束村级集体经济零的历史。

“目前，占地1800平方米的现代化肉牛圈舍基本建设完成，村民已见到收益。”王慧奇说。

两个合作社，有效解决了当地贫困户的就业和持续增收问题，切实提高了农户的经济收入。“这种扶贫方式，对全镇都有带动意义。”大兴地镇党委书记赵冬至说。

除了火龙果种植基地和肉牛养殖合作社，中交集团又在当地发展养蜂产业，群众原来的养殖方式为粗放型养殖，不成规模，收益低。经过王慧奇和公司多次邀请，青岛姜岐中华蜜蜂研究院专家组先后对贡山县和泸水市470多个养蜂户和贮备养蜂户进行育蜂王、分箱等现代养蜂技术培训，助力当地养蜂产业发展。

“下一步，我们还准备引入中交集团的帮扶资金，在中华蜜蜂研究院的技术支持下，成立农民养蜂专业合作社、加工厂，打造推广怒江特色的蜂蜜品牌，使养蜂产业真正成为怒江群众脱贫致富的重要手段。”王慧奇说。

穷窝换新房　安居变乐业

激发贫困群众内生动力，怒江州有特殊的困难。当地60%以上的人口为直过民族，40%的人口不会讲普通话，人均受教育年限仅为6—7年，不少少数民族地区社会发育程度低。记者在怒江采访发现，一些贫困群众自我发展动力不强，祖祖辈辈生活在高山深谷中，与现代社会隔绝，缺乏主

□中交集团援建的怒江州易地扶贫搬迁安置点——恩感思落“中交小区”

动谋求幸福生活的动力、能力，精神贫困成了脱贫攻坚路上的拦路虎。

为解决“一方水土养不起一方人”的问题，中交集团坚持“挪穷窝、换穷业、拔穷根”并举，参与制定搬迁规划。按照“搬得出、稳得住、有事做、能致富”的要求，谋划脱贫搬迁规划工作，支持扶贫搬迁项目建设，出资1400万元援助云南怒江安置点建设，援建村级综合设施，着力打造搬迁脱贫示范村。

2017年，中交集团已审批通过贡山县普拉底乡腊咱中交小区危房改造项目，出资400万元作为易地扶贫搬迁示范村建设项目的配套资金，项目建成后，将极大改善769名（240户）建档立卡贫困人口的生活居住条件。

住上好房了，但增收支撑产业还没完全建立起来。特别是群众的思想观念还很落后，致富门路少，文明素质、环境卫生意识还需要大的提升。王慧奇说，部分贫困群众文化程度低，脱贫意愿不强，内生动力不足。“背靠墙头晒太阳，等着别人送小康”的“等靠要”思想严重，脱贫工作成效与预期目标还存在一定差距，实现脱贫攻坚面临较大挑战。

对口帮扶农民讲习所，是中交集团在当地扶贫的又一有力抓手。讲习所老师来村里与群众面对面宣讲扶贫政策、手把手传授技能技术，对村民转变思想观念、规划今后脱贫致富门路非常有好处。截至目前，中交集团出资200万元举办农民讲习所，累计培养1300人，提升就业技能，拓宽就业渠道。

怒江州新时代农民讲习所专职副所长苏义生告诉记者，怒江州目前共挂牌成立了州、县（市）、乡（镇）、村、组五级新时代农民讲习所1163个，建立了由3269名机关干部、行业名家、致富能手、乡土人才组成的讲师库，形成了“人人都是讲习员，处处都是讲习所”的讲习格局。未来两年，怒江新时代农民讲习所将针对少数民族群众文化素质偏低、劳动技能缺乏、脱贫攻坚内生动力严重不足的现状，创新宣讲培训方法，开展新型农民、农村劳动力转移、进城务工技能和文明素质培训，完成6500人劳动力综合素质培训任务，扶智送技能，助力怒江精准扶贫工作。

扶贫先扶智　培育内生动力

扶贫先扶智，自国家对怒江实施14年免费教育后，当地的建档立卡贫困户子女上学基本不产生任何费用，不仅免学杂费、住宿费，每生每年还可享受生活费补贴，但学校的硬件条件却成为当地教育振兴的拦路虎。

因地质隐患，洛本卓白族乡俄嘎小学原本的教学点搬到了村委会，学生上学没有固定场所。记者看到，中交集团捐资200多万元建设的新俄嘎小学校舍正在如火如荼地建设中，预计10月底竣工交付。

新教学点落成后，将被命名为“中交俄嘎希望小学”。希望学生们长大后能建设家乡，建设国家，俄嘎小学校长王映辉表示。

除了俄嘎小学，中交集团还提供帮扶资金300万元，用于泸水一中教学楼的建设，实现了当地初、高中分离办学的目标，具有里程碑式的意义。与怒江州团委设立“用心浇筑峡谷求学路”助学金、大兴地镇第一完小设立“中交教师奖励基金”、完善学校软件设施……一系列围绕贫困学生的积极措施，避免了怒江州学子因贫辍学的尴尬，也有效阻断了贫困代际传递，为当地贫困学子撑起了一片蓝天。

在福贡县，中交集团针对当地教育落后、人才短缺、观念相对封闭等现状，加大教育扶贫力度，出资300万元在福贡县设立职业教育扶持基金，定点自助贫困“两后生”入学，解决回流、辍学问题。所有“两后生”分别前往云南省民族中等专业学校、云南冶金高级技工学校等职业技师院校，进行汽车维修、计算机网络应用、工程机械运用与维修、电子技术应用等专业学习。

“我们计划用五年时间，持续帮扶3000名‘两后生’，有计划、有目标地提升当地群众的就业率。”李常智表示。

此外，毕业后自主创业的学生还有“贷免扶补”、小额担保贷款、创业培训、创业园区孵化等一系列创业服务及创业扶持政策，逐步实现“就业一人、致富一家、带动一片”示范带头作用。福贡县人社局局长和镇修告诉记者。

“对中交集团来说，扶贫工作不仅仅是一项政治任务，更是压在肩上沉甸甸的社会责任。我们将结合自身产业特点，充分发挥央企资源和产业链优势，不断加大对怒江州扶贫工作的支持帮扶力度，助力怒江打赢脱贫攻坚战。”王慧奇告诉记者。

编者手记

补齐脱贫攻坚短板，基础设施是关键。“要想富，先修路”，这个耳熟能详的口号折射出基础设施对于脱贫攻坚的重要性。长久以来，一些贫困地区受自然环境和地理区位的限制，基础设施建设滞后，严重制约着脱贫工作的持续开展。在怒江州的帮扶过程中，中交集团聚焦主业扶贫、立足特色脱贫，从交通扶贫、产业扶贫、宜居环境建设、教育扶贫等领域全方位帮扶，中交模式展现的就是央企的使命与担当。

怒江傈僳族自治州：在绿水青山中打一场没有硝烟的战争

□《光明日报》 卢璐

2018年11月5日

从青藏高原的唐古拉山自北向南，奔腾的怒江在声声咆哮中轰鸣而至。

它携手金沙江、澜沧江，穿越担当力卡山、高黎贡山、怒山和云岭，切开滇西横断山纵谷区，造就了“三江并流，四山并立”的怒江傈僳族自治州。

坐落于“三江并流”世界自然遗产核心区，怒江州有着极高的生态覆盖率，也有着傈僳族、怒族、独龙族、普米族等丰富的民族文化。

然而，生态和文化多样性的背后，是大山深处难以预想的贫困。

作为全国贫困发生率最高的深度贫困地区之一，怒江州全州四个县（市）均为深度贫困县，255个行政村中还有249个贫困村，2017年末有16.4万建档立卡贫困人口，贫困发生率达38.14%，是全国平均水平的10倍以上。

助推怒江州脱贫攻坚是云南脱贫攻坚的重中之重，打赢这场战役迫在眉睫。

“中交集团始终把扶贫工作放在心上，通过教育扶贫、产业扶贫、交通扶贫、就业扶贫等方式，改变怒江贫困面貌，赢取脱贫攻坚战的最终胜利。”中国交通建设集团有限公司董事长刘起涛说。

扶贫先扶智，让教育成为脱贫攻坚的播种机

内生动力是脱贫攻坚最根本、最稳定、最强大的力量。

据统计，怒江州有40%的人口不会讲普通话，人均受教育年限仅为6—7年。绝大多数村民祖祖辈辈都居住在大山深处漏风的木屋里，人畜混居，一年的口粮就指望着门前一亩三分地里的玉米。由于长期与现代生活隔绝，当地群众缺乏主动谋求幸福生活的动力、能力，精神贫困成了脱贫攻坚路上的拦路虎。

“扶贫先扶智，让贫困地区的孩子们接受良好教育，是阻隔贫困代际传递的重要途径。知识改变命运，我们努力为孩子们创造良好的学习环境，让他们学好本领，建设怒江，改变家乡面貌，创造美好生活。”刘起涛说。

家住泸水市大兴地镇自扁王基村的船春飞，自小父母离异，与腿脚不便的母亲和旧病缠身的哥哥相依为命。2017年，母亲的病倒让这个本就贫困的家庭负债累累、雪上加霜，原本在泸水一中读高一的船春飞悄悄退了学，跑到网吧打工挣钱。

中交集团派驻大兴地镇挂职党委副书记、自扁王基村驻村第一书记的王慧奇得知此事后，多次到船春飞打工的网吧找他面谈。

“高中就辍学，没有学到一门技术和手艺，是没有办法脱贫的，更不要说照顾好母亲和哥哥了。”王慧奇劝说道，“学籍和困难补助都无须担心，母亲的治病钱也会有着落，只有学到一门过硬的本事，才能更好地挑起肩上的责任。”

在王慧奇的劝说下，船春飞重新背起了书包，选择到怒江州职教中心学习会计专业。

“像船春飞这样辍学再返回技校就读的学生，会享有一定的优惠补贴，基本不用花钱，毕业后也有相关部门搭建平台，帮助他们就业。他们能够通过三年的学习，拥有一技之长，改变自己和家庭的命运。”王慧奇说。

针对船春飞这样因贫困失学的青少年，云南省委、省政府专门出台了“对迪庆州、怒江州初、高中毕业未能继续升学的农村户籍学生（即‘两后生’）开展职业教育全覆盖试点”的优惠政策。坚持把送“两后生”就读技工学校再就业，作为精准脱贫最直接、最现实，成本低、见效快，阻断贫困代际传递的最有效的方式。

在怒江州福贡县，中交集团投入300万元成立“中交集团职业教育扶持基金”，计划在国家拨款尚未到位的情况下先期补贴“两后生”生活费，解决学生回流、辍学等问题，帮助政府进一步输送“两后生”就读技工学校。目前，已解决213名“两后生”生活费问题。

如今，在职教中心学习的船春飞，已经开始憧憬着毕业以后找一份合适的工作，挣更多的钱给母亲治病，改善家里的贫困面貌。

精准产业帮扶，让“输血”变“造血”

脱贫攻坚需要建立一个长效化、市场化的脱贫机制。

“我一直坚信，产业帮扶最好的方式，就是把致富带头人培养成党员，把党员培养成致富带头人。”王慧奇说。

带着这样的信念，他敲开了祝荣新的家门。

几年前，祝荣新一直在从事贩卖核桃的生意，是当地率先富裕起来的一批人之一。王慧奇很欣赏祝荣新灵活的头脑和踏实肯干的精神，鼓励他发展特色产业，带领乡亲共同致富。

要想带着大伙儿致富，继续从事当地常见的核桃产业是很难实现的。于是，王慧奇和祝荣新开始了产业调研之路。

“我们几乎跑遍了整个云南省，到处去学习其他地方的优质产业。”祝荣新说，“最后我们发现了瑞丽的‘紫红心’火龙果，水分和含糖量都远超普通火龙果，口感好，市场价位高，前景也不错。”

可是在当地，普通火龙果苗可以免费得到，但“紫红心”火龙果的种苗却需要购买，仅前期投入就需要20万元，这几乎是祝荣新的全部家当。

王慧奇建议祝荣新，可以采用参股专业合作社的形式，合作社所获利润按股份分配，祝荣新股份占35%；合作社建档立卡户占65%，由中交集团提供帮扶资金。

就这样，采取“公司+合作社+农户”的经营模式的泸水荣新火龙果种植农民专业合作社正式成立。

然而，要说服村里的贫困户加入合作社并不是件容易的事。“很多贫困户都会问，能不能不加入合作社，直接让中交集团把帮扶资金分发到大家手里。”祝荣新说，因为对产业发展与合作模式的不熟悉，有的村民甚至不愿意在合同上签字。

“没做的事大家都不太敢做，我就问他们：你们觉得做什么只赚不赔？没人回答。”王慧奇回忆道，我就告诉他们，“不违反客观规律的事情，办法总是比困难多。”

在王慧奇和祝荣新的极力争取下，最终吸纳了建档立卡贫困户30户共94人参股。从2020年6月到11月，60亩的火龙果收获了六茬，仅头茬就有700多斤。

“我们就放在路边的一个小摊上卖，两天就卖光了。到现在已经有四万两千元的收入。”祝荣新自豪地说，盛果期后，火龙果的产量还会逐年增加。“今年参与进来的建档立卡贫困户，每户能分到1700元的利润，今年我一分钱的利润都不拿了，要让村民们切实感受一下合作社的魅力，知道合作社的运营方式是正确的，是能够顺利脱贫的。”

中交集团由输血到造血的产业扶贫不只是火龙果。近年来，中交集团先后共投入1456万元，实施了黄牛、生猪、山地鸡养殖，雪桃、重楼、秦艽、草果、白及、火龙果种植，以及饲料加工等一批产业扶贫项目，带动154户建档立卡贫困户增收脱贫。其中，高黎贡山上肉牛养殖基地，云雾缭绕，被称为“云端肉牛”。目前已存栏肉牛100头，将会带动20户建档立卡贫困户共计57人脱贫，王慧奇介绍说。

入户驻村，是跨越几千公里的援手

“脱贫攻坚，是一场没有硝烟的战争。”王慧奇说。

2016年，王慧奇主动请缨，从北京到怒江州，跨越2300多公里的距离，担任中交集团驻怒江扶贫工作组组长，泸水市委常委、大兴地镇自扁王基村第一书记。

两年多来，他带领村干部夯实基层阵地建设，实施产业精准帮扶，转变当地干部群众思想观念和工作作风，增强群众加快脱贫致富的决心和信心，获得众人的一致好评。

不远千里奔赴怒江州参与脱贫攻坚战役的，不只王慧奇一人。

2016年以来，中交集团4名扶贫干部分别驻扎在怒江州的4个县（市），扶贫项目遍布异地搬迁、产业、教育、劳务输出就业等各个方面。“我小时候也有过吃不饱饭的经历，所以对这里的生存状态特别有感触。”中交集团挂职兰坪县通甸镇通甸村第一书记、驻村扶贫工作队队长李继广说。中交集团一发出挂职扶贫的号召，李继广就主动要求从天津到怒江州来做扶贫工作。落后的交通条件，是制约怒江州发展的最主要因素。在怒江州境内，无航空、无水运、无铁路、无高速、无管道运输。道路等级低，农村交通路网不完善，30%的自然村未通公路。2014年，怒江州政府就计划在怒江上修建一座连通东西两岸的现代化大桥，但因为资金短缺等问题迟迟未能实现。今年8月，中交集团投资1.04亿元，正式启动大桥的建设。“现在国家的政策非常好，最终影响脱贫攻坚战役成败的，还是当地老百姓的观念。”福贡县扶贫办副主任李常智说，“有些事情看起来很小，但是只要它能够帮到周边居民的生活生产，我们都要去想办法解决。”刘起涛在10月召开的中交集团怒江扶贫攻坚座谈会上提到，“公司到怒江的挂职干部，要沉下身子，扎根一线，主动作为，为怒江脱贫攻坚贡献智慧和力量。”不久前，中交集团新选派的一批扶贫干部已经抵达怒江州参与脱贫攻坚战役。

两年半任期已满的李常智决定继续留下来，“我要待到2020年，怒江州彻底摘掉贫困帽的那一天。”他说。

编者手记

推进脱贫攻坚工作，需要发挥基层党员干部的引领作用。让基层党员干部成为带领群众致富的“领头雁”，就需要“把致富带头人培养成党员，把党员培养成致富带头人”。通过树典型，促进引领带动作用。在帮助贫困群众脱贫致富的工作中，发挥“一名党员一盏明灯”的致富带头人、引导者的作用，显得十分必要。

中交集团打好“组合拳”助力怒江决胜脱贫攻坚

□新华网　丁怡全

2018年11月7日

怒江傈僳族自治州，位于云南省西北部，是一个典型的集边疆、民族、直过、山区、贫困于一体的自治州。中国交通建设集团有限公司对怒江州进行对口扶贫工作已有20余年。

“助力怒江脱贫，是中交集团义不容辞的社会责任。为了让怒江的乡亲们过上好日子，我们想了很多办法。”中交集团董事长刘起涛介绍，近五年来，中交集团加大了对怒江的帮扶力度，在基础设施建设、产业扶贫、教育扶贫等领域打好“组合拳”，通过25个帮扶项目，累计经济效益影响达3000多万元，直接受益人口2万余人。

强基建　脱贫步入“快车道”

福贡县上帕镇腊吐底村委会俄夺底村内，规划新建一个易地搬迁定居点，惠及50户202人，其中建档立卡贫困户44户178人。但因定居点连接村级主干道的路弯大路窄，运输车辆无法开行，大部分建设物资全靠肩挑背扛，延缓了工期。

修一条从定居点通往村主干道的路迫在眉睫。“由于地方财政吃紧，有40万元的资金缺口无法补齐。大家对修路都不敢抱什么希望。”上帕镇腊吐底村支部书记阿南肯感慨万分。

“村民们都期待着能早点入住新房子，没想到进定居点的‘最后一公里’成了建房的最大障碍。”中交集团挂职福贡县政府扶贫开发办公室副主任李常智立即向中交集团申请40万元资金，补上缺口。

短短四个月，俄夺底村里原本不足1米宽的田间路拓宽成4米宽的通车路。“现在进出村子比原来方便很多，定居点建设的进度也大大加快。”阿南肯咧开嘴笑着说。

基础设施建设的短板，是制约怒江州发展的主要因素。早在2014年，怒江州政府就计划在怒江上修建一座连通东、西两岸的现代化大桥，但因为资金短缺等问题迟迟未能实现。2018年中交集团投资1.04亿元，中交怒江连心桥项目正式开工。“连心桥是中交集团在怒江州最大的援建项目，建桥是中交的强项，我们放心！”怒江州扶贫办副主任陈贵刚说。

兴产业 脱贫有了“源头活水”

怒江州全境被怒江纵贯，夹岸高山绵延，谷中江水急湍。“可山越高平地就越少，山上的村民除了在缓坡上种些粮食自给自足，根本没有可以致富的产业。”怒江州泸水市扶贫办主任刘德华介绍。这几年怒州却有大不同，中交集团为怒江产业发展注入新活力。

“我们充分利用怒江优质资源，打造特色产业，为贫困群众提供更多稳定的收入来源。”刘起涛说。2016年，中交集团在泸水市大兴地镇自扁王基村实施了火龙果种植和肉牛养殖两个产业扶贫项目，共投入资金216万元。火龙果种植面积达60亩，2018年已经挂果产生效益，带动30户建档立卡贫困户94人脱贫。肉牛项目已存栏肉牛100头，预计能带动20户建档立卡贫困户共计57人脱贫。

中交集团派驻怒江的挂职干部王慧奇介绍，火龙果合作社社员还可以参与基地建设、火龙果种植养护及运输，每人每天最低工资100元；肉牛养殖基地的牛饲料大部分购自当地百姓，在基地打工，每天最低工资也有100元。

近年来，中交集团先后共投入1456万元，实施了黄牛、生猪、山地鸡养殖，雪桃、重楼、秦艽、草果、白及、火龙果种植，以及饲料加工等一批产业扶贫项目，带动154户建档立卡贫困户增收脱贫，中交集团在怒江州的产业扶贫“造血”工程逐渐步入正轨。

重教育　阻断贫困代际传递

中交集团腊吐底希望小学的前身是腊吐底完小，是上帕镇腊吐底村唯一的一所全日制小学。在校学生87人，均为傈僳族农村学生，其中贫困学生占60%以上。

“校舍年久失修，一到下雨就会漏雨。”初见腊吐底完小的感觉，李常智难以忘怀。为了改善师生的教学环境，中交集团出资40多万元，在学校原址上进行了改造。装饰一新的教室，让老师、家长都竖起了大拇指。

“中交集团腊吐底希望小学是全县条件最好的学校之一，希望中交集团能帮助我们建起更多的学校，为怒江孕育更多希望的种子，培育出更多的人才。”福贡县教育局副局长张秀华感叹说。

在怒江州，一些人祖祖辈辈生活在高山深谷中，精神贫困成了脱贫攻

□中交集团所属单位为怒江州兰坪县中排乡捐赠电教室

坚路上的拦路虎。中交集团瞄准“看不见的贫困”，开展覆盖范围从幼儿园到大学各阶段的教育扶贫措施，阻断贫困的代际传递。

2018年3月，泸水一中一座特殊的新教学楼——“中交楼”落成并投入使用，为初中部992名学生、58名教师改善了教学环境。同时，中交集团与怒江州团委联合推出希望工程助学项目，从2018年起至2022年，连续五年每年投入200万元，对全州范围内的贫困学生进行资助。“我们的资助能覆盖到全州范围内的583名大专以上贫困学生，确保他们顺利完成学业。”怒江州团委副书记尹秀云说。

编者手记

从强基建到兴产业再到重教育，中交集团在怒江州的扶贫工作中打好了“组合拳”，确保精准扶贫思路落实见效。打出扶贫“组合拳”，需要走进扶贫点，因地制宜进行帮扶。对于怒江州的贫困地区，贫困的难题、贫困的程度、群众的期盼不同，在解决贫困的难题中，自然需要因地制宜、因人施策，在决战决胜脱贫攻坚的过程中走好“特色扶贫”之路。

央企探路“后扶贫时代”

□《国资报告》　刘青山　殷丰收

2019年10月17日

文又凤是个苦命人。

身高不足1米的她，干不了农活打不了工。丈夫一条腿残疾，儿子几乎下不了床。多年来，尽管政府时有资助，但一家三口总是愁眉不展。

这两年，文又凤一家的命运有了转机。

在中交集团的支持下，村里办起了火龙果专业合作社。按照扶贫政策，理事长祝荣新聘用了文又凤等10多个建档立卡贫困户，帮着打理种植园，每人每天100元工钱。文又凤每天都去帮着做点杂活。

村里用中交集团给的4万元补贴，帮文又凤家建起了两层楼六间房。楼上住人，楼下出租，每个月大约有1000元的稳定收入。

对于现在的生活，文又凤很满意。“有事做，能赚钱，好的嘛。”

不大会说普通话的她，满脸洋溢着发自内心的笑容。

在云南怒江州，包括文又凤在内的建档立卡贫困户，还有很多。

怒江三江并流、群山环绕，98%以上的面积是高山峡谷。千百年来，这里的傈僳族、白族、独龙族群众，零散居住在江畔、山腰。全州仅有耕地100万亩，70%以上的耕地坡度在25度以上，有的甚至达60度以上。“看天一条缝，看地一道沟，出门靠溜索，种地像攀岩”。

怒江州54万人，超过90%是少数民族，近90%是农民，有26个民族直接从原始状态跨越到社会主义。至今，这里无高速、无机场、无铁路、无燃气。受自然条件限制，这里村民受教育程度低，加之过度饮酒、近亲结婚，致病致残率高，这里成了全国贫困发生率最高的地区——2018年末，全州建档立卡贫困人口为14.3万人，贫困发生率32.52%，而同期全国的贫困发生率已降到1.7%。

这种情况，在全国并非个例。

云南怒江州与甘肃临夏州、四川凉山州，以及西藏、新疆南疆四地州和四省藏区（统称为“三区三州”）同属于国家层面的深度贫困地区，这些地区自然条件差，基础设施建设落后，贫困群众的脱贫能力弱，导致贫困发生率高、贫困程度深，是国家脱贫攻坚最难啃的“硬骨头”。

如何啃掉这些硬骨头，如何确保这些地区的贫困人口脱贫后不返贫？不仅是各级政府的当务之急，也给承担具体对口任务的央企带来了巨大挑战。

脱贫攻坚战中，中央企业承担着42%的国家级贫困县的对口帮扶任务，其中相当一部分位于深度贫困地区。以怒江州为例，中交集团就对口帮扶了所属的四个贫困县（市）。

2019年8月，《国资报告》记者和社科院刘小珉研究员一行，走访了怒江州，以及同为深度贫困地区的青海西宁湟中县等地。采访调研过程中，记者注意到，以中交集团和央企扶贫基金为代表的中央企业，已经在攻克脱贫攻坚的最后堡垒，建立致富长效机制，乃至在后扶贫时代央企如何作为等方面有了深入的思考和探索。

点对点

如何让“文又凤们”彻底脱贫？这是中交集团派驻怒江州自扁王基村两任第一书记王慧奇、王永刚最牵挂的事。

自扁王基村共有七个自然村14个村民小组，主体民族为傈僳族，常驻居民648户1945人。其中有建档立卡户272户809人，人均耕地不足1亩，致贫原因包括因病、因残、无地、无技术、无劳力等。

靠输血？治标不治本。一旦停止或者力度稍减，贫困就会卷土重来，甚至还会养出大批坐待吃喝的懒汉。

想造血？得有致富路。满山的树木卖不得，种的玉米值不了几个钱，出门打工没文化，在家创业没方向。

找到致富带头人，才能打通脱贫路。

□中交集团援建的怒江绿色香料产业园项目

村民祝荣新，进入了王慧奇的视野。出生于1985年的祝荣新读到高二，就因家贫辍学出门打工了。当过保安，开过大货车，认识了妻子之后返乡，两口子做了八年核桃生意，盖了房，买了车，攒了钱。

王慧奇了解到，祝荣新多年的闯荡，积累了一定经营经验，是一个可以培养的致富带头人。2017年，在王慧奇的介绍下，祝荣新入了党，也开始更多地关注村民脱贫的事。

经过多方考察，他们选择了流转村民土地，种红心火龙果。火龙果挂果早、产量大、售价高，一年多熟又耐旱，最适合在日照时间长、气候温暖的地方种植。

为了扶植村里的火龙果产业，中交集团支持成立了泸水荣新火龙果种植农民专业合作社。一年多来，合作社先后投入了100多万元，其中20%由祝荣新投资，其余部分由中交集团无偿投入，最终收益由祝荣新、自扁王基村村集体和本村建档立卡贫困户按照比例分成。贫困户和其他村民参加田间劳动，还能获得劳务收入，中交集团则分文不取。其他村民则可以通过流转土地的方式获益，每亩地每年1200元。

创业之初，祝荣新一次拿出了26万元。为此，他跟妻子没少吵架。“她也是为我好，怕钱打水漂。”

现在好了，合作社的火龙果种植面积已经达到了100多亩。第一期已经挂果销售。因为口感好，价格公道，这里的火龙果打出了知名度。合作社也给村民分了两次红，让大家分享丰收的喜悦。

前不久，在王永刚的带领下，祝荣新和火龙果还上了央视的扶贫公益节目。“回来后，一天要接几十个电话。以前愁销路，现在愁产量跟不上。”

站在怒江江畔的火龙果种植园里，祝荣新一边揪去开败的火龙果花，指着江水上游说：“我有个大计划，把种植基地扩大到上游去，至少能带动80户贫困户，到时候咱们村就彻底脱贫了。”

要扩大生产，投资从何而来？规模扩大后如何应对各种风险？产业化种植后企业如何管理？市场扩大后如何应对残酷的竞争？如果经营不善，恐怕不光是他个人血本无归，全村的建档立卡贫困户都要一起遭殃。

一想到这个，祝荣新就头疼。

富一方

与怒江州类似，青海省是贫困问题严峻的民族地区。青海涉及四省藏区、六盘山区，集高原地区、西部地区、贫困地区于一身，贫困覆盖面广，贫困发生率高。

为了带动青海等贫苦地区如期脱贫，由全部中央企业出资、国投创益受托管理的央企扶贫基金没少花心思。

这几年来，央企扶贫基金先后在青海投资了青海西部镁业、青海国投旅游、青海临空等项目。同样由国投创益管理的贫困地区产业基金还投资了青海风电项目。

为了提高投资效率，提升投资质量，央企扶贫基金还发起设立中央企业贫困地区青海循环经济产业投资基金合伙企业（以下简称“青海子基金”）。青海子基金总规模4亿元。其中，央企扶贫基金出资3亿元，青海省公共设施建设投资有限责任公司出资9900万元，基金管理人青海海控资本管理有限公司出资100万元。

“相比而言，本地人对青海各地的资源禀赋更加熟悉，对企业的了解更深入，走访起来也更方便，能够提升投资效率，提升投资质量。”央企扶贫基金总经理、国投创益董事长王维东介绍说，青海子基金的设立，不仅进一步发挥了资本的放大效应，而且投资的都是绿色循环产业，非常符合国家给青海省的战略定位。

比如，2018年5月，青海子基金向青海方能公司投资4100万元，在西宁市湟中县多巴镇建起了20兆瓦分布式光伏农业扶贫发电项目。

光伏项目多在山坡上、屋顶上，这里的光伏却分布在两个大坑里。青海方能总经理李鹏说：“多巴的藏语意思是三岔河口。这个地方产沙，从清朝就挖，挖了许多大坑。在沙坑里建设，即节省了土地，又降低了成本，光伏板下边还养着鸡鸭呢。”

作为扶贫项目，多巴的光伏可以享受20年的价格补贴，而且上网数量不受限，因此收益非常稳定。“大概每年8%左右。”李鹏说。

与火龙果种植项目不同，光伏项目的收益并不是直接交给贫困户。

按照规定，该项目每年向县政府提供200万元的扶贫专款，覆盖当地667名由政府兜底的建档立卡贫困户，每人每年3000元，为期20年。

2018年，该项目已向当地政府上交了1200万元所得税，以及200万元的增值税。对于一个有着4万多贫困人口的国家级贫困县来说，这是一笔相当可观的财政收入。

在湟中县，青海子基金还向青海开河置业投资有限公司投资1亿元，用于南川开发区文化旅游创业园建设项目。

青海子基金管理方、青海海控资本总经理陈伶说，这一项目立足当地稀有的温泉资源，建设了西部地区最大的全季节、全天候室内温泉水上乐园。

目前，该项目已提供了495个就业岗位。开河置业董事长游海宁说：“项目建成后，将在带动周边地区产业转型，带动当地消费升级，改善局部投资环境，增加政府税收等方面发挥积极作用。”

青海子基金还投资了另外两个项目，一为光伏发电，一为环保产业。目前共撬动总投资达到17.3亿元，解决了1800人的就业问题，每年上缴税收2亿元。

为什么不选择投资直接带动能力更强的种植、养殖类项目？

陈伶有着自己的苦衷：青藏高原地区自然环境恶劣，环保标准较高，种植养殖业发展困难，对扶贫资金安全回收的影响较大，“一些小企业、个体户会认为，扶贫基金的投资是无偿的，根本没有还钱意识”。

为了确保基金的投资安全，青海子基金更倾向于投资国有企业、大型民企等有担保、更规范的项目，确保基金到期安全退出。

比如，青海方能大股东就明确表示，“合同中对退出有明确约定。项目本身的收益和我们自身的能力，足以保证届时基金平稳退出”。

再比如，对开河置业的投资，将于五年后由开河置业的大股东进行回购。

谋长远

全面建成小康社会时间紧，任务重，奋战在脱贫攻坚一线的央企不断加大力度。

国资委综合局社会责任处提供的数据显示，截至2018年底，中央企业结对帮扶了1429个县968个乡9041个村。2018年，中央企业投入帮扶资金37.98亿元，引入帮扶资金13.64亿元，带动60.56万建档立卡贫困群众脱贫。2019年上半年，中央企业在定点扶贫县投入无偿帮扶资金15.5亿元。

同时，中央企业立足自身优势，创新扶贫手段，不断提升贫困地区造血能力。

比如，2019年上半年，中央企业共实施产业扶贫项目689个，帮助引进企业155个，企业投资21.22亿元，带动26.87万建档立卡贫困人口脱贫。上半年中央企业帮助1.12万贫困人口实现转移就业，招用贫困家庭人口2451人，对94万贫困人口开展就业技能培训。持续推动教育扶贫，上半年中央企业共投入教育扶贫资金3.4亿元，援建学校101座，资助贫困学生2.63万人。

低头拉车，还要抬头看路。2020年关键节点转瞬即至，如何在后扶贫时代积极发挥作用？不少中央企业已开始思考和布局。

无论是中交集团费尽心力寻找、帮扶农村致富带头人，还是央企扶贫

□中交集团招聘团队走进怒江州开展怒江籍大学生专场招聘会

基金及其子基金更加稳妥的投资，其指向都是一致的，即探索在贫困地区建起搬不走的“银行”。

为此，中交集团多措并举，以聚力交通扶贫、搬迁扶贫、产业扶贫、教育扶贫、就业扶贫和基建扶贫为抓手，确保脱贫工作务实、脱贫过程扎实、脱贫结果真实。

交通不便，是怒江发展最大的瓶颈之一。一包水泥在山外卖25元，运到山上就得150元。1998年，这里的独龙乡才通公路，村民才见到汽车，此前村民到县城就要走上3天。

怒江所需，恰是中交所能。怒江州扶贫办副主任李树权说：“中交集团有技术、有人才、有经验，在改善怒江交通条件方面具有优势。”

再比如，为了让受教育程度较低的群众能有一技之长，从2017年起，中交集团捐资1000万元，在怒江州办起了五级共1920个农民讲习所，将常年与世隔绝的农民集中起来，一方面教他们扫地、叠被、用电等现代社会生存技能，一方面进行保安、保洁、护林员、建筑工等基本工作技能培训，同时确保党的精神进乡镇、进村寨、进教堂（当地少数民族信教比例为20%），确保大家听党话、跟党走。

怒江州党校副校长、州农民讲习所专职副主任杨六红说，2018年举办了5000多场培训，3.3万人次参加。“我们希望通过这种形式破解直过民族跨越式发展的难题。”

为了给当地群众吃下定心丸，2018年，中交集团党委书记、董事长刘起涛在怒江调研时表示：“对怒江的帮扶，不能只着眼于全面脱贫，要做好2020年之前的脱贫攻坚与2020年以后的乡村振兴战略相衔接，开展50年的结对帮扶。”

资金是企业运行的血液，“三区三州”企业资金积累困难，而市场运行的逻辑决定，深度贫困地区的投资回报率较低，资本不会优先选择这些地区投资兴业。而只有打通资金融通难题，才能为“三区三州”中小企业打造出致富的金钥匙。

2019年，中交集团与怒江州共同注资，成立中交怒江投资开发公司，标志着中交集团怒江扶贫工作进入新阶段。

按照中交集团2018—2020三年脱贫攻坚计划安排，中交怒江投资开发公司将开展包括扩大火龙果种植面积在内的产业扶贫、包括福贡县木尼玛大桥建设在内的基础设施建设工程和建设村级医疗机构、培训医务人员的医疗卫生扶贫工程等八大帮扶类项目约4.9亿元的投资。除帮扶类项目外，中交集团还开展了怒江新城绿色香料产业园、贡山通用机场项目、丙中洛特色小镇等投资类项目。祝荣新管理的火龙果园就在中交怒江投资开发公司的投资计划之内。王永刚和祝荣新计划着，要成立怒江州火龙果产销联盟，把产业做大做强，种植水平搞上去，风险承受能力提上来，大家有序竞争、一起致富。“得按照市场规律办事，不能让人家带着扶贫的善意来，带着对产品的失望走，总这么搞，买卖就做死了。”

与中交集团专门针对一地不同，国投创益管理的央企扶贫基金和贫困地区产业投资基金的辐射范围明显更广。目前，两只基金累计投资项目120余个，金额超过200亿元，已投项目涉及全国27个省（区、市），覆盖了全部14个集中连片特困地区，引导带动社会资本超2000亿元。已投项目完全投产后，将直接或间接带动48万人就业，年均为就业人口提供收入32亿元，为地方政府提供税收30亿元。2019年8月，央企扶贫基金完成第三期募资，基金总规模已达314.05亿元。国投集团总会计师、央企扶贫基金董事长沈翎表示，基金第三次募集的资金将聚焦14个集中连片特困地区和“三区三州”等深度贫困地区，加大投资力度，优化投资策略，提高扶贫效果，打造央企扶贫品牌。在实践中，国投创益管理的两只基金及其子基金，针对投资企业的需求，提供具有针对性的投后管理服务，拓宽项目退出渠道，通过多种退出方式完成退出项目七个，收回本金及收益6.2亿元，积累了投资项目全生命周期管理的经验。比如，李鹏表示，青海子基金在帮助对接地方政府和电网企业方面发挥了积极作用。“开始遇到了土地方面的困难。子基金帮忙沟通后，县里专门成立了工作小组，很快解决了问题。”当然，对于未来，作为探路者的央企扶贫基金也好，怒江投资公司也好，并非全无担心。比如，陈伶提到，与青海省的扶贫需求相比，目前青海子基金4亿元规模仍然偏小。“另外，基金定位不同，考核评价标准应该更加科学，不能太看重投资项目直接带动多少贫困人口等指标。”陈伶表示，目前国内的基金分为三类，一类是纯市场化基金，注重投资回报；二类是公益、慈善类基金，注重社会效益；三是扶贫产业基金，介于两者之间，既要注重社会效益，投资项目要有扶贫效应，更要符合国家产业方向，也要保证资金安全，确保资金收益、安全退出。陈伶认为，尤其是到了2020年之后，应该更加注重考核基金投资后，对县域经济、产业发展的影响。“这些改善了，才能持续稳定造福百姓。”陈伶认为，对于央企扶贫基金也好，子基金也好，这些挑战都是共通的。展望未来，沈翎提到，央企扶贫基金将积极对接乡村振兴战略。“在保证投资资金安全的前提下，追求社会效益和资金效益的统一。”在这一点上，中交怒江投资开发公司的目标是一样的。李永说，初期没有考核指标，但后期还是要走市场运作路线，为当地企业树立榜样，“要在完成脱贫攻坚、乡村振兴的前提下，实现国有资产的保值增值和市场化运作”。

对于青海子基金和怒江投资开发公司，想吸引一支优秀的投资人才队伍扎根贫困地区，也是巨大的挑战。“投资人才要求非常高，本地招人是比较困难的。”

怒江投资开发公司的人才队伍，基本是中交集团派驻的。

青海子基金的做法是，与发达地区的企业合资成立管理公司。海控资本是长江资本和青海方面共同投资组建的，海控资本的几位主力人才，就是从武汉派驻到西宁的，现在其中部分人才已经在青海成家落户了。

记者采访发现，央企探路后扶贫时代，关键在于以市场化、专业化方式进行扶贫工作的供给侧改革，寻找各类所有制企业合作的更好模式，激活深度贫困地区各市场主体的内生活力和发展动力，努力找到央企改革发展和承担社会责任的最佳平衡点，构建央企与社会的命运共同体。

中国社科院研究员刘小珉说，在专项扶贫、行业扶贫、社会扶贫“三位一体”大扶贫格局之下，脱贫攻坚成效显著。在2020年后脱贫攻坚时代，包括央企扶贫在内的部分社会扶贫工作将从单向无偿支援，走向逐步按市场经济规则运行的对口协作新局面，为未来持续扶持欠发达地区奠定良好的基础。而中交怒江投资开发公司和中央企业扶贫基金的扶贫管理模式可复制、可推广，为中央企业扶贫之路提供了值得借鉴的未来模式。

编者手记

找到致富带头人，才能打通脱贫路。以中交集团为代表的央企，在一些深度贫困地区帮扶的过程中，因地制宜，根据当地的实情采取适宜的帮扶政策，在取得现有成果的基础上，积极探路后扶贫时代。中交怒江投资开发公司这样的探索典型，为央企扶贫之路提供了值得借鉴的未来模式，为脱贫攻坚贡献了“中交智慧”。

24年真金白银，久久为功，中交集团一心只愿怒江各族人民过上好日子

□《云南日报》　李寿华

2019年10月30日

怒江大峡谷，人人牵挂的地方。

这里的生态之美，让人窒息。这里的贫困之深，令人心痛。

29个乡镇中，有26个乡镇是直接从原始社会末期过渡到社会主义社会的直过区。2018年底，怒江傈僳族自治州依然有206个贫困村14.29万建档立卡贫困人口。

山河遥远，以心为桥。从中央到地方，从机关到企业，社会各界对怒江的支持帮助接踵而来、源源不断。

从1995年挂联帮扶怒江以来，中国交通建设集团有限公司从修桥铺路到产业建设，从技能培训到教育就业帮扶，真金白银，久久为功，一心一意帮助怒江打赢深度贫困脱贫攻坚战，让怒江各族人民过上好日子。

发挥主业优势，聚力交通脱贫

在怒江，若问老百姓最盼望什么？回答是：修路！

四山夹三江，蜿蜒万重山。路，一直是怒江发展的最大制约。

州府六库，一江穿城，地界狭窄，跨江桥梁少，堵车、过江难痼疾一直制约着城市发展。2014年，怒江州计划修建一座连通东、西两岸的现代化大桥，却因资金短缺而望江兴叹。

2018年8月8日，投资1.04亿元的中交怒江连心桥破土动工。该桥建成后将对优化和完善六库交通网络、缓解交通压力、改善当地群众生活条件

起到举足轻重的作用。

每天傍晚，退休干部波干益都要到江边走一走，用手机记录中交连心桥的建设变化。

“主桥加工已完成了。明年，古老的六库渡口又多一个城市风景了。这是中交亲人给六库市民最美好的礼物。”波干益说，连心桥连接着中交人和怒江各族人民的心。

福贡县准备在上帕镇腊吐底村修建50套安居房。然而，一条宽不足1米的进村泥巴路成为拦路虎。材料运不进去，人背马驮费时费力费钱。中交集团挂职扶贫干部李常智联系帮扶，短短四个月内，就将这条泥巴路拓宽成4米宽、绕村联户的水泥大道。

一条路带活一个村。一栋栋安居房拔地而起，种植业、养殖业发展起来了，腊吐底村脱贫攻坚进入快车道。

“没有中交亲人修建的这条路，我们脱贫步子不会这么快。”腊吐底村党支部书记阿南肯感慨地说。

2020年，中交集团投入1.45亿元援建的木尼玛大桥动工兴建。易地扶贫搬迁安置点、柑橘生产基地、草果烘干厂如雨后春笋般拔地而起，木尼玛山寨迎来新的发展春天。

“这是中交亲人给我们修建的连心桥、产业桥、幸福桥。它将连接我们的好日子。”村民们用质朴的话语表达喜悦和感激之情。

中交集团三年投入1000万元支持怒江持续举办皮划艇野水国际公开赛，提升怒江知名度、美誉度，加快体育、旅游产业发展。

中交人、中交情，跨越千山万水，就这样走进大峡谷，走进怒江贫困群众心里。

立足区域特色，拓展产业脱贫

怒江大峡谷陡坡地多，平地少，可耕地稀缺，春种一山坡，秋收一箩筐。

泸水市大兴地镇自扁王基村灯笼坝，交通便利、水源充足。多年来，当地群众守着千亩水田过着穷日子。

金秋十月，灯笼坝荣新火龙果基地姹紫嫣红，映红了农家丰收后喜悦的脸庞。

该基地是中交集团在当地产业扶贫中的一大亮点。一期工程投入100多万元，采取“专业合作社（致富带头人）＋贫困户＋村委会”的模式开展，利润将无偿给入社的30户建档立卡贫困户分享。

“社员除了分红，还参与基地建设、种植养护及运输，每人每天可得到100多元劳务收入。”合作社负责人祝荣新说。

“这样带动性强、收益高的产业扶贫，要进一步扩大，规模化发展，提高覆盖面，让更多贫困群众从中受益。”2020年5月9日，中交集团党委书记、董事长刘起涛到怒江调研，对火龙果产业帮扶给予高度肯定。目前，该基地火龙果种植面积已增加到251.6亩。

2020年10月16日，中交集团总经理宋海良到怒江调研脱贫工作，要求做大做强火龙果产业，向深加工延伸，提高经济效益，惠及更多老百姓。未来，基地将以免费提供种苗、技术的方式，带动大兴地镇发展上千亩火龙果产业。

2016年8月，中交集团扶贫干部王慧奇、傅大华从满山满谷的红花绿草中，发现了蜜蜂养殖业这条脱贫新路子。中交集团投入500万元，在贡山独龙族怒族自治县丙中洛镇建设乡村旅游、中华蜂养殖为一体的中华蜂文化产业园区。改变当地养蜂业规模小、养殖技术不规范、产量低的状况，带动该县430户建档立卡贫困户入股分红，为周边村民提供就近就业岗位，带动“怒江花谷”生态建设、乡村旅游产业和服务业发展，为怒江未来发展20万箱中华蜂养殖业奠定了坚实的基础。

挪穷窝，学技能，安居乐业奔小康

清晨，东边高山刚露出鱼肚白，自扁王基村村民蔡南文就开始忙碌起来，清理杂物、粉刷墙壁。

蔡南文一家生活全靠务农维持，属建档立卡贫困户。一家三口在父辈留下的石棉瓦危房里住了15年。

在中交集团所属中交房地产公司帮扶下，蔡南文拆了危房，在原地基上盖起了二层楼房，一层有两间商铺可用于出租、开小卖部，妻子到火龙果基地务工，有了稳定的收入来源。

一向愁眉苦脸的蔡南文变得爱笑了。因为，未来的生活阳光灿烂，有了奔头，有了希望。

把责任担在肩上，把笑脸留给贫困群众。多年来，中交集团积极参与怒江易地扶贫搬迁工作，出资1400万元，着力打造易地扶贫搬迁示范村，帮助怒江解决好"一方水土养不起一方人"的问题。

2017年，中交集团开展贡山县普拉底乡腊咱中交小区危房改造项目。建成后，将极大改善769名（240户）建档立卡贫困人口的生活居住条件。

漫长的扶贫路上，中交集团一直坚守一件事情，那就是"要输血加造血，授人以渔，让贫困群众有一双'有技能的手'"，在扶智扶技上做出中交特色。

福贡县上帕镇建档立卡贫困户邓前迪参加了怒江州新时代农民讲习所为期15天的专业培训，不仅学到技术，改变了观念，还拿到了砌筑工证书。现在，邓前迪承包小工程，不仅收入增加了，脱贫信心也增强了，还带动了村里八名建档立卡贫困户跟着他干建筑活，月收入达到4000多元。

对口帮扶怒江州新时代农民讲习所，让直过民族贫困群众在讲习所学技能、转观念，提升素质，实现创业、就业梦想，是中交在怒江智技扶贫的又一有力抓手。

有了中交集团三年700万元资金帮扶，怒江州新时代农民讲习所集中举办了保安员、建筑工、电商业务、厨师、电工等培训，累计3193人（其中建档立卡贫困户1890人）从中受益，263名学员获得了相关证书。2018年，怒江州新时代农民讲习所获得云南省2018年脱贫攻坚扶贫先进集体，2019年获得云南青年五四奖章集体。

"正因为有像中交集团这样真扶贫、扶真贫的单位进驻。助推怒江'每天都在变化、每时都在进步'，怒江脱贫攻坚取得突破性进展。"怒江州委书记纳云德如是说。

为峡谷孩子插上梦想翅膀

夜晚，泸水一中崭新的“中交楼”里，各民族学生们穿着整洁的校服，在各种教学设备齐全的教室看书学习。而百里外的兰坪白族普米族自治县县城，中交集团投入1.5亿元援建的新时代希望学校项目工地，车来人往，机器轰鸣，一片繁忙。

辐射兰坪四乡四镇的新时代希望学校，新建校舍约4.367万平方米（包括中小学教学楼、中小学学生食堂、图书馆），可容纳3500名学生，为3000名学生提供住宿。该项目是兰坪打赢教育精准扶贫攻坚战的重要突破口，对解决县城易地扶贫搬迁户、外来务工人员家庭小孩上学难问题，提升全县办学管理水平，提升教育教学质量具有重要意义。

美丽的教学楼、崭新的图书室、碧绿的草坪、山里娃琅琅的读书声，构成了俄嘎村寨一幅亮丽的风景。

因地质安全问题，前些年，泸水市洛本卓白族乡俄嘎小学搬到村委会，学生上学无固定场所。中交集团了解到情况后，捐资200多万元建设中交俄嘎希望小学，185名学生在美丽的校园里安心求学、逐梦未来。

扶贫先扶智。中交集团帮扶怒江以来，对教育帮扶高看一眼、厚爱一分。设立“中交情系怒江•农村教师专业成长计划”，2019年投入300万元，帮助怒江农村中小学教师学习专业知识，提高农村学校管理水平和教育教学质量。与共青团怒江州委设立了“用心浇筑峡谷求学路助学金”，在福贡县设立职业教育扶持基金，帮助贫困“两后生”入学等一系列教育精准扶贫，有力推进了怒江民族教育健康发展，有效阻断了贫困代际传递，为怒江贫困学子撑起了一片蓝天。

“这两年中交集团帮扶怒江的力度发生了翻天覆地的变化。”怒江州委副书记、州长李文辉说，中交集团充分发挥央企资源和产业链优势，全方位开展基础设施、产业、教育、技能、就业帮扶，激发怒江贫困群众内生动力，自立自强，发展生产，摆脱贫困，过上好日子。

政企联手，建立长效帮扶机制

2019年5月10日，中交怒江产业扶贫开发公司在怒江挂牌成立。这是中交集团结合怒江资源禀赋，政企联手，创新扶贫思路和模式，建立融扶贫、投资、商业运营为一体的新机制，依托中交品牌，加快特色小镇、绿色香料产业园区、旅游产业、交通基础设施、品牌宣传建设步伐的新举措，为全面打赢怒江深度贫困脱贫攻坚战贡献“中交力量”。

“24年同舟共济，中交集团与怒江是发展共同体、利益共同体和命运共同体关系。对怒江的帮扶，不仅要聚焦高质量完成脱贫攻坚帮扶任务，更要着眼于未来乡村振兴战略，规划好、开展好50年结对帮扶工作，让怒江各族人民走在希望的峡谷里，更生活在幸福的田野上。”刘起涛说。

清晨，怒江绿色香料产业园区施工项目经理杨欢园头戴安全帽，进入工地，开始一天的忙碌。他们治理河道、拓宽道路、建设厂房，劳累的身影边，两栋钢架厂房高高耸立在湾桥河畔。未来，怒江110.57万亩草果、13.1万亩花椒、2万亩土砂仁在这里进行精加工、深加工，这将有效改变怒江绿色香料产业只卖原材料的状况。

在怒江大峡谷，中交人用脚步丈量土地，用行动镌刻初心的身影随处可见。

为打赢怒江脱贫攻坚战，2018年，中交集团党委组织了三次专题学习，召开了10余次党委常委会议、总裁办公会议和集团脱贫攻坚工作会议，专题研究怒江脱贫攻坚事项，制定了《中交帮扶怒江脱贫攻坚三年行动计划》《中交集团脱贫攻坚工作任务分工》等相关文件。中交集团领导每年都坚持到怒江各县（市）、乡（镇）检查督导扶贫工作。集团与所属36家单位签署定点扶贫责任书，构建了中交总部、二级单位和驻怒江扶贫工作队组成的三级立体攻坚模式，尽锐出战，合力攻坚。2020年，中交疏浚集团在泸水市洛本卓乡投入帮扶资金332万元。

24年精心耕耘，久久为功，硕果累累。中交集团在脱贫攻坚工作上，始终坚持强化思想意识、强化干部担当、强化资源投入、强化工作作风。在管理上，构建了横纵结合的责任体系、远近结合的目标体系、点面结合的工作体系、前后贯穿的互动体系、广度和深度结合的宣传体系和奖罚结合的考评体系。在举措上，建立长效机制、大扶贫机制两大机制。在行动上，聚力交通、搬迁、产业、教育、就业、党建脱贫，采取超常规举措，打好“组合拳”，帮助怒江打赢脱贫攻坚战。仅2018年，就派出170多人次赴定点扶贫县（市）调研指导，选派15名优秀干部开展定点挂职扶贫，涌现出以王慧奇等为代表的一批优秀扶贫干部，形成了可推广、可复制、可借鉴的帮扶经验和模式。

3200多公里的漫漫长路，一头连着怒江，一头连着北京。

自1995年开展对口扶贫工作以来，中交集团在怒江累计投入帮扶资金超过5亿元，实施帮扶项目25个，直接受益人口达10万余人。2018年，中交集团被云南省和怒江州授予脱贫攻坚“扶贫明星企业”荣誉称号。2019年，被评为怒江州先进扶贫单位。

当前，怒江脱贫攻坚进入“滚石上坡”阶段，中交集团将按照中央脱贫攻坚部署，围绕怒江经济圈、生态圈、交通圈建设，实现扶贫和发展思想、战略、智慧层面有新启发，对症下药，精准发力，与53万怒江各族人民勠力同心，坚决啃下深度贫困这块“硬骨头”，让怒江各族人民过上好日子。

编者手记

精准扶贫成为中国反贫困战略的重大举措，也为世界贡献了重要的中国经验。精准扶贫要求参与方从多个角度出发，从搬迁、教育、就业等各个方面全方位地开展扶贫工作。而中交与怒江州通过政企联手开启的扶贫新模式，能让贫困地区真正“站起来”。

千年之梦
来自彩云之南的脱贫之歌

□《北京日报》 韩梅

2019年12月30日

近日，记者走访彩云之南——中缅边境被称为“东方大峡谷”的云南怒江傈僳族自治州。“看天一条缝，看地一道沟，出门靠溜索，种地像攀岩。”这里的生态之美，令人惊叹；这里的贫困之深，令人心痛。

全州55万人口，93.6%是少数民族；29个乡镇中，有26个乡镇是直接从原始社会末期过渡到社会主义社会的直过区；2018年末，全州建档立卡贫困人口为14.3万，贫困发生率32.52%，是全国最贫困的地区之一。

山河遥远，以心为桥。对口帮扶的中国交通建设集团有限公司从修桥铺路到产业建设，从技能培训到教育就业，一心一意帮助怒江打赢脱贫攻坚战，近10万人实现“搬出大山天地宽，拥抱幸福奔小康”。

连心桥为脱贫插上翅膀

在怒江州，出门就是山。近300公里的怒江峡谷，只有一条主干道。千百年来，这里的傈僳族、怒族、独龙族等群众零散居住在两岸深山密林中，过江难，行路难。

怒江穿越州府泸水市六库镇。六库镇是怒江上古老的渡口，这里水流4米/秒，最大水深17米。2014年，当地计划在怒江上建一座连通东、西两岸的现代化大桥，却因资金短缺而望江兴叹。

2018年8月，中交集团投入资金、人力、技术，在此开建中交怒江连心桥。记者在大桥工地看到，红色主桥钢结构经过工厂分节段制造，已运

□中交怒江连心桥

抵怒江东岸，正在进行焊接拼装。

正在这里施工的大桥设计师，也是港珠澳大桥设计师、中交公路规划设计院有限公司副总工徐军说，为了缩短工期，我们将单跨顶推跨径做到了100米，这是目前国内单孔顶推距离最大的桥梁。只待主体结构全部完成后，通过自动化装置“一键”顶推就位，以尽快解决两岸各族群众过江难、出行难的问题。这座大桥将于明年10月建成，设计桥面路宽18.9米，双向两车道，使用寿命为100年。

福贡县上帕镇腊吐底村要修建50套安居房，然而一条不足1米宽的进村泥巴路成了拦路虎。材料运不进去，人背马驮费时费力费钱。挂职福贡县常委、副县长的李常智多方协调，短短四个月就将泥巴路拓宽成4米宽、绕村联户的水泥大道。

在腊吐底村口，原先只能过一个人的木尼玛桥旁，一座新桥上红旗招展，施工正酣。原来，这是2020年中交集团投入1.45亿元新建的木尼玛大桥，这座18米宽、双向四车道的大桥明年6月建成通车，将为怒江脱贫致富插上腾飞的翅膀。

楼上住人　楼下出租

在泸水市大兴地乡鲁地村，一排排傈僳族风格的新居错落有致，在怒江的微微波光中格外醒目，超市、卫生院、篮球场、图书馆依次呈现，让大山里的村庄暖意融融。

文又凤新居二层楼上，身有残疾的儿子在洒满阳光的房间里玩耍，厨房里有电饭锅、餐桌、热水器等，而楼下是她家用来出租的门面房，门面房对着的，是一条宽阔干净的街道……

这条街道后面就是高黎贡山了，文又凤的旧房就在不到100米远的山坡上——前后两间低矮破旧的木板房，真是一块空心砖、一面木头柱、一张石棉网顶棚。2019年6月，他们才从这住了15年的没有阳光的“家”里搬出来。

记者看到，文又凤旧房不远处，映入眼帘的是泥泞不堪、满是牛粪马粪的山间小路和破败不堪的“千脚落地”房，斜坡或靠山处竖立几根木桩，这些木桩像脚一样，支撑着整个房屋，这种房屋极不安全也不环保，上层住人，下层饲养牲畜或堆杂物，一到雨天，臭气熏天、污水横流。很难想象，就在这千脚之上，曾经住着数千户贫困家庭。

文又凤本是个苦命人。身高不够1米的她，干不了农活打不了工，丈夫一条腿残疾。多年来，尽管当地政府时有帮扶，但一家三口总是愁眉不展。这两年，文又凤一家的命运有了转机。她说，要感谢中交集团派来的第一书记王永刚。

王永刚来了之后，在邻村办起了火龙果合作社，“同是傈僳族的祝荣新当了致富带头人，叫我帮着做点杂活，每天能挣100元。2020年9月，我还意外拿到合作社900元的分红钱。”她说，王永刚又拿出4万元扶贫款，帮我家建起两层楼六间房。“楼上住人，楼下出租，每个月还有1000元的固定收入，日子越过越亮堂了。”对于现在的生活，文又凤很满意。“有事做，能赚钱，好的嘛。”不大会说普通话的她，满脸洋溢着发自内心的笑容。

搬得出　稳得住　能致富

怒江州群山环绕，98％以上的面积是高山峡谷。全州仅有耕地100万亩，70％以上的耕地坡度在25度以上，有的甚至达60度以上。复杂的地理环境，桎梏着当地社会、经济发展。

如今，全州四个贫困市县近10万人已经完成易地搬迁，但是还有一部分不愿搬。谁能想到，请他们住进新房也不是一件容易的事。

见到挂职怒江州委常委、副州长的黄紫跃时，他正准备出门“串亲戚”，原来今天是他和他的包联村约定喝酒的日子。路上，他对记者说，这是第三次去找老余喝酒。

2019年7月，他的包联村——兰坪县中排乡克卓村干谷箐小组，有85户怒族村民还没搬进2015年已建好的易地安置房。他找到村里最有威信的老组长余双宝家里，余双宝说：“您是从北京来的，我相信您，但是我们村的易地安置房确实比别的村标准低了一点。”黄紫跃向他保证，只要搬进去，“我们会想办法解决后续问题”。余老汉抬出家里珍藏的酒，黄紫跃却没有喝：“一个月内您带领乡亲们搬进新房子，我请全村乡亲们喝酒。”果然，老余发动乡亲们都搬进了安置房。

第二次去老余家，就是他的新居了，老余高兴得像个孩子，一扇一扇地打开家里的房门让黄紫跃看。是的，确实是搬进来了，但黄紫跃却高兴不起来，因为屋里除了几张木板床和一些棉絮、衣服之类的便什么都没有了，可以说是家徒四壁。黄紫跃又连续看了几家，也都是如此。黄紫跃决定帮他们协调每户两张床、一个电饭锅、一个电磁炉、一个衣柜。当这些家具都落实到村民家里后，老余打来电话：“党的干部真好！快来喝酒，乡亲们等着你呢。”

经过4小时的颠簸，我们到了克卓村，老余二话不说，把自己酿造的大碗酒捧到黄紫跃面前，“喝！”黄紫跃一饮而尽，眼里泛着笑容，仿佛他从没喝过这么香的酒。

远处，一栋栋安居房拔地而起，柑橘种植业、奶牛养殖业发展起来了，克卓村脱贫攻坚进入快车道。

更好的日子在后头

在怒江公路的北端，我们转入高黎贡山深处——贡山县独龙江乡，山路悬在高山之间，仿佛走入云端。海拔4000米以上的担当力卡山矗立眼前，终年积雪赫然可见，这里生活着4000多名独龙族兄弟。

独龙族是我国28个人口较少民族之一，也是新中国成立初期一个从原始社会末期直接过渡到社会主义社会的少数民族。这里是全国唯一一个独龙族聚居区，地处深山峡谷，自然条件恶劣，过去一直是云南乃至全国最为贫穷的地区之一。

我们脚下的这条唯一的进山公路——独龙江公路，1998年建成，每年11月至次年5月大雪封山，封山时路途崎岖难走，人们冒着生命危险，扛着生活物资翻山越岭，往往要人背马驮行走五六天才能到达县城。

巨变发生在2014年。独龙江公路高黎贡山隧道全线贯通，结束了独龙江乡半年大雪封路、与世隔绝的历史。独龙江乡通车、通电、通电话、通电视广播、通安全饮水、通4G网络，4171名独龙族群众从漏风漏雨的茅草房搬到宽敞舒适的安居房。

2018年，独龙江乡六个行政村整体脱贫，独龙族实现整族脱贫。2019年2月27日，4000多名独龙族群众委托乡党委给习近平总书记写信，汇报独龙族实现整族脱贫的喜讯，表达了继续坚定信心跟党走、为建设好家乡同心奋斗的决心。

在这个乡最后脱贫的迪政当村，家家户户门前都种植草果，这是一种外形如芭蕉的植物，叶子高大，红色的果实像葡萄一样堆在根部。草果和重楼、花椒、核桃被称为独龙族生态“四宝”。正忙着给自家种的草果除草的村民李军说，现在独龙江乡仅草果种植人均收入就能到三四千元，这是乡亲们致富的“金果果”。

2019年5月，中交集团和怒江州共同成立中交怒江绿色香料产业园，藏在高山深处的独龙族生态“四宝”不愁卖不出去，“将来，这里的草果经过加工将成为‘海底捞’等餐饮业的火锅底料。”中交怒江绿色香料产业园负责人李永说。

独龙族实现整族脱贫，成为在中国特色社会主义制度下边疆少数民族“一步跨千年”的生动实践。习近平总书记给独龙江乡群众回信，脱贫“摘帽”不是终点，而是新的起点。总书记的回信极大激励了独龙族群众，他们相信，“脱贫只是第一步，更好的日子还在后头。”

编者手记

从建桥、移居到致富，中交集团在怒江州的扶贫干部，践行初心使命，实现独龙族脱贫，这是中国特色社会主义制度下少数民族“一步跨千年”的生动实践。总书记给独龙江乡群众的回信，不仅是对独龙族整族脱贫的祝贺，也是对广大扶贫干部的肯定。脱贫的成功和群众的认可，就是中交人交出的满意答卷。

命运共同体：脱贫决战的中交方案

刘起涛就定点扶贫接受《国资报告》专访

□《国资报告》　刘青山　殷丰收

2020年3月9日

新中国成立之初，是世界上最贫穷的国家之一。70年来，特别是改革开放以来，党和国家高度重视消除贫困，陆续减贫人口超过8亿人。党的十八大以来，以习近平同志为核心的党中央把脱贫攻坚摆到治国理政的重要位置，采取超常规的举措，全面打响脱贫攻坚战。

时间到了2020年，打赢脱贫攻坚战，全面建成小康社会的历史性任务已至收官阶段。

胜利曙光在望，不能丝毫懈怠——剩下的，全是难啃硬骨。西藏、新疆南疆四地州和四省藏区，甘肃临夏州、四川凉山州和云南怒江州等“三区三州”的整体脱贫，就是脱贫攻坚战的最坚固堡垒。

按照中央统一部署，中交集团承担着南疆英吉沙县，以及云南省怒江州下辖一市三县的定点扶贫任务，这些都属于“三区三州”国家层面的深度贫困地区。

重任在肩，中交集团不忘初心勇啃硬骨；以人为本精准帮扶，集团作战着眼长远，交出了优异答卷：

从2017年投入帮扶资金1900多万元，到2018年的9700多万元，再到2019年实际投入逾2.5亿元，中交集团连年超额完成扶贫责任书中各项指标任务。截至2019年底，中交助力怒江州22.29万人脱贫，169个贫困村整村退出。特别是2019年4月，习近平总书记回信祝贺怒江州贡山县独龙族实现整族脱贫，既是云南省和怒江州脱贫攻坚的荣光，也是对中交集团定点帮扶工作成绩的充分肯定和鞭策激励。

□中交怒江连心桥通车仪式

在此基础上，中交集团与怒江州政府共同出资组建中交怒江产业扶贫开发有限公司，全面统筹在一线的各项工作，探索脱贫攻坚与乡村振兴战略的有机衔接，实现已脱贫人口的稳定脱贫，至少再援助怒江发展50年。

石以砥焉，化钝为利。中交集团的探索，不仅为怒江发展开创了全新局面，也为我国实现全面脱贫，实现乡村振兴贡献了“央企智慧”“中交方案”。

不忘初心啃硬骨

主动将企业命运内嵌于国家、民族发展的轨迹之中，同呼吸、共成长，是中交集团诞生百年来，深刻于基因中的文化自觉。

1897年，海河工程局在天津组建，这是中国第一家专业疏浚机构。1905年，经光绪皇帝批准，“浚浦工程总局”在上海挂牌。得益于其对黄浦江航道持续不懈的治理，上海港一跃成为世界第七大港。

作为近代中国人试图拥抱世界的产物，这两个机构在百年浮沉中几经涅槃，分别演变为中交天津航道局有限公司和中交上海航道局有限公司，现都成为中交疏浚集团旗下核心企业，中交疏浚集团还是国内最大的航道施工企业。

新中国成立前后，中交一航局、二航局、三航局、四航局和一公局先后成立，为百废待兴的中国开展交通基础设施建设，尤其是港口建设作出了不可替代的贡献。

改革开放之后，中交集团冲在了最前沿。从蛇口炸山填海的第一“爆”，到国内首批高速公路、川藏公路、青藏公路，中交完成了先行者、主力军再到领导者的角色转变，在中国基础设施建设史上谱写了壮丽诗篇。

将小我融入大我，中交集团在助力国家“富起来”的同时，也实现了企业从小到大，由弱变强的高速发展。

党的十八大之后，中交集团党委书记、董事长刘起涛将这种文化自觉明晰为“三者”定位，即“政府与经济社会发展急所的责任承担者、区域经济发展的深度参与者、政府购买公共服务的优质提供者”，并围绕定位进行了战略升维、组织再造等。

在“三者”定位的指引下，中交集团更加主动地参与到了中华民族“强起来”的历史进程中，圆满完成了港珠澳大桥、洋山港四期等一系列国家工程，积极践行“一带一路”倡议，成为央企国际化的领军企业之一。

全力参与脱贫攻坚，是中交集团承担政府和社会责任的又一力证。

1995年，中交集团前身，原中港集团、路桥集团在交通运输部领导下参与怒江扶贫工作。2005年中交集团组建后，继续在怒江开展定点帮扶工作；2013年，中交集团新增定点帮扶新疆英吉沙县。其中，云南怒江州四个县（市）均为国家级贫困县，尽管贫困发生率从2014年的39.42%下降到当前的10.15%，但仍高于目前全国1.7%的水平，是脱贫攻坚决战中的贫中之贫、困中之困。

多年来，包括刘起涛在内，中交集团很多人不止一次到过怒江州。

在这里，他们见多了外界无法想象的贫困景象：峡谷深切，耕地稀少，高山居民只能在陡峭山坡上种下小片玉米、土豆，不少人劳作时失足跌落；有的人跟猪住在一处，家里连床都没有；一名高山居民得知被评为贫困户之后，看到家里还有一缸粮食，百思不得其解，“我怎么就成了贫困户了？”中交人邀请贫困户代表吃饭，简单的四菜一汤，一位当地大姐竟失声痛哭，因为从来没有吃过这么好的饭菜……

看到此情此景，以刘起涛为代表的中交人百味杂陈。内部开会时，现场调研时，刘起涛一再强调，一定要用真心真情去真扶贫，扶真贫。“完成脱贫攻坚，实现全面小康，是政府和社会的急所，中交集团要主动担当，勇于作为。”

《国资报告》记者注意到，中交集团重视扶贫工作，不是停留在口号上，而是落实到日常，体现在行动：2019年12月27日，刘起涛就扶贫工作接受了《国资报告》记者专访——央企董事长就扶贫工作接受专访，非常少见；2019年12月30日，中交集团党委召开2019年第14次理论学习中心组学习（扩大）会议。刘起涛在会上围绕扶贫进行了多项工作安排，强调要深刻认识扶贫工作的极端重要性，增强打赢打好脱贫攻坚战的责任感和使命感。

在刘起涛看来，充分发挥主观能动性做好扶贫工作，“是牢固树立‘四个意识’、生动践行‘两个维护’的具体体现，是忠实地履行中央企业政治责任、经济责任和社会责任”。

跳出大山闯市场

经过深入调研，中交人发现，怒江之困，困在交通——无铁路、无机场、无高速、无航运，是云南境内唯一没有二级以上公路的州；怒江之弱，弱在产业——高山峡谷占其面积的98%，除了一部分林下经济，全州具备发展规模化现代农业的土地极少，第二产业基本空白；怒江之难，难在“直过”——全州54万人口主要是“一步跨千年”的直过民族，分布在横断山脉1.4万平方公里的半山地带，长期与世隔绝，社会发育迟，文化素质低，思想观念封闭。

交通不畅、产业落后、人员素质有待提高，导致商品、信息流通不畅，资本回报率低于发达地区，最终结果就是怒江难以深度融入市场经济大潮，无法享受市场涓滴效应带来的财富增长，贫困成为千年来怒江的自然常态。

中交人意识到，怒江要跳出“贫困陷阱”，有且仅有走出大山，坚定走中国特色社会主义市场经济一条道路。

刘起涛表示：“我们不希望看到扶贫结束了，养了一堆懒汉。要把他们带进市场化发展的大潮中，形成多劳多得、不劳不得的思想。企业要做的，是解决他们进入市场经济的门槛。”他说，这是改革开放40多年来的最宝贵经验，也是中国崛起进程中总结出来的治理模式。

作为市场竞争的参与者、受益者，中交集团充分发挥了解市场、熟悉世界的独特优势，制定了适应企业特色、针对当地需求的扶贫方案和推进节奏。

首先是推进交通扶贫和异地搬迁扶贫，消除怒江人与外界的物理障碍。为了解决怒江人僻处高山、与世隔绝的问题，中交集团投入1400万元援助云南怒江安置点建设，解决了741户3000多名易地搬迁安置人员住房问题。出资1.04亿元援建中交怒江州连心桥，出资1.45亿元援建中交福贡木尼玛大桥。两座大桥建成后，将切实解决3万多易地搬迁安置人员的出行问题。

翻过眼前的大山容易，推倒头脑中的大山困难。为了让走出大山的贫困群众稳得住、留得下、能致富，中交集团尝试了各种办法。

比如，为了阻断贫困代际传递，中交集团出资1.5亿元援建中交兰坪新时代希望学校，项目建成后可解决3500多名学生上学问题，可为3000多名学生提供住宿。出资790万元实施教育扶贫项目，用于怒江州部分校舍改造和建设，改善学习生活环境。投入830万元设立助学基金，帮扶1600多名困难学生。为了解决贫困群众就业问题，中交集团出资举办农民讲习所，教下山的农民生存技能、谋生技能。还依托当地在建项目，2019年定点帮扶800多名贫困人口转移就业。

刘起涛很清楚，经过短暂培训的下山群众，一时间还不可能达到成熟的产业工人要求。因此他在相关企业反复要求，一定要给他们一个适应的过程。“一个人走出大山，可能就会带动一批人走出来。一个人返回去，可能一批人就回去了。”

为了解决更多人就业，中交集团因地制宜，在当地发展了多个特色产业。

比如，在泸水市大兴地镇自扁王基村，来自中交集团的第一书记王慧奇查阅资料，施行“专业合作社+村集体经济+建档立卡户+致富带头人”的经营模式，探索发展了火龙果种植产业，取得了良好的扶贫帮扶成效。

再比如，中交集团驻贡山县秋那桶村第一书记姚聪学向贡山县文化和旅游局申请20万元成立了秋那桶创福手工艺品农民专业合作社，该合作社由24户建档立卡户57人成立，通过致富带头人模式带动群众致富，既让群众通过生产手工艺品增加收入实现脱贫，同时又使怒族文化和传统手工艺得以传承。

几年来，饲草加工、肉牛养殖、中华蜜蜂、移动温室暖棚、香料种植园，一大批适合当地的产业扶贫项目正在稳步发展，一批品质优秀的怒江特产正在市场上打开局面。对此，刘起涛要求，无论发展哪一个产业，都不能贪大求洋，不能浮躁。“脱贫攻坚不是敲锣打鼓就能实现的，一定要以人为本，实事求是，能解决多少解决多少。”

怒江走向世界，世界也需要走进怒江。

□ “中国交建杯”2018中国怒江皮划艇野水国际公开赛开幕式

为此，中交集团在2017年、2018年连续两年举办了“中国交建杯”中国怒江皮划艇野水国际公开赛，吸引了国内外广泛关注。得益于此，2019年12月，皮划艇野水世界杯花落怒江，标志着该赛事正式迈入世界级高水平赛事行列，成为世界了解怒江的新视窗。

展望即将开始的乡村振兴，刘起涛认为，中交集团市场化、国际化的优势将继续发挥作用。“我们要通过我们的全球视野，市场理念，来审视、助推智慧城市、现代乡村，始终带领他们主动地与社会脉搏共同跳动。”

形成命运共同体

几年来，中交集团利用自身熟悉市场规则、具有国际视野的天然优势，以产业为前驱和载体，以破除融入市场的各类障碍为抓手，因地制宜、以人为本、实事求是，把生活已有基本保障的贫困群众引出大山，推向市场，为他们树立了自力更生、多劳多得的意识，让怒江人和怒江产品走出了大山、走向全国，让全国人民了解了怒江。

因此，中交集团被云南省和怒江州分别授予脱贫攻坚“扶贫明星企业”荣誉称号，在国资委定点扶贫考核中被评为最高级的“好”。

在刘起涛看来，这些成绩的取得，离不开中交集团构建的扶贫攻坚工作大格局。在这一大格局中，总部与所属企业，后方与派驻扶贫干部，中交集团与怒江州之间形成了利益关联、情感相通、血脉相系的命运共同体。

为了凝聚更多力量，中交集团将扶贫责任层层落实到各二级公司、三级企业，分片划分，责任到人。“我们向军队学管理，实施集团化作战，无往而不胜。”刘起涛说，无论是干重大工程，还是扶贫，只要集团一声令下，大家分工协作。

2019年，中交集团总部及各单位共计300余人次赴对口的帮扶5县43个乡镇开展脱贫攻坚调研工作，精准施策，对症下药。

其中，中交房地产集团实施“村企共建”，总部机关党总支与自扁王基村党总支，昆明公司与片马镇党总支分别签订党建结对共建责任书；中交疏浚集团组织定点扶贫地区19位基层干部参加党群干部培训班，提升素质能力；公规院设计、三公局承建的中交怒江连心桥项目已正式开工，2020年将建成投用；三公局帮助怒江州完成“匹河乡老姆登护林防火巡护步道”与“兰坪县中排乡街道分流公路”两个项目施工图设计；中咨集团无偿完成福源大桥工程可行性研究报告，设计出福源大桥路线平面及纵段设计方案、拱桥桥型布置方案……

扶贫成果的取得，离不开背后的制度支撑。中交集团切实履行好第一责任人的职责，与36家全资子公司100%签署定点扶贫责任书，下发《脱贫攻坚工作任务分工》《扶贫开发工作考核办法》等规章制度，明确各部门、各单位工作职责，在管理上构建了横纵结合的责任体系、远近结合的目标体系、点面结合的工作体系、前后贯穿的互动体系、广度和深度结合的宣传体系、奖罚结合的考评体系。

《国资报告》记者注意到，在这一制度体系中，有不少是专门针对一线扶贫干部的。比如其中的《扶贫开发工作考核办法》《挂职扶贫干部管理办法》等。制度规定，对经考核表现突出、成绩显著、群众公认的优秀挂职干部，同等条件下，在提拔使用、评聘职称、晋级涨薪、评优评先、选树典型等方面优先考虑。

“要让大家知道，只要你付出了组织会给你回报的。这也是中交集团以人为本文化的一个体现。”刘起涛表示。

中交三公局建筑工程分公司党委副书记、纪委书记、工会主席王永刚，2019年3月担任大兴地镇自扁王基村驻村第一书记以来，接茬王慧奇的工作，帮助自扁王基村扩大火龙果种植面积。截至2019年底，火龙果种植面积已从最初的60亩扩大到了151.6亩，带动建档立卡贫困户就业从最开始的30户91名增加到252户792名。火龙果产业已成为怒江州村级乡镇种植业示范点。在被问起挂职后的职业发展问题时，王永刚回答说：“只要做好工作，老实人在中交不会吃亏。”

目前，中交集团在怒江的扶贫干部还有中共怒江州委常委、州政府副州长黄紫跃，福贡县委常委、副县长李常智，贡山县秋那桶村第一书记、工作队队长姚聪学等。有了大后方的倾情关怀和鼎力支持，这支有情怀有担当的“中交力量”消除后顾之忧，全情投身扶贫，工作业绩赢得当地人民的一致好评。

有了完善的工作体系，强有力的扶贫队伍，2020年怒江州的如期脱贫已无悬念。但对于中交集团的扶贫工作来说，这不是终点。

刘起涛表示，怒江脱贫后，“我们的扶贫力度不减，扶贫态度不变。只要是政府和社会所需，我们就一棒接着一棒干，长期与怒江共成长。”

为建立支持帮扶怒江经济社会可持续发展的长效机制，应对深度贫困地区产业培育难度大的问题，2019年，中交集团与怒江州政府共同出资组建中交怒江产业扶贫开发有限公司，该公司的运营完全按照市场化手段，考虑效益但不以营利为最终目的，所有投资收益滚动投入怒江扶贫开发。

“企业是经济组织，但不能一切向钱看。”刘起涛认为，企业尤其是央企要树立正确的义利观，无论国内国外，都把三大责任平衡好，成为被需要的企业。“钱是企业再发展的动力，不是目的。有了钱可以做更多的事，创造更大的价值。当然，事情做好了，钱会源源不断地来。”

2020已来，脱贫攻坚决战的冲锋号已经吹响。刘起涛提出，中交集团要进一步坚定打赢打好脱贫攻坚战的信心和决心，探索脱贫攻坚与乡村振兴战略有机衔接，实现已脱贫人口的稳定脱贫，为脱贫攻坚提供中交方案，贡献中交力量。

编者手记

扶贫干部背后若有支持，扶贫路上的脚步就有力量。扶贫怒江州以来，中交集团很多人不止一次到过怒江州。多位扶贫干部能在扶贫一线大胆施策、大展才华，离不开单位的后方支持。中交集团从制度入手，以资金项目为抓手，给予派驻一线的扶贫干部全方位支持，用组织的激励和关怀，实现了扶贫干部的担当和作为。

中交集团打造多维立体的就业扶贫体系

□国资委新闻中心

2020年5月13日

带领人民摆脱千百年来的贫困，实现全面小康的幸福生活目标，是中国共产党对人民的庄严承诺。中交集团紧紧围绕党中央、国务院和国资委关于做好定点扶贫县贫困农民工就业帮扶工作的部署，迅速协调有用工需求的所属单位，着眼战“疫”大局，提高政治站位、强化责任担当，聚焦贫困地区农民工和高校毕业生，积极开展就业帮扶工作。

让农民走出山沟务工致富

2020年4月21日，来自云南省怒江州的46位村民，乘坐中交四公局的专车，踏上了外出务工致富之路。这是中交集团帮扶农民工就业的积极举措。

中交集团为精准对接贫困地区的就业需求，在调动扶贫干部做好防控工作的同时，克服疫情影响，深入怒江兰坪县乡镇村组讲解政策，协调人社部门及用工单位，及时提供适合农民工的用工岗位；中交二航局、四公局等子公司主动联系怒江州就业局、兰坪县人社局等部门，了解当地就业需求，积极提供就业岗位；中交三公局多次举办怒江劳动力引进会，振华重工计划前往兰坪县举办现场招聘会；中交四航局开展属地化扶贫工作，为当地农民工解决就业问题。

农民工就业一头连着村民脱贫致富，一头连着企业复工复产。中交集团以安全为重心，号召各子公司高效做好农民工上岗工作。中交二公局包机助力150多名项目人员返岗，修建世界最长的高速公路隧道——天山

□中国交建举办福贡木尼玛大桥引入怒江劳力欢迎会

胜利隧道，来自江苏省射阳县的农民工桑友山竖起大拇指说："从来没想到，这辈子还能坐上了包机，而且是免费的，跟着中交二公局，幸福、高兴。"中交四航局规范上岗流程，"点对点、一站式"派出专人专车招收农民工；对宿舍全面杀菌消毒，为农民工提供防疫物资；到达项目驻地后第一时间统一安排核酸检测，对农民工进行测温、人员查询登记、签订疫情防控承诺书；组织岗前安全培训和防疫知识讲座等。

练就一技之长的"铁饭碗"

中交二航局招收的农民工和贵宝，一边吃着热腾腾的饭菜，一边感动地说："我从来没有出过远门，心里很忐忑，但我们一到这里，项目部就给我们送来了生活用品、工装和口罩，让我们感受到了温暖，我要谢谢他们。"这是中交集团关爱贫困劳动力，为其送去温暖的缩影。中交集团各子公司从人员接收、食宿安排、生活物资保障、体检等方面精心安排、贴心服务，帮助农民工尽快融入项目生活。

练就一技之长，才能让农民工真正拥有“铁饭碗”。中交集团各子公司根据农民工特点精准施策，帮助他们实现技能脱贫。四航局将农民工按照年龄和性别进行区分，有针对性地安排岗位，着重技能培养；中交一公局、二公局、三公局、一公院采取“老带新”“一对一”等技术结对帮扶的方式，帮助农民工掌握施工技能。

为贫困地区开通网上就业直通车

“找到好工作”是贫困地区生源的高校毕业生的迫切愿望。中交集团各单位通过在中国交建人才招聘平台、国聘网等发布需求，招聘来自怒江州、新疆喀什市和其他定点扶贫地区的高校毕业生。

中交集团还组织开展2020西藏籍毕业生线上招聘活动，支持和服务西藏经济社会发展。中交二航局在怒江传媒微信平台发布了怒江籍毕业生专项招聘简章，同时给予优厚的薪酬福利。

2020年3月以来，中交集团积极参加国资委“抗疫稳岗扩就业”专项行动，在国聘网共投放589人的农民工招工需求。当前，中交集团及各子公司持续深入做好定点扶贫地区就业帮扶工作，订计划、搭平台、建机制，形成高效、规范、有序的就业扶贫工作体系，助力全面打赢脱贫攻坚战。

编者手记

增加就业是最有效最直接的脱贫方式之一。中交集团积极落实“双统筹”相关要求，了解贫困地区需求，大力推进就业扶贫。从让农民走出大山，到练就一技之长的“铁饭碗”，再到开通网上就业直通车，采取“多条腿”走路方式，为贫困地区劳动力提供精细化的就业服务。一大批劳动者搭上了就业扶贫的“顺风车”，迈入了脱贫致富的“快车道”。

打造扶贫大格局　中交集团交上脱贫攻坚新答卷

《人民政协报》聚焦中交扶贫

□《人民政协报》　刘起涛

2020年5月20日

习近平总书记强调，到2020年现行标准下的农村贫困人口全部脱贫，是党中央向全国人民作出的郑重承诺，必须如期实现。2020年是全面建成小康社会目标的决胜之年，是全面打赢脱贫攻坚战的收官之年。作为深度参与脱贫攻坚这场硬仗的中国交通建设集团有限公司，正在为交出一份经得起历史和人民检验的脱贫答卷而不懈奋斗，也正在不断探索和丰富脱贫攻坚的中交方案。

开拓扶贫大格局，不断丰富中交方案

“2019年独龙族实现了整族脱贫，乡亲们日子越过越好。得知这个消息，我很高兴，向你们表示衷心的祝贺！”习近平总书记在2019年4月10日给云南省贡山县独龙江乡群众回信上写道，并勉励乡亲们要再接再厉、奋发图强，同心协力建设好家乡、守护好边疆，努力创造独龙族更加美好的明天。习近平总书记对独龙族成功脱贫的关注和认可是云南省和怒江州脱贫攻坚的荣光，也是对中交集团定点帮扶工作成绩的充分肯定和鞭策激励。

事实上，独龙族脱贫攻坚的成功，仅仅是中交集团定点扶贫工作的一个缩影。按照国务院扶贫领导小组和国资委的统一部署，中交集团定点帮扶的云南怒江州和新疆英吉沙县均属于“三区三州”深度贫困地区，是

人民政协报 特刊 27

打造扶贫大格局

中交集团交上脱贫攻坚新答卷

扶贫干部日记

□《人民政协报》对中交集团扶贫工作的报道

脱贫攻坚战的最坚固堡垒。经过多年努力，目前怒江和英吉沙县“两不愁”质量水平明显提升，“三保障”突出问题总体解决。2019年，怒江州9.7万人脱贫，贫困人口从2015年的26.78万人减少至4.43万人，贫困发生率降至10.09%。英吉沙县2019年实现脱贫近3万人，贫困发生率降至3.06%。

脱贫攻坚成果来之不易，成绩的取得更是离不开中交集团构建的扶贫攻坚工作大格局。从工作上坚持的“六项原则”，到管理上构建的“六大体系”，再到行动上的“六项聚力”，一套自上而下的“组合拳”打造了具有中交特色的扶贫解决方案，构建了中交扶贫工作大格局。在脱贫攻坚工作的具体落实中，中交集团发挥主业优势，聚力交通脱贫；配套资金支持，聚力搬迁脱贫；立足区域特色，聚力产业脱贫；阻断代际传递，聚力教育脱贫；推动劳务输出，聚力就业脱贫；开展企地共建，聚力党建脱贫。中交集团的“六项聚力”就像脱贫攻坚的“六脉神剑”让脱贫工作效果明显。

在这一大格局中，中交集团总部与所属单位、后方与派驻扶贫干部、中交集团与怒江州之间，形成了利益关联、情感相通、血脉相系的命运共同体。按照中交集团党委书记、董事长刘起涛的话说，为了凝聚更多力量，中交集团将扶贫责任层层落实到各二级公司、三级企业，分片划分，责任到人。“我们向军队学管理，实施集团化作战。”

回望过去，继往开来，阶段性的成果更是新的起点。在中交集团全面决战决胜脱贫攻坚会议上，刘起涛这样说：中交集团定点帮扶取得了阶段性成果，但剩余的脱贫攻坚任务依旧十分艰巨。重任在肩，中交集团要不忘初心勇啃硬骨，并在实践中不断丰富脱贫攻坚的中交方案。

“交通+”策略，脱贫步入快车道

发挥主业优势，聚力交通脱贫。中交集团在扶贫攻坚中着力破解交通运输瓶颈，积极探索“交通+”扶贫策略。中交集团主要从事公路、水运、铁路、机场等交通基础设施投资、设计、建设和运营业务，是世界最大的港口设计及建设企业，世界领先的公路、桥梁设计及建设企业，世界第一疏浚企业，全球最大的集装箱起重机制造企业，亚洲最大的国际工程承包与设计企业，拥有强大的自主创新能力，创造了多项“世界第一”工程。

针对怒江州和英吉沙县基础设施薄弱、支撑能力不强的突出问题，中交集团发挥公司基础设施全产业链和投建营一体化优势，加快产业路、旅游路和资源路的建设，打造了“交通+特色产业”“交通+生态旅游”等扶贫模式，推进重点项目落地，强化帮扶地区对内对外互联互通。工作中，中交集团务实推进新疆英吉沙县旅游区公路建设，改善旅游区交通环境，吸引更多旅游资源，带动经济增长和贫困人口收入提升。

怒江三江并流、群山环绕，98%以上的面积是高山峡谷。至今，这里无高速、无机场、无铁路、无燃气。通过深入调研发现，交通不便，是怒江发展最大的瓶颈之一。一包水泥在山外卖25元，运到山上就得150元。1998年，这里的独龙乡才通公路，村民才见到汽车，此前村民到县城就要走上三天。

要想富，就要修桥和修路。2018年8月8日，由中交集团投资1.04亿元，公规院设计、三公局承建的中交怒江连心桥项目正式开工，并计划于2020年6月正式通车。连心桥是中交集团在怒江州最大的援建项目。项目的建成将对提升泸水城市品位、完善泸水城市功能、构建城市交通、助力脱贫攻坚起着巨大的助推作用。

除了连心桥，中交集团还通过“环城路”的修建来破解怒江各族儿女“行路难”的难题。“没有中交集团，就没有这条‘环城路’。”福贡县上帕镇腊吐底村书记阿南肯感慨道。阿南肯口中所说的“环城路”，其实是连接易地搬迁安置点和村级主干道的一条路。中交集团仅用四个月时间，便将村里唯一一条上山不足1米宽的石板路变成了4米宽的水泥道，并让这条“环城路”从各家门前通过，实现了“家家通”。

产业扶贫，拓宽增收渠道

脱贫攻坚贵在精准，而产业扶贫是关键。怒江州全境被怒江纵贯，夹岸高山绵延，谷中江水急湍。“可山越高平地就越少，山上的村民除了在缓坡上种些粮食自给自足，根本没有可以致富的产业。”怒江州泸水市扶贫办主任刘德华介绍，这几年却大不同，中交集团为怒江产业发展注入新活力。

怒江州泸水市大兴地镇自扁王基村荣新火龙果种植农民专业合作社是中交集团资助成立的第一个农民专业合作社。2017年总投入100多万元，其中20%由合作社理事长祝新荣投资，其余部分由中交集团无偿投入。合作社的社员全部是大兴地镇自扁王基村建档立卡贫困户。入会的建档立卡贫困户只须参加部分田间劳动，不用出资一分钱，就可以在基地有了收益后享受分红。2018年，荣新火龙果种植合作社卖了3吨火龙果，30户建档立卡户每家分到1000元。

2019年7月，正值大兴地镇自扁王基村火龙果成熟的季节，大兴地镇党委书记李雪花，大兴地镇党委副书记、自扁王基村第一书记王永刚，以

□大兴地镇肉牛养殖基地

及荣新火龙果种植农民专业合作社理事长祝荣新等，带着精心挑选的新鲜火龙果，来到中交怒江产业扶贫开发有限公司，同中交人一同品尝丰收的成果，并就火龙果产业发展的话题进行座谈交流。“2020年，中交集团会继续加大资金投入，用于大兴地镇自扁王基村火龙果基地种植面积扩大。”在座谈会上，中交怒江产业扶贫开发有限公司党委书记、董事长李永告诉了大家这个好消息。

中交集团由输血到造血的产业扶贫不只是火龙果。在云雾缭绕的高黎贡山上，中交集团建立了肉牛养殖基地，被称为“云端肉牛”。据中交集团驻当地的脱贫干部王慧奇介绍，云端肉牛项目已存栏肉牛100头，将会带动20户建档立卡贫困户共计57人脱贫。牛饲料大部分购自当地百姓，在基地打工，每天最低工资也有100元。“怒江自然资源丰富，我们要利用怒江的优质资源，打造特色产业，变‘输血’为‘造血’，给贫困群众提供更多稳定的收入来源。”刘起涛说。近年来，中交集团共投入1900多万元，在怒江各地实施了火龙果种植和黄牛、生猪、山地鸡、中华蜂养殖，中药材、饲料加工等一批产业扶贫项目，帮扶了404户建档立卡贫困户。

培育壮大特色产业是脱贫工作的有力抓手。近期，刘起涛在全面决战决胜脱贫攻坚会议上强调，要继续在做强产业、做大“蛋糕”开发式扶贫上下功夫，立足当地资源优势，在产业投资经营、旅游开发等方面广泛合作，培育特色种养业、香料产业园、丙中洛特色小镇和旅游文化等产业，壮大龙头企业、农民专业合作社、产业扶贫基地等带贫主体，着力构建“一产业、一基地、一融合”的产业体系，拓宽贫困群众长期稳定的增收渠道。

后扶贫时代，富口袋更要富脑袋

刘起涛表示：“我们不希望看到扶贫结束了，养了一堆懒汉。要把他们带进市场化发展的大潮中，形成多劳多得、不劳不得的思想。企业要做的，是解决他们进入市场经济的门槛。”

在具体工作的开展中，中交集团坚持“富脑袋”和“富口袋”并重，培养脱贫能手、乡村能人，激发群众内生动力，引导贫困群众自力更生、勤劳致富。由此，一个个对口帮扶农民的讲习所在定点扶贫地区纷纷成立。

在讲习所里，老师来村里与群众面对面宣讲扶贫政策，手把手传授技能技术，对村民转变思想观念，规划今后脱贫致富门路非常有好处。据了解，截至目前，中交集团已出资200万元举办农民讲习所，累计培养1300人，提升就业技能，拓宽就业渠道。

怒江州新时代农民讲习所专职副所长苏义生说，怒江州目前共挂牌成立了州、县（市）、乡（镇）、村、组五级新时代农民讲习所1163个，建立了由3269名机关干部、行业名家、致富能手、乡土人才组成的讲师库，形成了“人人都是讲习员、处处都是讲习所”的讲习格局。未来，怒江新时代农民讲习所将针对少数民族群众文化素质偏低、劳动技能缺乏、脱贫攻坚内生动力严重不足的现状，创新宣讲培训方法，开展新型农民、农村劳动力转移、进城务工技能和文明素质培训，完成6500人劳动力综合素质培训任务，扶智送技能，助力怒江精准扶贫工作。

引入市场机制，建立帮扶长效模式。按照习近平总书记“摘帽不摘责任、摘帽不摘帮扶”的要求，集团与怒江州结成命运共同体，于2019年5月出资5亿元人民币共同组建了中交怒江产业扶贫开发有限公司，构建在怒江州属地化投资、建设、运营的一体化平台，着力以“计划+市场”“政府+企业”“短期+长期”的全新模式，推进“扶贫+开发”“扶贫+产业”“扶贫+教育”等精准扶贫举措，将优质资源转化为优势产业，通过产业运营带动脱贫攻坚，助力怒江州实现脱贫攻坚与乡村振兴有效衔接。

在稳定脱贫成绩的同时，中交集团还通过教育扶贫来阻断贫困的代际传递。在怒江州，一些人祖祖辈辈生活在高山深谷中，精神贫困成了脱贫攻坚路上的拦路虎。中交集团瞄准“看不见的贫困”，开展覆盖范围从幼儿园到大学各阶段的教育扶贫措施，阻断贫困的代际传递。2018年3月，泸水一中一座“特殊”的新教学楼——“中交楼”落成并投入使用，为初中部992名学生、58名教师改善了教学环境，间接受益者近2000人。“‘中交楼’的建成也为实现义务教育均衡发展奠定了坚实基础。”泸水

□中交集团援建的泸水一中教学楼——“中交楼”

市教育局副局长尹智说。

此外，中交集团以改善乡村办学条件为己任，援建中交兰坪新时代希望学校，一期工程施工任务将于2020年6月完成，建成后可吸纳学生3500余人。在第六个国家扶贫日，中交集团团委携手怒江团州委举行“青春中交圆梦基金”“青年学习实践基地”挂牌仪式。中交集团与怒江州团委联合推出希望工程助学项目，从2018年起至2022年，连续五年每年投入200万元，对全州范围内的贫困学生进行资助。“我们的资助能覆盖到全州范围内的583名大专以上贫困学生，确保他们顺利完成学业。”怒江团州委副书记尹秀云说。

新中国成立之初，是世界上最贫穷的国家之一。70年来，特别是改革开放以来，党和国家高度重视消除贫困，陆续减贫人口超过8亿人。时间到了2020年，打赢脱贫攻坚战、全面建成小康社会的历史性任务已至收官阶段。对于中交集团的扶贫工作来说，云南怒江州和新疆英吉沙县现实情况是出题人，贫困群众是阅卷者，中交集团是答卷人。中交集团作为中国交通建设领域的主力军，积极发挥主业优势打造扶贫攻坚大格局，为交出一份经得起历史和人民检验的脱贫答卷而不懈奋斗。

编者手记

产业扶贫是稳定脱贫的关键，也是摆脱贫困的根本途径。从工作上坚持的“六项原则”，到管理上构建的“六大体系”，再到行动上的“六项聚力”，中交集团推行特色扶贫方案，不养懒汉，通过“输血”来增强“造血”功能，牢牢抓住产业发展不断提高脱贫攻坚“硬实力”。

中交方案：打通脱贫攻坚“致富路”

□《脱贫攻坚　央企力量》国务院国资委新闻中心　人民政协报社

2020年5月30日

“2019年独龙族实现了整族脱贫，乡亲们日子越过越好。得知这个消息，我很高兴，向你们表示衷心的祝贺！”中共中央总书记、国家主席、中央军委主席习近平在2019年4月10日给云南省贡山县独龙江乡群众回信中写道，并勉励乡亲们要再接再厉、奋发图强，同心协力建设好家乡、守护好边疆，努力创造独龙族更加美好的明天。习总书记对独龙族成功脱贫的关注和认可是云南省和怒江州脱贫攻坚的荣光，也是对中交集团定点帮扶工作成绩的充分肯定和鞭策激励。

事实上独龙族脱贫攻坚的成功，仅仅是中交集团定点扶贫工作的一个缩影。按照国务院扶贫领导小组和国资委的统一部署，由中交集团助力云南怒江州泸水、兰坪、福贡、贡山县和新疆英吉沙县脱贫摘帽，推动这五个县（市）与全国同步实现小康。在脱贫攻坚工作中，中交集团紧紧抓住立项、帮扶、资金使用等重点环节，以聚力交通扶贫、搬迁扶贫、产业扶贫等为抓手，确保脱贫工作务实、脱贫过程扎实、脱贫结果真实。在脱贫攻坚大格局中，打造“中交模式”，贡献“中交力量”。

怒江所需——正是中交所能

怒江三江并流、群山环绕，98%以上的面积是高山峡谷。千百年来，这里的傈僳族、白族、独龙族群众，零散居住在江畔、山腰。怒江州54万人，近90%是农民，有26个民族直过区。至今，这里无高速、无机场、无铁路、无燃气。受自然条件限制，这里村民受教育程度低，加之过度饮酒、近亲结婚，导致病致残率高，这里成了全国贫困发生率最高的地区——2018年末，全州建档立卡贫困人口为14.3万人，贫困发生率32.52%，而同期全国的贫困发生率已降到1.7%。

在怒江州，中交集团对口帮扶的泸水、兰坪、福贡、贡山四个贫困县（市），是脱贫攻坚中的硬骨头。其中交通不便，是怒江发展最大的瓶颈之一。一包水泥在山外卖25元，运到山上就得150元。1998年，独龙乡通公路，这里的村民才见到汽车，此前村民到县城就要走上三天。

怒江所需，正是中交所能。中交集团，主要从事公路、水运、铁路、机场等交通基础设施投资、设计、建设和运营业务，是世界最大的港口设计及建设企业，世界最大的公路、桥梁设计及建设企业，世界第一疏浚企业，全球最大的集装箱起重机制造企业，中国最大的国际工程承包企业，拥有强大的自主创新能力，创造了多项“世界第一”工程。

为解决当地出行难题，中交集团结合怒江脱贫攻坚和经济发展的需要，成立“怒江州项目前期工作小组”，多次针对高速公路、轻轨等13个项目开展考察调研，提供项目规划“中交方案”。2018年8月8日，由中交集团投资1.04亿元，中交公规院设计、三公局承建的中交怒江连心桥项目正式开工，这是中交集团在怒江州最大的援建项目，将对提升泸水城市品

□中交怒江连心桥

位、完善城市功能、构建城市交通、助力脱贫攻坚起着巨大的助推作用。

除了连心桥，中交集团还通过“环城路”的修建来破解怒江各族儿女“行路难”的难题。“没有中国交建，就没有这条‘环城路’。”福贡县上帕镇腊吐底村俄夺底自然村第二书记阿南肯感慨道。

阿南肯所说的“环城路”，其实是连接易地搬迁安置点和村级主干道的一条路。在中交集团的帮助下，仅用四个月时间，便将村里唯一一条上山不足1米宽的石板路变成了4米宽的水泥道，并让这条“环城路”从各家门前通过，实现了“家家通”。

“要想富，先修路。”在怒江州之外，中交集团务实推进新疆英吉沙县旅游区公路建设，改善旅游区交通环境，吸引更多旅游资源，带动经济增长和贫困人口收入提升。诸多成功经验告诉我们，经济发展，需要交通先行。在脱贫攻坚战中，中交集团正在充分发挥交通建设领域的资源和产业链优势，发力脱贫攻坚工作的开展。

怒江所盼——正是中交所急

当一方水土难养一方人，易地扶贫搬迁便成了摆脱贫困的有效途径。“十三五”期间，我国计划对1000万左右建档立卡贫困人口实施易地扶贫搬迁。

在异地搬迁工作中，中交集团打的是一套“组合拳”。首先是参与制定搬迁规划，与怒江州共同创新扶贫工作模式，按照“搬得出、稳得住、有事做、能致富”要求，谋划脱贫搬迁规划工作。其次是支持扶贫搬迁项目建设，出资1400万元援助云南怒江安置点建设，援建村级综合设施，着力打造搬迁脱贫示范村。再次是打通“最后一公里”，中交集团出资40万元修建从安置点至村级主干道道路，解决出行困难；捐赠大型工程机械设备，保障乡村道路畅通。

2017年，中交集团审批通过贡山县普拉底乡腊咱中交小区危房改造项目，出资400万元，作为易地扶贫搬迁示范村建设项目的配套资金，项目建成后，将极大改善700余名（240户）建档立卡贫困人口的生活居住条件。

搬出穷窝窝，住上好房子，但还要解决有事做，能致富的问题。在建设支撑产业的过程中，“背靠墙头晒太阳，等着别人送小康”的“等靠要”思想严重，是实现脱贫攻坚面临的较大挑战。为此，成立对口帮扶农民讲习所，成为中交集团在当地扶贫的又一有力抓手。

讲习所老师来村里与群众面对面宣讲扶贫政策、手把手传授技能技术，对村民转变思想观念，规划今后脱贫致富门路非常有好处。截至目前，中交集团出资200万元举办农民讲习所，累计培养1300人，提升就业技能，拓宽就业渠道。

根据怒江州新时代农民讲习所专职副所长苏义生介绍，怒江州目前共挂牌成立了州、县（市）、乡（镇）、村、组5级新时代农民讲习所1163个，建立了由3269名机关干部、行业名家、致富能手、乡土人才组成的讲师库，形成了“人人都是讲习员、处处都是讲习所”的讲习格局。未来，怒江新时代农民讲习所将针对少数民族群众文化素质偏低、劳动技能缺乏、脱贫攻坚内生动力严重不足的现状，创新宣讲培训方法，开展新型农民、农村劳动力转移、进城务工技能和文明素质培训，完成6500人劳动力综合素质培训任务，扶智送技能，助力怒江精准扶贫工作。

怒江所想——正是中交所备

从火龙果种植到肉牛养殖合作社再到养蜂产业，中交集团立足区域特色，聚力产业脱贫。近年来，中交集团先后共投入1000多万元，实施了黄牛、生猪、山地鸡养殖，雪桃、重楼、秦艽、草果、白及、火龙果种植，以及饲料加工等一批产业扶贫项目，带动154户建档立卡贫困户增收脱贫，将“输血式”扶贫转变为“造血式”扶贫。

大兴地镇荣新火龙果种植基地是中交集团在当地开展的产业扶贫中的一大亮点。火龙果种植基地总投入100多万元，其中20%由本村的牵头人投资，其余部分由中交集团无偿投入。2018年，荣新火龙果基地总收入达到17万元左右，给无偿入社30户建档立卡贫困户每户带来1700元左右的收入。

除了火龙果种植，中交集团在自扁王基村还成立了肉牛养殖合作社，模式与火龙果种植合作社一样，培养一名村里致富带头人，出资20%担任合作社理事长，中交集团捐资80%，让20户建档立卡户成为股民，30%的经济效益归入村级集体经济，以结束村级集体经济零的历史。

事实上，这些数字还不能完全体现项目的连环效应。两个合作社，有效解决了当地贫困户的就业和持续增收问题，切实提高了农户的经济收入。比如，火龙果合作社社员可以参与基地建设、火龙果种植养护及运输，每人每天最低工资100元；肉牛养殖基地的牛饲料大部分购自当地百姓，在基地打工，每天最低工资也有100元。除此之外，中交集团还成立了“怒江乡味”电商平台，为当地百姓打通了一条全新的特色产品销售渠道。

怒江州是“三江并流”世界自然遗产风景名胜区重点景区之一，是绚丽多姿的原生态民族文化汇聚之地。如何基于当地优质的自然资源优势，将怒江的旅游资源优势转化为经济优势，成为中交人挖掘当地优质资源、聚力产业脱贫的重要突破口。针对旅游产业“小、散、弱”的现状，旅游文体产业开始进入中交人的视野。怒江州提出要策划一批有国际影响力的体育赛事，以推动怒江旅游文化产业发展，助力怒江脱贫攻坚。为此，中国交建出资600万元支持怒江州举办了两届“中国交建杯”中国怒江皮划艇野水国际公开赛，壮大体育旅游产业，让贫困群众有更多更稳定收入来源，让老百姓有实实在在的获得感。

脱贫计长远——贡献中交方案

如果说，交通扶贫、易地搬迁、就业扶贫等措施解决了当前贫困问题，那么教育投入及资金平台扶持则从根源上解决贫困的长效机制，是巩固交通脱贫成果而提供的长远保障。

“父母觉得浪费时间读书不如早日挣钱养家，所以，初一没上完便辍学当起了‘苦力’。”这是家住泸水市大兴地镇自扁王基村的六月二的真实经历。六月二，本姓祝，自小家里穷困，父母也没什么文化，自己连一个正式的学名都没有。吃了没文化的亏，六月二对女儿祝安霞接受正规的教育非常支持，并表示就算砸锅卖铁也要帮女儿完成心愿。

云南省怒江傈僳族自治州，全国贫困发生率最高的深度贫困地区之一，人均受教育年限仅为6—7年。一些人祖祖辈辈生活在高山深谷中，与现代生活隔绝，缺乏主动谋求幸福的动力，精神贫困成了脱贫攻坚路上的拦路虎。

中交集团通过建硬件、圆梦想、设基金等系列教育扶贫项目实施“精准滴灌”，覆盖范围从幼儿园到大学各阶段，以“拔穷根”、转观念，阻断代际传递，重点解决“看不见的贫困”。2018年3月，泸水一中一座“特殊”的新教学楼——“中交楼”落成并投入使用，为初中部992名学生、58名教师改善了教学环境，间接受益者近2000人。“‘中交楼’的建成也为实现义务教育均衡发展奠定了坚实基础。”泸水市教育局副局长尹智说。

事实上，这仅仅是中交集团在“扶贫先扶智”所做的一系列工作的一个小小缩影。针对当地教育落后、人才短缺、观念相对封闭等现状，中交集团出资790万元实施教育扶贫项目，用于怒江州部分校舍改造和建设，改善学习生活环境；投入900万元设立助学基金，帮扶1600多名困难学生，解决回流、辍学问题；加强地企人才交流和培训，公司为怒江州多名干部提供学习机会，安排参加公司中青班系统培训……

扶贫攻坚终有期，而致富奔小康之路却未有终点。为此，中交集团引入市场机制，建立帮扶长效模式。按照习近平总书记“摘帽不摘责任、摘帽不摘帮扶”的要求，集团与怒江州结成命运共同体，于2019年5月出资5亿元人民币共同组建了中交怒江产业扶贫开发有限公司，构建在怒江州属地化投资、建设、运营的一体化平台，着力以“计划+市场”“政府+企业”“短期+长期”的全新模式，推进“扶贫+开发”“扶贫+产业”“扶贫+教育”等精准扶贫举措，将优质资源转化为优势产业，通过产业运营带动脱贫攻坚，助力怒江州实现脱贫攻坚与乡村振兴有效衔接。

在开展对口扶贫工作20多年来，中交集团始终坚持精准扶贫精准脱贫基本方略，积极发挥自身产业优势，加大帮扶力度，从2017年的投入帮扶资金1900多万元，到2018年的9700多万元，再到2019年已实际投入的2.5亿元，连年超额完成与国资委签订的扶贫责任书中各项任务指标。

当前，脱贫攻坚已经到了决战决胜、全面收官的关键阶段。中交集团将以更大的决心、更明确的思路、更精准的举措实现脱贫攻坚目标，确保摘帽“不摘责任”“不摘政策”“不摘帮扶”“不摘监管”，采取超常规举措，拿出过硬办法，打好“组合拳”，探索构建精准扶贫“中交模式”，在脱贫攻坚中践行中央企业的责任与担当。

编者手记

怒江所需，正是中交所能；怒江所盼，正是中交所急；怒江所想，正是中交所备。中交在怒江的扶贫，真正做到了因地制宜，做到了从需求出发，生动实践了精准扶贫理念。在立足自身优势的基础上，全方位打出“组合拳”，一些创造性的实践更是凸显了“中交智慧”，而这些实践其实都源于央企的责任与担当。

脱贫攻坚，“上甘岭”上群英会

□《科技日报》 赵汉斌 张琦 刘园园

2020年9月25日

云南怒江傈僳族自治州属全国深度贫困“三区三州”之一，全州四个县（市）均为国家扶贫开发工作重点县和滇西边境山区片区县。

2014年以来，怒江州精准识别6.94万户26.78万贫困人口，深度贫困村达218个，是全国脱贫攻坚的“上甘岭”。

党的十八大以来，怒江人始终牢记习近平总书记的嘱托，围绕“两不愁三保障”标准，坚持精准扶贫、精准脱贫，凝心聚力，尽锐出战，谱写出一曲扶贫攻坚的群英赞歌。

卷起袖子，院士专家扎进大山

“李博士卷起袖子，教我们细节管理、修枝打杈。你别说，听他的，

□李进学向记者展示早熟沃柑一年苗试挂果情况

果树越剪越肯发！”果园里，泸水市老窝镇老窝村七组果农曾桂明告诉科技日报记者。

“李博士带着干，我们村的沃柑由最初的30亩，扩到了344亩，连石头缝里都长势好，一年苗已挂果。我们还成立了泸水橘橼扶贫专业合作社！”指点着山里的变化，老窝村党总支书记、众合农民专业合作社理事长左雪锋很兴奋。

大伙儿说的李博士，是云南省委下派怒江州帮助脱贫攻坚工作队队员、云南省农科院热带亚热带经济作物研究所副所长李进学。“刚来我就发现原有的种植技术和品种相对落后，果子品质差、产量低，改建高品质果园是首要任务。”

李进学主动牵线搭桥，帮村里引入知名电商“拼多多”，无偿资助225万元，建设“多多橘橼”扶贫兴农示范项目。2019年5月，橘园种下了第一株脱毒果苗。

偏僻贫瘠的老窝村，以云南省农科院、中国工程院邓秀新院士团队为科技支撑的平台，联合国家现代柑橘产业技术体系及相关专家团队，只为种出高品质沃柑。

一批批院士专家不远千里来问诊把脉。通过墒情检测、病害预防等技术融合，进入盛果期后，每株单产可达50公斤；保守预估，果农每亩地年收6000元以上纯利。

入秋，橘园套种的150亩特色药食兼用菊已当年见效。“两年全面初挂果，三年有产量，四年进入丰产，老窝村未来可期！”李进学说。

喊破嗓子不如干出样子。

在一大批科技人员的汗水中，目前怒江州实现贫困群众户户有增收项目、人人有脱贫门路。仅珠海市就选派300余名干部和技术人员，远赴怒江。全州农村常住居民人均可支配收入从2012年的2773元提升到2019年的7062元。

倾心帮扶，央企国企慷慨担当

木尼玛，一座以傈僳族语命名的大桥，正以漂亮的弧线，跨越怒江天堑。桥一头是G219国道，另一头是福贡县城1.3万余人的移民搬迁安置点。

“年底大桥建成后，将形成环路，便利3万人日常通行！”福贡县委书记杨永铸说。

“大桥由港珠澳大桥设计团队设计，可以说是国内顶级团队的最新成果。”中交集团扶贫干部，福贡县委常委、副县长李常智自豪地说。

此外，中交集团还援建了中交怒江连心桥，两桥总造价超过2.5亿元。付出真金白银，不止在交通上。在怒江州另一个未摘帽县——兰坪县，最好的学校也是这个央企捐建的。

“随着易地扶贫搬迁的推进，兰坪城区总人口达到8万多人，现有的教育资源已难满足需要。中交集团真情投资2.16亿元援建新校，还配备了超强的师资，破解了难题！”中交兰坪新时代希望学校校长杨光泽告诉记者。

“我都没上过这么好的学校！”中交怒江扶贫开发公司董事长李永感叹道，“扶志与扶智，同时催生帮扶群众的内生动力，我觉得非常有意义！”三年来，中交集团累计投入帮扶资金5.6亿余元，还投身草果深加工、火龙果种植、冷链储藏库、危房改造等项目和消费扶贫中，以点带面，倾心精准脱贫。

据悉，2016年以来，中央财政累计向怒江投入扶贫资金188亿元。承担东西部扶贫协作的广东省珠海市也倾囊相助，三峡集团、大唐集团等国企也从资金、技术、人才全方位给予帮扶。

外帮内壮，内生动力源源迸发

行走怒江畔，处处都有脱贫攻坚的人物和事迹。

在草果核心产区福贡县，云南能投集团创新脱贫攻坚合作模式，投资1.04亿元建成怒江大峡谷农副产品加工交易中心，支撑草果加工销售，助农村增绿、农业增效、农民增收。目前，全州草果种植面积已达111万亩，2019年产值达12.15亿元，16.5万人受益。

在兰坪县，依托通甸镇的气候优势和自身“技术+市场”优势，陕西海升果业公司与当地携手打造5000亩车厘子、蓝莓、草莓乡村振兴现代农业产业园，周边1245名农民转身变为产业工人，其中建档立卡贫困户462人。

在泸水市鲁掌镇三河村，驻村科技干部张朝江“无中生有”，领着村民搞观鸟产业，建起15个观鸟点和9家“鸟家乐”；致富带头人袁开强领头搞特色种养殖，办旅游专业合作社，打造了一批以“田园”“生态”“乡愁”等为主题的特色民宿。

企业在行动，干部在示范，催生了当地少数民族群众发展的内生动力：拄着单拐的傈僳汉子此路恒，靠传统编织和民族服饰加工，2019年带领218户412人脱贫；云南省“哦得得”怒族民歌非遗传承人郁伍林，带动福贡县老姆登村15个怒族家庭经营客栈，把高山云雾茶等土特产卖到大山外……

到2019年末，怒江州累计脱贫22.35万人，独龙族、普米族实现整族脱贫，169个贫困村出列，贡山县脱贫摘帽。截至2020年6月底，贫困地区“两不愁三保障”突出问题全面消除，剩余4.43万建档立卡贫困人口、80个贫困村、三个贫困县达到脱贫退出标准，如期高质量打赢脱贫攻坚战态势已定。

编者手记

中交扶贫的成果在于，根据当地的资源和优势，进行合理优化的开发利用，并结合自身的优势条件，实现开发性帮扶。用足用好自身优势，科学制订帮扶计划，既要尽力而为，又要量力而行；既有能短时间看到实效的项目，又注重长远规划、长远打算；既解决当下的贫困问题，又能打消“后扶贫时代”之忧。

改善交通战贫穷　扶持就业促发展

中交集团参加“对话新国企·大道康庄”融媒体访谈

□人民网　曲源

2020年10月13日

2020年是决战决胜脱贫攻坚、全面建成小康社会的收官之年。在第七个国家扶贫日到来之际，中国交建党委常委、副总裁裴岷山，中交集团派驻云南怒江州福贡县挂职县委常委、副县长李常智，派驻怒江州贡山县秋那桶村驻村第一书记、工作队队长姚聪学，受邀参加了国务院国资委新闻中心与人民网联合开展的“对话新国企·大道康庄”融媒体访谈，介绍中交集团如何发挥企业优势，助力村民战贫穷奔小康。

致富路、连心桥改变贫穷落后面貌

云南省怒江州属于“三区三州”深度贫困区，自1995年起中交集团便对其进行定点帮扶。据裴岷山介绍，怒江主要面临着三大难题：交通严重落后，运输成本高；产业发展空白，崎岖地形导致农业生产无法规模化；社会发育迟缓，群众受教育程度低。

要想富，先修路。

裴岷山表示，中交集团发挥在交通建设方面的优势，针对怒江的交通闭塞问题，近两年，中交集团投资了2.5亿多元修建了中交怒江连心桥和中交福贡的木尼玛大桥。“这两座‘致富大桥’解决了州府所在地泸水市六库镇的城区交通拥堵问题，也解决了福贡县3万多人易地安置扶贫问题。”

本着“怒江所需、中交所能”的工作思路，中交集团向怒江州累计投入的资金就达到了5.84亿元，帮助怒江州26.75万贫困人口全部脱贫，贫困发生率从56%下降到了接近0，其中贡山县2019年已经正式（脱贫）摘帽。

解决就业，扶持特色产业为贫困区持续“造血”

就业是民生之本。中交集团一手推动劳务输出，一手大量招聘怒江籍的大学毕业生。裴岷山介绍，2020年中交集团组织集团下属单位，带动怒江州2400人实现劳动力就业转移，直接帮助贫困人口脱贫。在谈到相关的扶贫故事时，挂职福贡县的李常智说：“一人就业，全家脱贫。”在福贡县有个由于贫困辍学但普通话较好的傈僳族姑娘胡秀花，在集团动员后她带动乡亲到中交工地干活。随着胡秀花完成工程能力的提高，她的团队走出省外，发展至100多个人，她也成为福贡县的致富带头人。

为实现“输血变造血”，除带动就业外，中交集团在产业扶持方面也

□中交集团援建的扶贫车间解决了搬迁群众的就业难题

颇有成果。

“要说脱贫，更重要的是让老百姓能赚到钱。”裴岷山表示，中交集团在当地帮扶发展了养殖、种植、旅游等各个方面的特色产业。中交集团创新性地在当地出资建立农民专业合作社，把资金的优势和当地致富带头人的示范作用结合起来；营利之后，再把利润分给当地百姓。“当年在一期投入60亩地的火龙果种植基地营利后，每一家贫困户就分红达到1000元。另外，贫困户可以通过到基地工作，每天收入100元钱；这样两方面的结合，贫困户就得到了实实在在的收益。”

编者手记

在脱贫攻坚战的主战场上，产业扶贫是主旋律，是主攻方向，也是完成扶贫脱贫的主要抓手。而产业扶贫的关键在于就业安排，即产业扶贫的产业要适合贫困地区和贫困人口的实际情况，既能安排贫困人口就业，也能实现持续发展，保证贫困地区及其人口稳定脱贫，不返贫。中交在扶贫过程中，注重让贫困群众有看得见的利益，通过就业和产业让贫困群众真正赚到钱，早日实现脱贫致富。

如何发挥自身优势助脱贫？且看这家国企的怒江实践

□《人民日报》客户端云南频道

2020年10月20日

云南省怒江州属于“三区三州”深度贫困区，自1995年起中交集团便对云南省怒江州泸水市大兴地镇和片马镇进行定点扶贫。25年来，中交集团向怒江州累计投入的资金就达到了5.84亿元，帮助怒江州26.75万贫困人口脱贫。

近年来，中交房地产发挥自身在党建、经营、资金和专业方面优势，在产业扶贫、就业扶贫、消费扶贫、开发扶贫等方面开展了一系列工作，有力推动了当地脱贫工作。

中交房地产发挥党建优势,实施“村企共建”，开展党支部结对帮扶。连续两年组织当地村镇基层干部到北京、西安等地学习党的最新理论和先进扶贫经验。党建带扶贫，以更有针对性的帮扶举措，推动扶贫工作走深走实。

发挥经营优势,助力做大做强优势产业项目。中交房地产负责推进的泸水市大兴地镇火龙果种植产业项目，是近年来中交集团最早实施也是着重扶持的农民专业合作社项目。该项目充分利用了当地的地理优势，种植面积已由2017年初期的81.6亩扩大到2019年底的231.6亩。今年计划再扩300亩，并建设火龙果标准化示范基地。采用“公司+村集体+合作社+农户”模式运营的肉牛养殖产业项目也已经初具规模，中交房地产今年将出资100万元进行三期扩建，继续扶持肉牛养殖产业项目，预计再引进50头肉牛入栏扩繁，进一步壮大村集体经济，让村内267户建档立卡户得到更大实惠。

泸水市片马镇是祖国西南边陲的一个国门之镇、边贸之镇。中交房地产结合片马独特的绿色自然资源、红色旅游资源，投入资金80万元，与片马镇党委、政府一道，在片马村建设了以民族服饰加工为主的“扶贫车间”，组织引导支持全镇建档立卡贫困户中的留守妇女、富余劳动力到车间从事手工艺品制作、民族服装制作、农产品加工等生产活动，解决“造血”功能。目前，扶贫车间已建设完成并投入使用，正在赶制，交付第一笔加工订单。结合实地调研情况，中交房地产今年投入40万元，以村集体合作社形式发展70亩雪莲果种植产业项目，中交房地产还投入20万元，发展扁头鱼养殖和乡村农家乐项目，充分利用当地资源，打造特色项目。

发挥资金优势，全力解决“两不愁三保障”问题。中交房地产党委紧盯两乡镇在异地搬迁、建档立卡户住房等方面切实需求，解当地之所急。自扁王基村有22家常年居住危房的贫困户，2019年，中交房地产按每户4万元标准，在大兴地镇投入资金88万元，作为危房改造建设资金，帮助他们在原地基上建起了二层新房。新房的一楼还可以作为商铺出租，贴补生活费用，一举两得。2020年，中交房地产集团又投入19万元资助片马镇建设片四河抵边新村挡土墙，解决新村存在的边坡风险；同时，又投入8万元资助两户贫困村民原址重建住房，彻底解决了片四河村贫困村民的住房保障问题。

积极解决好搬迁保障工作。在大兴地镇和片马镇两镇有上千名异地搬迁群众，在大兴地镇，中交房地产今年继续出资35万元，为每个村内的“兑兑换”扶贫超市提供建设和物资保障资金，用“生产劳动积分兑换”形式补足生活所需，增强村民集体观念，移风易俗，增进和睦，有效提振了村民主动脱贫的精气神。在片马镇，中交房地产补足镇政府资金短板，出资实施“一村一幼”建设保障项目，购置托儿所床铺被褥和必需品，为搬迁点群众托幼育儿提供保障，有效解决村民外出务工、参与生产的后顾之忧。

发挥专业优势，推动消费扶贫升级。2017年，中交房地产挂职干部王慧奇精心物色致富带头人，扶持在大兴地镇成立了怒江乡味经贸有限公司，打造当地特色农产品对外销售的平台企业，推动土特产品标准化和规模化。今年，中交房地产进一步推动怒江乡味经贸公司与中交信科合作，选定特色农产品，在中交云商超市上线扶贫专区。中交房地产聘请专业设计公司，组织对“怒江乡味”注册商品进行全新设计，进一步凝练民族元素，融入地方特色；并对各产品内外包装进行重新打造，推出更加美观更加彰显产品品质的系列包装，有效传递产品的纯真美味，配套制作宣传画册和视频，大幅提升了“怒江乡味”品牌内在价值和市场盈利空间。

7月19日，中交房地产结合下属昆明中交锦澜府项目营销中心开放时机，又铺设了“扶贫专区”，向广大业主和消费者推广“怒江乡味”农产品，项目开发与扶贫工作相得益彰。后续，中交房地产将在所属项目售楼处进行全面推广，帮助销售农产品，打造消费扶贫的升级版和规模化，带动当地相关产业发展和就业创业。

编者手记

中交房地产充分利用自身优势，从党建、经营、资金到专业，都在帮扶地区倾囊相授。实现村企共建、解决“两不愁三保障”问题、助力做大做强优势产业项目、推动消费扶贫升级……中交房地产的实践，充分说明帮扶单位利用自身优势，结合贫困地区现有条件，最大化发挥帮扶效力，可助力脱贫攻坚。

火龙果富了口袋富脑袋

中交集团参加“对话新国企·大道康庄”融媒体访谈

□《人民日报》（海外版）　陆培法

2020年10月22日

云南省怒江傈僳族自治州高山峡谷占全州面积的98%，全州54万人口中有一半多是傈僳人，分布在横断山脉1.4万平方公里的半山地带，长期与世隔绝。如今，中国政府坚定有力的脱贫攻坚行动，让无数怒江傈僳人告别了穷困。

2020年秋天，我们走进了怒江大峡谷，感受到了傈僳族人的脱贫勇气。

一户一方案

一边是刀砍斧凿的绝壁，一边是波涛汹涌的怒江，沿着泥泞的道路从怒江州所在地六库镇，驱车沿六丙公路蜿蜒20多公里后，泸水市大兴地镇自扁王基村映入眼帘。

记者首先见到的人，就是受中交集团党委组织部委派到怒江州泸水市大兴地镇自扁王基村担任第一书记的王永刚。

2018年10月，王永刚离开工作生活了近30年的故乡，以一名扶贫干部的身份赶赴全国深度贫困地区云南省怒江州。

山高坡陡，土地贫瘠，适宜耕作的土地面积少，发展基础差，产出率不高，老百姓的经济收入低，让这位七尺男儿陷入了深深的沉思。

王永刚最初与自扁王基村结缘于2009年的“五四青年节”，他在泸水一中开展“中交集团捐建多媒体网络教室”团日主题活动。“当时这里的贫穷落后面貌给我留下了深刻印象，我一直想什么时候能有机会再回去看看，再为他们做点什么。”王永刚说。

自扁王基村坐落在高黎贡山和碧罗雪山脚下，蜿蜒曲折的怒江从村边流过。全村600多户人家，建档立卡贫困户就占了267户。

“春种满满一山坡，秋收只有一筐箩”的怒江州，是全国深度贫困的“三区三州”之一，至今还保留着“溜索”和“茶马古道”。

在对贫苦户首次摸底过程中，蔡南文一家成了王永刚的心结。一面空心砖、一面木头柱、一块石棉瓦顶棚，三位残疾人在里面一住就是15年。第一次来到蔡南文家时，作为怒江当地人的普琦也着实惊了，“一家三口都是残疾人，这是多绝望的事情，这种情况怎么能脱贫？”

普琦略感无力地望向王永刚，正好看见了王永刚湿润的眼眶。

“一定要解决，而且要让他们没有后顾之忧。”被深度贫困震撼的王永刚一回到村委马上行动了起来。

那段时期，王永刚没日没夜地为这事四处奔波。三个月后，在政府、残联、企业等多方的努力和支持下，蔡南文一家的两层临街小楼终于建了起来。

住房有了，王永刚还为这一家人作了更长远的打算。他先是帮蔡南文把新房一楼租了出去，保障一家人有固定收入；又联系公益机构帮蔡南文装上了假肢，让他重新站了起来。现在，蔡南文见人总笑，说起话来也底气足了。

王永刚这次专门带记者实地参观了蔡南文一家的两层临街小楼，记者发现该楼地处商街，很容易作为商铺出租。楼周围地面已经作了硬化，上下整洁干净，整个居住环境焕然一新。

刚来到自扁王基村，王永刚便列出了保证2020年全村脱贫出列的一份“军令状”，自扁王基村共272户建档立卡贫困户，初来乍到，王永刚与村干部先是花了20多天时间摸底盘查，最终确认22户的住房问题亟待解决。王永刚与村干部商议采取“一户一方案”的措施来落地危房改造相关事宜。如今，这22户贫困户的住房都已经改造完毕。

群众得到实实在在的利益

在王永刚的办公桌上，整整齐齐摆放着很多资料盒，里面装的都是当地贫困户的资料，从贫困户的家庭住址、致贫原因、联系方式到帮扶责任人、产业信息，十分详尽，他每天都要看上好几遍。“掌握了全村贫困户的第一手资料，便可以制定有针对性的扶贫计划和帮扶措施。”王永刚说。

在去自扁王基村崎岖的盘山路上，有一块耕地“挂”在陡坡上，因为这块坡地状如灯笼，人们叫它灯笼坝。

2016年10月，王永刚的前任、驻村第一书记王慧奇协调各方帮扶资金100多万元建起火龙果基地。

刚开始种火龙果这个项目时，就碰到了一大难事：火龙果种苗买好了，辅助种植的农业专家也请来了，村民们却不积极加入合作社。

王永刚了解到，主要是因为怒江州从没种过火龙果，大山里的傈僳族乡亲更没有见过火龙果。

王永刚就组织扶贫工作队人员，挨家挨户上门游说：“其实，咱村的日照、气候最适合火龙果生长，火龙果这种优质水果一年四季都结果，每个月可采摘，市场也能卖上好价钱。”

“火龙果基地的建设资金是为村里建档立卡贫困户申请来的，不是贫困户就是交钱也不能加入；贫困户加入合作社不用交一分钱，火龙果卖出后就可以参与分红；贫困户还可以在基地打工，出一天工，挣100元工资。”

终于，蔡南文的妻子文又凤等首批30户建档立卡贫困户入股了。由于火龙果的长势与收成直接与每个员工的利益挂钩，他们工作格外精心。

为了让广大贫困户燃起对种植火龙果项目的致富热情，王永刚决定举行一次灯笼坝分红仪式。

灯笼坝分红，在这个贫困山村还是破天荒头一次。钱虽不多，但在村民心中分量不轻。

2018年8月，火龙果卖出了几千斤，收入3万多元，村里召开了分红大会，每户分得1000元。

2018年12月，傈僳族“阔时节”即将到来时，灯笼坝再次分红。乡亲们身着民族盛装，唱起感恩歌，并将一套精美的本民族服装赠给王永刚。

很快，主动要求加入火龙果合作社的村民越来越多，王永刚采用土地流转、入股分红等形式，让火龙果基地越做越大。小小的灯笼坝从82亩扩大到了230多亩，成了怒江州最大的火龙果基地；村里还建起了两个大型养牛场；成立了一家经营农产品的村办企业怒江乡味经贸有限公司。

2019年12月，自扁王基村实现整村脱贫。

2020年7月的一个好日子里，灯笼坝上挤满了老老少少，格外热闹。

上午10时许，王永刚走上台，清了清嗓子："乡亲们，2019年咱村产业帮扶项目效益不错，纯收入53万余元，今天给大伙分红啦！"全村267户贫困户838人，平均每户受益1327元，人均422元。

"我种了几十年地，没想过自己还能成为股东。"傈僳族贫困户李义妹掩饰不住内心的喜悦，"我已经是第三次参与分红了，这要感谢永刚书记，是他和村干部扶着我们过上了好日子。"

祝兴妹家是建档立卡贫困户，一年到头，一家四口，人均收入不到4000元。得知情况后，王永刚带领驻村扶贫工作队成员多次到祝兴妹家里，鼓励她发展特色种植养殖业。在驻村扶贫工作队的帮扶下，祝兴妹家加入了自扁王基村荣新火龙果种植农民专业合作社，并在2020年7月份领到第一次分红。

"感谢党和政府，让我们得到了实实在在的福利。"祝兴妹激动地说，她的改变全因王永刚的一句话。原来，在一次入户调查时，王永刚曾经鼓励过她"不要被眼前的困难吓倒，要鼓足干劲创造幸福生活"。没想到，这不经意的鼓励竟让她充满了信心和动力。看到此情此景，王永刚悄悄落了几次泪。大兴地镇党委书记李雪花说："从北京来了两年多，永刚做了很多大事，皮肤晒黑了，头发也白了不少。"

口袋富脑袋也在富起来

跟着王永刚的步伐，记者来到了火龙果种植基地灯笼坝。在大中午火热阳光的照耀下，几位美丽的傈僳族妇女身着民族传统服饰，正在采摘成熟的火龙果。果园里，还有许多火龙果树正盛开着鲜艳的花，在蓝天、白云的映衬下，在怒江边构成了一幅十分艳丽的美图。这令几位同去的专业摄影发烧友激动不已。

面对这么美的画面、这么好的风光，王永刚说，在乡村振兴规划中，他萌生了发展观光农业的念头。实际上，周围的村子有好多农户正在抓紧装修，准备发展农家乐。

走入火龙果种植的地头，记者看到了第一代和第二代、第三代种植方式的不同。刚开始的种植方式是一株株火龙果散种，这造成了采摘、施肥的不方便。第二代的种植方式是一行一行地连片种植，便于施肥、采摘的半人工操作。目前，这里火龙果的种植又开始采取新的方式，主要是引进新的火龙果品种，对果实进行深加工等。

王永刚向记者说，这得益于火龙果种植新技术的突飞猛进。

2020年4月开始，灯笼坝龙火果基地里，细心的村民发现，突然来了好几位陌生人，他们戴着大草帽，在地里一待就是一整天。

他们是自然资源部中国地质科学院岩溶地质研究所罗为群博士团队，都是永刚书记寻来的“宝贝”。

罗为群博士团队来了之后，王永刚带着他们一个山头一个山头地跑。15天后，患上溃疡病的80亩火龙果被治好了；40天后，40多名村民学会了新的种植技术和病虫害治理技术；90天后，一个占地8亩的新品种育苗基地种上了新苗……

“每天几乎都在改变，我算是彻底见识了科技的力量。”村民文又凤说。罗博士团队无偿提供的种植技术和品种，不仅改变了以往火龙果靠人工授粉的方式，减少了人工劳动，而且新品种产量高、口味好，储藏的时间也更长。

在由中交集团援建的两个冷库里，记者看到，几位傈僳族村民正在抓紧包装发货，火龙果两天内就能发到上海。由于采用新品种、新技术，又不用农药、化肥，这里的火龙果十分畅销。

被誉为致富带头人的祝荣新，是自扁王基村现任团总支书记，2020年荣获“云南青年五四奖章”。他向记者讲述了自己的故事。

2017年，在各级党委、政府的支持和中交集团的帮扶下，祝荣新成立了泸水荣新火龙果种植农民专业合作社，建立了火龙果基地。合作社采取“公司+种植大户+建档立卡贫困户”的经营和分配模式，把全村贫困户267户838人纳入合作社，火龙果成为自扁王基村贫困群众增收致富的龙头产业，祝荣新迈出了带领乡亲一起脱贫致富的第一步。

2018年，村里成立村办企业怒江乡味经贸有限公司后，祝荣新担任总经理。公司主要经营草果、核桃、火龙果等当地农副特产的生产和销售。截至目前，为乡亲销售各类农副产品总额达220万元。

用祝荣新的话说，傈僳人要彻底脱贫致富，在富口袋的同时要让脑袋富起来。这两年，祝荣新组织了大批农村年轻人，到东南沿海地区学习先进的种植理念和技术。他先后数次去我国火龙果主要产地广西学习熔岩地带的种植技术，还到上海和江浙地区考察冷库保鲜技术以及火龙果切片脱水加工技术。

编者手记

“感谢党和政府，让我们得到了实实在在的福利。”贫困群众通过产业扶贫得到了实惠。而他们获得感和幸福感的提升，也是对知党恩、感党情最直白的表达。这得益于什么？得益于党培养的一批扶贫干部，他们扎根贫困地区，发挥优势产业，协调各方资源，为贫困地区引进了新鲜血液、带来了活力，也促成了脱贫致富胜利的早日到来。

云南省怒江州交通建设见闻
别了，溜索！

□《人民日报》（海外版）　陆培法

2020年12月24日

地处祖国大西南的怒江峡谷壁陡崖悬，壑深万丈，滔滔江水如野马奔腾于峡谷之中。传说中，一对分别居住于怒江两岸的傈僳族恋人，陷入无法相会的苦恼之中，受到彩虹的启发，拉起了怒江上的第一条溜索。从此，这种便捷的交通工具便被两岸的人们广泛运用。而目前怒江仅剩的溜索，用途已经发生变化，成为见证大峡谷交通变迁的“活化石”。

留下辛酸记忆的溜索“告退”

溜索，过去是云南怒江大峡谷各少数民族的主要交通工具，可以算是世界上最惊险的“桥”，素有“风之桥”之称。祖祖辈辈生活在怒江两岸的傈僳族、怒族、藏族、独龙族等人民用智慧和汗水建起自己的家园，怒江、独龙江上的溜索、藤网桥就是他们的发明创造。傈僳族有句俗话：“不会过溜索的人，算不得傈僳汉了。”

早期溜索，竹篾藤缠，由三根擀面杖粗的溜绳拧成一股，固定在峡谷两岸的大树或岩石上，没有大树与岩石，则就地打桩拴住，利用山崖的高低落差溜到对岸。过溜时，一根拇指粗的牛毛绳绕臂悬挂溜索，中间垫一块竹片（竹青压住溜索），双臂竖起，十指扣牢。日晒雨淋，竹篾很容易发脆断裂，须经常更换，既麻烦又不安全，20世纪90年代就被淘汰了，被坚硬结实、摩擦系数低的钢缆取而代之，溜速快到每小时七八十公里，堪称“空中新干线”。

□云南省怒江傈僳族自治州福贡县匹河乡托坪村

云南省怒江傈僳族自治州福贡县匹河乡的托坪村地处怒江西岸，与东岸的乡政府一江之隔。然而怒江成为全村难以逾越的屏障，村民出行长时间只能靠溜索、吊桥，买来的拖拉机只能停在东岸，少数村民还在过江时丧命。一些村民表示，溜索时代，村里有好几个人都掉落江中，有的连遗体都没找到。

“溜索时代，大家不敢奢求脱贫，能安全往返就是幸运了。”托坪村党总支书记和建才说，过去大家生活窘困。极端的交通条件限制了大家的出行，也阻碍了外界与村里的联系。

2016年12月5日这一天，是怒江交通发展史上特别值得记住的日子：当天，怒江州在全省率先完成所有36座“溜索改桥”工程项目，标志着溜索这一古老的交通工具成为历史。

云南省福贡县怒江大峡谷深山处的马吉乡马吉米村里，从古至今村民出行都靠“飞”。一条绳索过怒江，面朝蓝天，身下就是激流！

多少年来，溜索一直是当地人唯一的交通工具。村民以皮带系腰间，出山、上学、娶亲，都是这样靠“溜”过江。路不通、过江难，是当地村民一直未能摆脱贫困的重要原因。

2018年12月30日，“乔马桥”如彩虹般飞跃大江，连接起乡内马吉米村桥马嘎小组东、西两岸，桥马嘎26户村民终于告别了溜索时代。

在桥马嘎乃至马吉乡，草果，毋庸置疑是最重要的富民产业，村民更是将它比作“摇钱树”“金果果”。最近在村民小组长阿普的带领下，这里又开始修建起了新溜索，而这次溜索为的是运输深山中的草果。

今年6月，第一条草果溜索拉通了！阿普预测，等到新修的七条草果索道都拉通后，能为全村省下不少人力和运输成本，一年下来预计增收20多万元。

夕阳下，横跨怒江的钢缆绳泛着银光，东岸的牌子上用中英文写着“一听、二整、三查、四注意”的口诀。这是石月亮乡左洛底村本迁村民小组的溜索飞渡旅游体验项目，体验一次收费30元。“游客要由我们护送着体验。”村民余付普说，“这是一种体验，要让游客感受曾经交通不便时的艰辛。”

目前，溜索在怒江已基本“告退”，仅保留六对用于旅游体验。这些最后的溜索，成为见证怒江大峡谷交通变迁的“活化石”。

“美丽公路”成为幸福大道

在怒江探访时，若问老百姓最盼望的是什么，他们的回答肯定是：“路，通畅安全的路。”

过去，从州政府所在地六库到丙中洛需要走两天。途经县城、乡镇和集市，道路狭窄，拥堵不堪。因缺少安全防护设施，缺少必要的挡墙、棚洞和排水设施，泥石流、塌方、落石等自然灾害频繁发生，严重威胁着过往车辆和旅客的生命和财产安全。据统计，2017年8月25日至2019年11月，共发生大小塌方611次、泥石流61次。

2017年8月25日，怒江美丽公路（国道G219丙中洛至六库段）正式开工建设。按二级公路标准改扩建，概算总投资68.87亿元。该项目全长288.3公里，是交通运输部“十三五”国省干道改造重点项目和云南省交通扶贫“双百”工程中“一百项骨干通道工程”之一。

泸水市大兴地镇自扁王基村傈僳族村民姬华生，今年50多岁，经过专业培训后，在镇政府所在地灯笼坝路段负责保通工作。“这是怒江人民的幸福大道。自己能参加这样的大工程，感觉很自豪，苦一点、难一点又算得了什么？”姬华生说。

2019年12月30日，经过26个月的艰苦奋斗，怒江各族人民期盼的怒江美丽公路全线通车试运行。这是怒江历史上首条真正意义上的出山通途、民生大道；是一条关系到泸水、福贡、贡山30多万傈僳族、怒族、独龙族群众摆脱贫困的“致富路”；是一条通向美好生活的“幸福路”！

说起云南，很多人会想到丽江、大理或是香格里拉，很少有人会想到怒江，其实怒江州的美景一点都不差。怒江之前名声不显，是因为它的位置太偏了，又没有机场、铁路、高速公路。不过，这一切，将随着怒江美丽公路的开通而被改写。

独龙江乡，在云南的最西北角，是全国唯一的独龙族聚居地。由于长期封闭与世隔绝，被誉为“云南旅游的最后一片原始秘境”。

独龙江因其独特的地形地貌和偏僻闭塞，加上半年左右的大雪封山，千万年来几乎一直与世隔绝，成为秘境中的秘境。

2015年，巴坡村委会巴坡小组独龙族王春梅在政府免费修建的90多平方米的新房里打理出一间旅游接待房，仅在当年“十一”黄金周期间，她家住宿和餐饮接待纯收入就达6000多元。怒江美丽公路通车后，王春梅所在的巴坡村民小组20多户人家每家都有一间旅游接待房，除旅游黄金时期爆满外，其他时间平均一个月能有600多元的收入。

独龙江乡党委书记余金成告诉记者，由于交通瓶颈打通，目前全乡共建设完成民族文化旅游特色村五个，建成观景台15个，种植草果40 000多亩、花椒8700多亩、核桃5000多亩、重楼1400多亩，招养蜜蜂3000多箱，投放独龙牛680头。

许多旅游“发烧友”惊叹：怒江美丽公路开通，那些深藏亿万年的美景藏不住了！

贡山县的大巴车司机杨海平正拉着游客穿梭在怒江的青山峡谷间，跑了15年旅游大巴的他，见证了美丽公路的建成通车，不禁感叹“想都不敢想这条美丽公路修得这么漂亮”。

雨季的怒江降雨量特别大，在美丽公路修建前，老路坑坑洼洼非常难走，下雨时，泥石流、滚石让杨海平感到非常害怕。现在不一样了，美丽公路建成通车了，杨海平驾车时安心了。

最近，距离怒江州府六库12公里的登埂段慢行步道吸引着众多市民和游客驻足留影，经过口口相传或微信朋友圈分享，成为怒江新晋的网红打卡点。

修一条公路，增一道美景，兴一批产业，富一方百姓。怒江美丽公路的建设，成功打造了“路在江边走、车在画里行、人在景中游”的怒江大峡谷最美公路。

交通运输网络通州达边

6月16日，六库市民期待已久的一座美丽“彩虹桥”终于建成通车了，它就是由中交集团援建的中交怒江连心桥，桥名本身充分体现了中交集团20多年来对怒江真扶贫、扶真贫、心连心的真情实意。

中交怒江连心桥位于泸水市六库镇内，大桥横跨怒江，连接重阳路和渡口路，路线全长310米，桥面布置为双向两车道，主桥采用一跨过江的钢箱梁下承式提篮拱，道路等级为城市次干道，桥面宽22.8米。

走上连心桥看到，在蓝天白云下，红色的大桥格外雄壮、亮丽，大桥外观新颖别致。每天都有市民驻足观赏，上桥体验，喜悦之情溢于言表。

中交怒江连心桥东岸的一棵300多年的大青树也似乎感受到了这喜庆欢乐的浓厚氛围，与大桥交相辉映，别具风景，格外引人瞩目。“这棵古树正好在原设计方案的中间位置，我们施工入场后，为了保护古树，很快调整了施工方案，将桥位向北侧移了约30米，让古树变成了大桥的‘迎宾树’。”中交怒江连心桥项目经理胡青松说。

怒江州交通局局长罗增贤表示，怒江交通建设史上的大工程，今年还有不少。

在巍峨的碧罗雪山和高黎贡山之间的怒江大峡谷中段，记者在现场看

□中交木尼玛大桥

到，由中交集团援建的约600米长的木尼玛大桥正在如火如荼地施工中。

“木尼玛”为傈僳语，意为“大地之心”。中交木尼玛大桥位于福贡县城南面的进城口，西岸联通县城江西片区的易地扶贫搬迁安置点，东岸与怒江美丽公路相连接，由中交集团援建，投资1.45亿元，桥面宽20.5米，双向四车道加两侧2.5米宽的人行道。

“木尼玛大桥打通了福贡县怒江两侧易地搬迁安置点的交通阻碍，解决了当地1万多名易地搬迁安置群众的出行问题，所以今年年底必须按时完工。”中交集团三航局扶贫干部，福贡县委常委、副县长李常智告诉记者。今年12月4日，从怒江传来好消息，木尼玛大桥建成已经试通车！

罗增贤说，在怒江，无桥不成路。138座各类跨江桥梁穿梭于怒江大峡谷、独龙江峡谷和澜沧江峡之中，与滔滔江水为舞，与巍峨的高黎贡山、碧罗雪山为伴，一桥一景，承载着怒江各族人民奔向现代文明的幸福时光。

70年沧桑巨变，怒江大峡谷从没有一寸公路，到2019年底拥有6065公里，连接起千村万寨；从1979年修建第一条农村公路——泸水市老窝镇荣华村公路，到如今255个行政村、17个社区100%实现路面硬化目标，通客率达83%；从没有一条高速公路、没有一座机场，到保（山）泸（水）高速建成通车，兰坪丰华机场通航，怒江已基本建成“通州达边”的综合交通运输网络，在助力打赢怒江深度贫困脱贫攻坚战中起着支撑性、保障性作用。

编者手记

地方经济社会想发展，交通基础设施要先行。云南省怒江州地处大西南，有着独特的自然风光和人文风情。受制于地形影响，一些秀丽风光要加快“变现”，就要补齐交通建设的“短板”。在帮扶过程中，立足主业，以交通建设为抓手，通过交通带动产业发展和居民就业，是交通扶贫、旅游扶贫的应有之义。溜索从交通出行方式变成旅游体验项目，见证了当地脱贫攻坚的巨变。

后记

2021年2月25日上午，全国脱贫攻坚总结表彰大会在北京人民大会堂隆重举行，习近平总书记向全世界庄严宣告，我国脱贫攻坚战取得了全面胜利，现行标准下9899万农村贫困人口全部脱贫，832个贫困县全部摘帽，12.8万个贫困村全部出列，区域性整体贫困得到解决，完成了消除绝对贫困的艰巨任务，创造了又一个彪炳史册的人间奇迹。中交集团作为国资央企，在这场脱贫攻坚战中，勇当责任使命，努力争做脱贫攻坚排头兵，与全体中华儿女共同书写了人类减贫史上的伟大奇迹。

中交人的定点帮扶历程，开启于20世纪90年代中期。党的十八大以来，特别是三年脱贫攻坚期间，中交集团认真贯彻落实党中央、国务院的决策部署，严格按照国资委工作安排，统筹全集团之力打出精准扶贫“组合拳”，既着力基础设施建设为脱贫攻坚筑牢硬件基础，又坚持党建引领、志智双扶，点燃贫困群众创造美好生活的斗志、点亮山村学生走向广阔世界的梦想。从泸水的“网红桥”到福贡的“环城路”，从兰坪新时代学校到腊吐底希望小学，从香料产业园到火龙果种植基地，我们在怒江州、英吉沙县等深度贫困地区，架起连心桥、修通幸福路，建起致富业、扶起带头人。一大批中交扶贫干部扎根脱贫一线，深入调研、精准施策，苦干实干、倾力奉献，把自己的辛苦指数转换成群众的幸福指数。经过数年的持续奋斗，他们从“门外汉”变成了“扶贫通”，贫困群众也从穷日子走向了新生活。

“脱贫摘帽不是终点，而是新生活、新奋斗的起点。”26年前，中交人在党中央与国务院的号召下，与定点帮扶地区结下了脱贫攻坚的深厚渊源，26年后，中交人再次走到接续乡村振兴的起点，踏上为人民美好生活而奋斗的新征程。中交人将始终不忘来时的初心，坚定承担起新时代的新使命，持续开展“中交助梦”系列帮扶工作，真心实意投入到帮扶地区的经济社会发展中，为脱贫群众迈向富裕持续贡献中交智慧和中交力量。

值此向第二个百年奋斗目标进军之际，我们编著出版《一跃跨千年——中交集团扶贫故事》，就是希望记录中交人在扶贫开发工作中的鲜活故事，总结中交人在脱贫攻坚事业中的经验成果，展现中交人迎难而上、苦干实干的奋斗精神，激励更多的人阔步新征程、奋进新时代，接续开创乡村振兴伟大事业。

本书在编辑出版过程中，得到了国资委、人民日报、人民网等单位的关心与帮助，得到了集团总部各部门、事业部、区域总部，集团所属各单位，以及怒江州、英吉沙县等地的配合与支持，在此一并表示感谢。因时间仓促、水平有限，书中纰漏和不当之处在所难免，敬请读者不吝赐教。

谨以此书，向所有为了脱贫攻坚而艰苦奋斗的中交人、向为了消除贫困而不懈努力的中国人民致敬！

本书编委会